2024年第2辑
（总第8辑）

詹石窗 主编

Philosophy of Life

商務印書館
1897
The Commercial Press

图书在版编目（CIP）数据

生命哲学研究．总第 8 辑 / 詹石窗主编．-- 北京：商务印书馆，2025. -- ISBN 978-7-100-25041-2

I．B083

中国国家版本馆 CIP 数据核字第 2025X1M086 号

四川大学 2035 先导计划．文明互鉴．
中华续道藏编纂与儒释道融通研究方向
（项目号：2035xd-03）

生命哲学研究

总第 8 辑

詹石窗 主编

商 务 印 书 馆 出 版
（北京王府井大街 36 号 邮政编码 100710）
商 务 印 书 馆 发 行
江苏凤凰数码印务有限公司印刷
ISBN 978-7-100-25041-2

2025 年 6 月第 1 版　　开本 787 × 1092 1/16
2025 年 6 月第 1 次印刷　　印张 16

定价：83.00 元

目录

特　稿

佛道生命哲学

儒家生命哲学

现代生命哲学

特　　稿

老子"民德归厚"的社会生命思考

——《道德经》第十八章诠释*

詹石窗**

摘　要：老子在《道德经》中探讨了大道与仁义的关系，强调孝慈的重要性，批评了偏离正道的修道法门。老子认为，社会道德风尚的朴素与厚重，是大道不废的表现，能够带来个体生命的和谐与社会秩序的稳定。他提倡无为而治的"常道"，反对个人意志的强加和贪图物质享受，认为这些会导致社会混乱和"仁义"的缺失。老子认为，通过提升个体道德修养，如敬重他人和亲近家人，可以促进社会的和谐与进步。以老子为代表的道家和以孔子为代表的儒家都强调"孝慈"，这可以说是中华民族伦理道德的核心，是"仁义"的基础。道家认为"孝慈"对国家治理有积极影响，而儒家则强调其对社会秩序的作用。两者在"孝慈"问题上有不同的观点，但都认同其在伦理道德中的重要性。

关键词：民德归厚　孝慈　生命思考

在《道德经》第十八章中，老子从"大道废，有仁义"入手，通过批判反思，反证"民德归厚"的意义。这不仅是对社会道德风貌的意义认知，也是对个体生命价值与社会生命关系的哲学探讨。老子认为，当社会的道德风尚回归到朴素、厚重的状态时，人

* 本文系国家社会科学基金重大项目"创造性转化与创新性发展视野下的中华生命智慧研究"（项目号：22ZDA082）的专项研究成果。

** 詹石窗，哲学博士、教育学名誉博士，四川大学文科杰出教授、老子研究院院长、生命哲学研究中心主任。

们的生活将更加和谐，社会秩序也将更加稳定。从生命哲学的角度来看，这种回归不仅是对个体生命本质的复归，也是对社会生命整体状态的优化。本文旨在探讨老子“民德归厚”思想如何影响个体生命体验，以及如何通过提升个体道德修养来促进社会整体的和谐与进步。

一、大道不废之时

老子在《道德经》第十八章开头提出了“大道”的概念。这个概念在道家的其他著作，例如《关尹子》《庄子》等书中都经常可以看到。儒家经典《礼记·礼运》更有“大道之行也，天下为公”的论述。这说明道家与儒家很早就开始探讨“道”对于社会和人生的价值意义。

要明白“大道”，我们必须结合“道”“常道”等概念进行辨析。

关于“道”，《关尹子》上卷《一宇篇》说：

> 吾道如海，有亿万金投之不见，有亿万石投之不见，有亿万污秽投之不见。能运小虾、小鱼，能运大鲲、大鲸。合众水而受之，不为有余；散众水而分之，不为不足。①

意思是讲，“道”就像大海一样，亿万的金块、金条，投到里面去，却看不见；亿万块的石头投进去，照样看不见；亿万种的污秽之物投进去，还是看不见。能够让小鱼、小虾在里面游动，也能够让巨大无比的鲲、鲸在其中击水、转身。江河湖泊，千千万万的水道汇流而来，能够被受纳；千千万万的河道从这里分流，永远也分不完。

接着，《关尹子》又说：

> 吾道如处暗。夫处明者不见暗中一物，而处暗者能见明中区事。②

意思是讲，我所认知的“道”就像处在暗处。如果你处在明处，就无法看见暗处的任何东西；但如果你处在暗处，就可以看见明处很小的东西。

《关尹子》上面这两段话，描述了“道”的一些特性，即无限包容性、无限分割性、可

① 牛道淳（逍遥子）注：《文始真经注》卷一《一宇篇》，《道藏》第14册，文物出版社、上海书店出版社、天津古籍出版社，1988年，第613—614页。以下凡引《道藏》，版本相同。

② 牛道淳（逍遥子）注：《文始真经注》卷一《一宇篇》，《道藏》第14册，第614页。

大可小性、幽暗见明性。

不仅如此,“道”还具有“自在性”。关于这种特性,《关尹子》又有一段精辟的阐述,它说:

> 道无人,圣人不见甲,是道乙非道;道无我,圣人不见己,进道己退道。以不有道,故不无道;以不得道,故不失道。[①]

直白地翻译这段话,就是说,“道”没有主观意识掺杂其中。作为一个整体,“道”具有纯洁性、一律性,所以不能说“甲是道而乙就不是道”。“道”没有自我的执著心,圣人不去揣摩自己与“道”的关系,到底是离“道”远还是离“道”近。心里不去考虑是不是掌握了“道”,因此就不存在所谓“无道”的问题,更不考虑是不是“得道”,所以也就不存在“失道”的问题。

“道无人”以及“道无我”,说的是“道”的客观性,它不以个人的意志为转移,这就是“常道”。这个“常道”,恒定不易,化生天地万物,却不改其性。它先于天地而存在,后于天地而不老,长长久久。“常道”之“常”,寄托于“天”就是天道,寄托于“地”就是地道,寄托于“大”就是“大道”。由此看来,“大道”不是“常道”,却具备了“常道”的基本特性。如果说“常道”是从时间上讲的,那么“大道”则是从空间上看的。

古者,“大”就是“太一”,至高无上、混沌无边之谓“太”,不可分割、完整无缺就是“一”。由此推演,则所谓“大道”就是无限绵延、不可分割、独立自在的“道”。

大道在哪里呢?《关尹子》又讲:

> 无爱道,爱者水也;无观道,观者火也;无逐道,逐者木也;无言道,言者金也;无思道,思者土也。惟圣人不离本情而登大道,心既未萌,道亦假之。[②]

意思是讲,不要有主观的“爱道”念想,因为“爱”恰如“水”一样;不要有心智上的“观道”行为,因为“观”就像“火”的燃烧一样;不要去追逐“道”,因为追逐的行为就像木头那样生硬;不要喋喋不休地言说“道”的问题,因为“言”字就像一把金刀,锐利无比,用言求道,往往产生伤害,不能奏效;不要绞尽脑汁、冥思苦想如何求“道”,因为思念伤害脾土。金木水火土,此五行是具体可见的,而“大道”不可见,陷入了具体的求

① 牛道淳(道遥子)注:《文始真经注》卷一《一字篇》,《道藏》第14册,第607页。

② 牛道淳(道遥子)注:《文始真经注》卷一《一字篇》,《道藏》第14册,第609页。

索和操作，都是凡庸举动，背道而驰；唯有圣人固守本真的情态，所以能够自然而然地与“道”契合。因为后天的心念没有萌发，大道才能够假借这个虚灵的空间而存在。

这样看来，发源于老子的道家学派所讲的“大道”乃是先天地排除了主观心念的“道”。此道充满宇宙，正如纯净之水，存在于纯净的空间，不思而自在。没有高下之分，没有优劣之别。行于天地，则浩浩荡荡；行于人身，则周流不息。

寰宇清明，大道行之而天下为公。这个“公”字，许慎《说文解字》将其解释为“平分”，从“八”从“厶”。韩非子指出：背厶为公，即与私相背离的就是“公”。老子《道德经》第十八章说“大道废”，一下便让人感觉到混乱争夺而无序的状态。

然而，大道“废”是与“不废”相对而言的。老子讲“废”有个前提，那就是大道盛行的美好境况。对此，清代宋常星解释说：

> 太古盛世，三皇在位，万民一体，以道治天下，虽无仁义智慧忠孝之名，实然之德，人人自尽。有其实而无其名，其名不必立。天下之百姓，仁义同然，智慧同然，忠孝同然，人人各行其当然而已，此正是上下相忘于道化之中，日用不自觉之妙处。①

所谓“太古”就是远古。而“三皇”在历史上有不同解释。《潜夫论·五德志》称“古有天皇、地皇、人皇”，而《路史》则按照前、中、后的历史演变，提出了前天皇、前地皇、前人皇，中天皇、中地皇、中人皇，后天皇、后地皇、后人皇。此外，尚有把“人皇”称作“泰皇”者。不论情况如何，这都表示十分遥远的过去。宋常星借鉴道家的古史传说来解读老子关于“大道”废前的状态。在那样的远古时期，“万民一体”，彼此没有地位、贫富的差别，因为当时乃是“以道治天下”。这个“道”指的就是“大道”，即“天下为公”的“道”。既然是“道治”而非“人治”，那么仁义、忠孝这些伦理规范就不需要宣扬了。它们作为一种基本的品性，人人都具备，虽然没有名称，但客观上是存在的。大道化人，而人人相忘于这种状态，没有非分之想，不起争夺之念。这是一种美好的状态，道家著作对这种状态多有描述。

二、“四有”的发生

道家怀念上古大道盛行的美好年代，但也不回避现实。老子《道德经》第十八章

---

① 宋常星：《道德经讲义·四有章第十八》，载《老子集成》第九卷，宗教文化出版社，2001年，第158页。

正是针对历史变迁中产生的社会问题而发论的。

老子说"大道废,有仁义",可谓一消一长。"废"意味着"大道"的隐没,而"有"意味着"仁义"的兴起。

"大道"为什么"废"呢?原因何在?宋常星这样解释:

> 次后为君者,不能以道治天下,不修无为之德化,所以大道隐矣。此非大道去于人而隐之也,乃是人自去之耳。不得不立仁义之名而用之,仁义之名既彰,故曰大道废,有仁义。①

文中讲的"次后"指的是三皇以后。按照宋常星的说法,三皇之后的君主,不能遵循大道法则来治理天下。具体而言,就是不修持"无为之德化"。在老子《道德经》中,"无为"是很重要的概念,它意味着顺应自然,不带着一己私欲去作为。唯有顺应天道,才能领悟天德,用天德感化人间,感通万物。相反,如果违背了自然无为的道理,大道就隐没不见了。为什么这样呢?是大道与人过不去吗?不是的!此等局面的发生,乃是人间社会丢弃"大道"的结果。简单讲,这就是"人"弃"道",而非"道"弃"人"。

人间社会为什么背离大道?因为人是有生理需求的,所谓"饮食男女,人之常情",人的行为是受食欲、性欲推动的。肚子饿了,就会寻找食物来补充能量;而男女性爱的需求,对于人的行为也具有很大的激荡作用。最初,自然形成的聚落人数较少,他们从大自然获取的食物能够维持生存,所以尚无占有之心。随着社会的发展,人口逐渐增加,资源却没有相应增加,于是争夺资源的现象就产生了。后来,社会发展导致了畜牧业、手工业、商业等行业分工,多彩多姿的产品对人们产生了新的诱惑。人们在占有更多资源的过程中尝到甜头,于是争夺得更为激烈,导致社会出现了混乱。为了遏制纠纷,维持生活秩序,需要一套约束行为的规范,而指导这种规范建立的思想原则就是"仁义"。

如何理解"仁义"呢?在古文献里,"仁"与"义"常常是分开讲的,它们本来是各自独立的词汇。

"仁"在甲骨文里的写法为"⺅="，像人形,背后有个"二",这个"二"表示"等同"或者"均有"。就造词本义而言,"仁"表示视人若己。许慎《说文解字》称"仁,亲也"。所谓"亲",本来表示家人对被关进监狱者的探望,探望者和被探望者彼此具有血缘关

---

① 宋常星:《道德经讲义·四有章第十八》,载《老子集成》第九卷,宗教文化出版社,2001年,第158页。

系。因此，古代所讲的“仁”具有待如家人的意义。如《礼记·经解》说“上下相亲谓之仁”[1]，《论语》说“夫仁者，己欲立而立人，己欲达而达人”[2]，这些论述都表示待人若亲。

再说“义”字，甲骨文的写法为，上下结构，上面像“羊”的样子，而下面的“我”本是一种有利齿的武器象形，也就是十二地支的“戌”。结合起来，表示战争之前的隆重仪式。人们在仪式上祭祀占卜，预测吉凶。如果显示了吉利的兆头，则开战符合公道，所以称作“道义”。

老子《道德经》把“仁”与“义”合起来，称作“仁义”。这种用法在先秦其他古籍里也有例证，例如《六韬》卷一《六守》篇称：

> 文王曰：何谓仁义？太公曰：敬其众，合其亲。敬其众则和，合其亲则喜。是谓仁义之纪。无使人夺汝威，因其明，顺其常。顺者任之以德，逆者绝之以力。敬之勿疑，天下和服。[3]

这里记录了周文王和姜太公的对话。周文王问：什么叫作“仁义”？姜太公回答：礼敬大众，包容如亲。能够礼敬大众，便可以和谐有序；能够包容如亲，便可以人人喜悦襄助。这两条就是“仁义”的纲要。如果不希望被人夺取威严，就得知晓阴阳造化的原理，顺应天地常道。如果能够顺应天地常道，就委以重任；如果背离天地常道，就要想办法予以制止。以恭敬的态度来实施两条纲要，内心没有怀疑，天下就和平，人众就顺服。

《六韬》这部著作，又称《太公六韬》或《太公兵法》。《汉书·艺文志》在“兵权谋”这个类别里言及《太公》，应该包括了《太公兵法》在内。1972年，山东临沂银雀山西汉墓中出土竹简，有部分内容与今本《六韬》基本一致，可证《六韬》为中国先秦时期著名的道家兵书。从卷一《六守》篇的论述看，道家并不反对“仁义”，老子这一章讲的“大道废，有仁义”，只是一种历史性描述。

然而，必须看到的是，以“敬其众，合其亲”为大纲的仁义虽然很好，但实施起来非常不容易，因为涉及领域甚多，而人的主观能力有限，愿望与实际操作难免不一致。于是，就需要智慧来协助。如此一来，“仁义”的实施就要变形。对此，宋常星解释说：

---

① 郑玄注，孔颖达疏：《礼记注疏》卷五十《经解二十六》，嘉庆二十年南昌府学重刊宋本《十三经注疏》本。

② 何晏集解，邢昺疏：《论语注疏》卷六《雍也》，嘉庆二十年南昌府学重刊宋本《十三经注疏》本。

③ 吕望：《六韬》卷一《文韬》，嘉庆兰陵孙氏刻《平津馆丛书》本。

> 仁义之名既立，倘若不以智慧而济之，其仁不周，其义不大，所以三王之世，又以仁义治天下，不得不出以智慧。智慧既出，天下之民徇于智慧，离淳丧朴，就伪失真，败亡之机，国家之乱，自此而生矣。迨至春秋之乱，有五霸之危，聪明之士蜂举，奇智之人并出，假仁假义，多行诡诈之谋，尚利尚名，皆为自私之事，此皆是智慧所出之害也。①

意思是讲，仁义的名目既然确立起来，如果不借助智慧来救济，那就无法使"仁"达到周全，也无法让"义"真正地光大。因此，夏商周三代的开国君王在实施仁义的时候，不得不使用智慧，天下的百姓也模仿效法。慢慢地，智慧就开始在社会上流行起来。什么是"智慧"？当代人把它看作生物所具有的基于神经器官的一种高级综合能力，包含感知、知识、记忆、理解、联想、情感、逻辑、辨别、计算、分析、判断、决定等多种能力。而古人话语系统中的"智慧"，除了聪明、机智之外，还有"权谋"的意涵。既用权谋，就有巧诈甚至欺骗的成分。因此，智慧盛行时，淳朴就逐渐丧失了，伪装的东西充塞人间，国家败亡、社会混乱的迹象就因智慧滥用而肇端。到了春秋时期，齐桓公、宋襄公、晋文公、秦穆公、楚庄王，号称五霸，争夺国土，兴师动众，社会动荡。当此之际，聪明谋士如蜂飞舞，奇巧之人纷纷出笼，他们口若悬河，四处游说争霸者，满口仁义道德，背地里尔虞我诈，实际生活中，他们自私自利，足见智慧对社会已经造成了危害。所以老子说"智慧出，有大伪"，可谓一针见血！

维系社会的伦常思想，除了"仁义"之外，还有"孝慈"。我们经常听说"百善孝为先"，说明"孝"在中华民族的伦理道德体系里具有特别重要的地位。"孝"这个字，甲骨文的构形为"[甲骨文孝字]"，上为"老"，下为"子"。"老"表示长者，"子"表示子孙后代。上下叠合，表征年轻的子孙搀扶老者。许慎《说文解字》称"孝"为"善事父母者"，扩展开来讲就是善于侍奉父母长辈。至于"慈"，金文的写法，上为"兹"，下为"心"，表示父辈对子孙后代的关爱。有孝就有慈，有慈就有孝，孝慈两者相对应，构成了最基本的家庭伦理关系。

自古以来，中华民族乃以"孝"为本。黄侃《论语义疏》卷一有一段注解：

> 君若上孝父母，下慈民人，则民皆尽竭忠心以奉其上也。故江熙云，言民法上而行也。上孝慈则民亦孝慈，孝于其亲乃能忠于君。求忠臣，必于孝子之门也。②

---

① 宋常星：《道德经讲义・四有章第十八》，载《老子集成》第九卷，宗教文化出版社，2001年，第158页。

② 何晏集解，皇侃义疏：《论语集解义疏・为政第二》，乾隆三十七年至道光三年长塘鲍氏刻《知不足斋丛书》本。

意思是讲，君主如果能够做到孝敬父母、慈爱百姓，那么百姓就会竭尽全力，对君主忠心耿耿。东晋兖州别驾江熙(字太和，济阳人)说：百姓效法君主。作为君主，如果能够以孝慈示范天下，百姓们一定会学习。唯有孝敬父母双亲，才能够忠于君主。自古以来，忠臣都是从孝子之门中求得。

从《论语义疏》的引证可知，"孝慈"对于儒家而言具有立本的意义。而在道家中，"孝慈"也是很受推崇的，老子在《道德经》里有"民复孝慈"的说法，明确表达了道家倡导"孝慈"的立场。另外，《六韬》卷一《盈虚》也说"民有孝慈者爱敬之"，呼吁要尊重那些奉行孝慈法度的人民，足见其鲜明的导向。

既然道家倡导"孝慈"，那么老子为什么说"六亲不和，有孝慈"？这是不是对"孝慈"有所贬抑呢？当然不是。正如前一句"大道废，有仁义"是解释一种伦常观念形成的必然性一样，"六亲不和，有孝慈"也是一种历史性标示。所谓"六亲"，即父母、伯叔、兄弟。六亲和合，家庭关系就融洽，长辈慈爱后辈，后辈孝敬长辈，人人如此，不必追求孝慈的虚名。但是，后来情况发生变化，社会风尚滑坡，家庭不能和睦，于是普天之下就特别倡导和宣传"孝慈"，并且树立了许多典型，"舜帝"就是这方面的杰出代表。古代二十四孝中的"孝感动天"讲的就是舜的故事。其中描述：虞舜，瞽瞍之子。性至孝。父顽，母嚚，弟象傲。舜耕于历山，有象为之耕，鸟为之耘。其孝感如此。"帝闻其潜德，妻以娥皇女英二女，又使九男百官事舜。"①

原来，舜的父亲是个盲人，也是个老实厚道的农夫。因家境贫困，舜的母亲常常对他的父亲大声指责。舜有个弟弟叫"象"，生性傲慢，也常对父亲不敬。只有舜始终如一，不怨天尤人，对父母恭顺如常，所以"孝感动天"以"性至孝"赞美他。不仅如此，舜对弟弟也关爱有加，在生活上照顾，在精神上引导，以期弟弟改过自新。据说这种超常的大孝举动感动了上天，所以当舜在山下耕田的时候，有神象奔来帮助他耕田，有神鸟飞来帮助他锄草。舜的孝行传到了帝尧那里，帝尧特派九位男丁作为舜的侍者，还将自己的女儿娥皇和女英嫁给舜，以表彰他的孝心。此后，尧把帝位"禅让"给了舜。舜本来是个平民，何以被尧看重？就是由于他既有孝心，又有孝行。舜的故事可谓家喻户晓，在儒家典籍里不断得到赞扬和表彰，而在道家文献里也有大量描述，例如《庄子》卷六《徐无鬼》篇即称"舜有羶行，百姓悦之"。其中所谓"羶"，本指羊肉美味，这里用以形容舜的高尚品质。不言而喻，"羶行"应该也包括其至孝的行为。《庄子》一书对社会弊端多有抨击，对舜的记载却显得平实，反映了道家对真孝、至孝是认可的。

① 张瑞图辑：《新锲类解官样日记故事大全》卷二《孝行类》，日本宽文九年覆明万历刻本。

由“孝慈”再进一步，老子也涉及“忠”的议题，他说“国家昏乱，有忠臣”。短短七个字，既指出了“忠臣”出现的原因，也体现了其历史地位。如何理解这七个字呢？宋常星说：

> 尽其心而无私谓之忠，上下不明谓之昏，国家失政谓之乱。细想圣君在位，同乐承平，国易治而民易安，人人可为忠，不显其为忠，又何用求有忠？惟国家昏乱之际，臣节难立，忠义难尽，果能从此难尽之时，舍身报国，力扶大义，镇安社稷，虽不有心立名，忠臣之名，无不显矣。①

在这段话里，宋常星首先讲了“忠”的标准，这就是“尽其心而无私”。所谓“尽其心”，就是对君主忠心耿耿；所谓“无私”，就是对君主不怀二意。“忠臣”不是从天上掉下来的，而是在国家昏乱状态下出现的。所以，宋常星紧接着解释了“昏乱”两个字。他指出，所谓“昏”是上下不明。说白了，“不明”就是黑暗，君臣之间、朝廷与百姓之间，失去了沟通渠道，一切都是暗箱操作，让人感觉就像处于黑夜一样。至于“乱”，宋常星解释为“失政”，即没有条理。古代所谓“政治”，就是以大正、方正为国家治理的总体标准。“正”这个字，上面一横像太极，代表上下一个标准，执法者一碗水端平，这就是公平、公正。再看下面的“止”，它意味着要懂得停止。凡是不符合标准、违背法律以及公共伦理道德的行为，都必须制止。更进一步说，君王应该在灵魂深处做“内圣外王”的修持功夫，经常反省自己的行为是否符合天道。唯有如此，才能正己、正人、正天下。能够这样做的人就被称作“圣君”，也就是能够完成国家治理这一神圣使命的君主。由这样的圣君治理国家，天下同乐，享受太平成果。国家秩序井井有条，人民安居乐业，个个忠心耿耿，却没有显示“忠”的情状，所以就不必特意去寻求所谓“忠臣”了。

然而，国家昏乱的时候，许多大臣失去了民族风骨，甚至连做人的气节都没有了。在这种情况下，“忠义”两字就显得特别珍贵，如果能够在关键时刻精忠报国、舍生取义，就一定会被奉为忠臣，名垂千古，为世代所颂赞和怀念。例如商朝的纣王无道，他囚禁了箕子，又杀了比干。这两位都是纣王的叔父，古史记载的有关资料都说他们能够坚持为人的气节，是谓忠臣。结合这些历史资料，我们不难看出，老子善于把一种伦理道德现象置于历史进程中加以把握，所以显得特别深刻。

① 宋常星：《道德经讲义·四有章第十八》，载《老子集成》第九卷，宗教文化出版社，2001年，第159页。

三、导民归厚与"正邪之争"

与《道德经》从历史发展进程立场看仁义、孝慈、忠臣的法度不同，儒家在讲述"仁义、孝慈、忠臣"时，更多地强调其积极的社会作用。例如《孟子》卷十二《告子章句下》称：

为人臣者怀仁义以事其君，为人子者怀仁义以事其父，为人弟者怀仁义以事其兄，是君臣、父子、兄弟去利，怀仁义以相接也，然而不王者未之有也。①

孟子说，"仁义"两个字是治国安民的关键。如果人臣能够胸怀仁义侍奉君主，人子能够胸怀仁义侍奉父母，人弟能够胸怀仁义侍奉兄长，整个社会中君臣、父子、兄弟之间都以仁义为上，彼此坦诚相待，而不是以追求名利为导向，那么君主的地位就能稳固，国家就会兴旺。孟子的说法代表儒家的义利观，在历史上具有很大影响。

我们再来看《礼记》卷十《诰志》中关于"孝慈"等议题的一段论述：

父子之间观其孝慈也，兄弟之间观其和友也，君臣之间观其忠惠也。②

意思是讲，父子之间关系如何，要看他们是不是"孝慈"；兄弟之间关系如何，要看他们是不是"和友"；君臣之间关系如何，要看他们是不是"忠惠"。

《礼记》的论述直接把"孝慈""和友""忠惠"作为考察社会关系的伦理纲要，足见其重视程度之深。

通过以上比较可以发现，老子虽然也讲"仁义""孝慈""忠"，但对这些概念没有特别强调，而是采取了一种历史的理性陈述方式。如此风格，乃是正反两面看问题的辩证思维使然。他不仅看到了事物正面，也注意到事物反面。在老子看来，如果把忠孝仁义宣扬过头，就会导致人们片面追求虚名，从而出现"大伪"。如果人人以伪装面孔出现，那就是社会的悲哀了。根据"无为"思想原则，老子这一章论述的核心旨趣就是引导人在内心上做修养功夫，以达"至诚无妄"，这是合乎"天德"的体现；进而在行为上"大公无私"，这是合乎"天道"的体现。修持天德，顺应天道，民德乃能归厚。

① 赵岐注，孙奭疏：《孟子注疏》卷十二上《告子章句下》，嘉庆二十年南昌府学重刊宋本《十三经注疏》本。

② 戴德：《大戴礼记》卷十，(民国)八年商务印书馆《四部丛刊》景明袁氏嘉趣堂本。

关于这种思路，汉代的桓宽所撰《盐铁论》中有一段论述有助于理解：

> 夫导民以德则民归厚，示民以利则民俗薄；俗薄则背义而趋利，趋利则百姓交于道而接于市。老子曰：贫国若有余，非多财也，嗜欲众而民躁也。是以王者崇本退末，以礼义防民欲，实菽粟货财。市、商不通无用之物，工不作无用之器。故商所以通郁滞，工所以备器械，非治国之本务也。[①]

意思是讲，引导人民修养德性，则民风淳朴而厚道；引导人民追求利益，则民风庸俗而浅薄。一个社会，如果民风庸俗浅薄，人们就会背信弃义。这样下去，百姓们行走于道路上都在讨价还价。老子所讲的“贫穷的国家看起来好像很有剩余”，这并不意味着民众爱财、贪财、多财，而意味着他们讲究道德风尚，也就是“道德富有”。一个社会如果张扬嗜欲，民众就会躁动不安。因此，君王应该抓住根本，舍去枝节，运用礼义来防止民众嗜欲泛滥。主抓粮食生产，多种经营；在商业方面禁止无用之物流通；在工业方面不制作没有实际生活用处的器具。因为商业活动乃是为了促进生活用品的流通，工业活动主要是生产备用的器械，这些都不是治国的根本要务。

《盐铁论》的论述把儒家与道家的一些思想统合起来，体现了“外儒内道”的特点。其中，关于“导民以德则民归厚”的论述，与《道德经》第十八章“抑制虚名，至诚无妄”的精神有相通之处。

“导民归厚”的伦理涵养延伸到养生实践上，就形成了邓锜《道德真经三解》的“丹道成象”修炼法门。研究道教史的学者们知晓，从汉代《周易参同契》开始，道门中人就一直在进行内丹修炼实践，并且不断总结，丰富其理论体系。宋元以来，《道德经》解释出现了引入丹道学说的倾向。全真道士邓锜的《道德真经三解》是这方面的代表作。该书第十八章之德解说：

> 大道，大药也。仁义，品药也。智慧，妙法也。大伪，旁门也。大药苟废，不失品药，故曰大道废，有仁义。妙法若出，必有旁门，故曰智慧出，有大伪。“药逢气类方成象，道即希夷合自然”，六亲不和，有孝慈也。“一粒金丹吞入腹，始知我命不由天”，国家昏乱，有忠臣也。[②]

① 桓宽：《盐铁论》卷一《本议第一》，乾隆五十年至嘉庆十四年兰陵孙氏刻《岱南阁丛书》本。

② 邓锜：《道德真经三解》卷二，《道藏》第12册，第196页。

道教内丹修炼，借用外丹术语。修炼内丹大药有成，接着就要品尝。这个过程有许多讲究。邓锜以类比的方式，解说《道德经》第十八章的思想内涵。他把“大道”当作内丹修炼的“大药”；把“仁义”对应于“品药”阶段；把“智慧”对应于内丹修炼时妙法的使用；把“大伪”对应于“旁门”，以强调中正的丹法修炼。接着，他应用张伯端《悟真篇》的诗句来阐发“性命双修”的主张。所云“药逢气类方成象，道即希夷合自然”，前一句的“药”指人体的精、气、神，后一句的“道”指精气神和合时的结胎状态。道教内丹学认为，人在先天时节，即未生之前，精气神是和合的。降生世间之后，精气神就分离了，长此以往，就会老死。邓锜以精气神的分离，类比“六亲不和”。既然不和，就得重新再合，才能挽救老死，于是人间有了“孝慈”。所谓“药逢气类”就是元精与元气相逢，而“方成象”就是在元神的观照下，精气和合的写照。从老子《道德经》的言辞来看，“有孝慈”就是以“孝慈”为药物来医治六亲不和的弊病，实现最终的“和合”，这就是“成象”。不过，这种“成象”并非如肉眼观察大千世界那样清晰明朗，而是若有若无，这就叫作“希夷”。在这种状态下，修持者不可操之过急，而应该顺其自然。能够如此，就算掌握了“修命”的功夫。然而，仅有“修命”功夫是不够的，还得进一步“修性”。其中引述的《悟真篇》诗句“一粒金丹吞入腹，始知我命不由天”，与《道德经》“国家昏乱，有忠臣”相配合，就是讲“修性”。它侧重于心灵涵养、性格养成，培养“至诚无妄”的“忠臣”品格。有了这种品格，才能脱胎换骨，达到内圣外王的境界。

邓锜的解释虽然已经超出了《道德经》本身的生命哲学理论框架，但体现了大开大合的思维导向，让我们看到了宋元以来道家思想发展的某种轨迹。其中，尤其值得注意的是，他把“有大伪”确指为“旁门”的问题。所谓“旁门”，乃与中门相对，即旁出之门。古代儒家的孔庙建筑有棂星门，分左中右三道。按照古代礼制，只有最高贵的官员以及王室才能从中门出入，一般官员由西门出入，而普通民众只能从东门出入。西门为右道，东门为左道，所以有“旁门左道”之说。本来这只是儒家礼制中的名称，后来道教用以比喻偏离正道的修持法门。从东汉开始，道教在修持法门上便有正宗与旁门的分野，例如《周易参同契》一方面讲述金丹大道，另一方面则批评所谓“小道”，谓“世人好小术，不审道浅深”。到了唐末，对旁门左道的批评更为激烈，例如当时以钟离权、吕洞宾为宗师的金丹派所传承的《破迷正道歌》就说：

> 堪嗟无限学仙者，总是天仙道不同。
> 俱被野狐涎昧定，鬼言妖语怎生听？
> 云游四海参玄妙，尽是邪门小法功。
> 愚迷执强难教化，依然一盲引众盲。

……

三千六百旁门法，不识随形昼夜人。

有缘遭遇明师指，顷刻之间造化生。①

意思是讲，令人嗟叹啊，世间那么多学仙的人，他们的方法与天仙之道大为不同。这些人都被野狐狸的口水给迷惑了。实际上，那些话都是鬼怪之言、妖精之语，怎么能够相信呢？我云游四海，参透了道家的玄妙法门，也看到了各种邪门功法的流传。这些被迷惑的人啊，实在难以教化，你看他们不但自己被迷惑，还要去迷惑别人。四面八方，旁门左道之法，至少有三千六百种，他们迷恋于小小技巧，不知道根本是什么。修道必须修持正道，而正道必须有名师指点迷津。如果能够遇上名师，顷刻之间就明白奥妙了！

《破迷正道歌》说的三千六百“旁门”，到底指什么呢？元代著名学者李道纯写的《中和集》将它们一一罗列。他把旁门分作“九品”：下三品包括“御女房中，三峰采战”之类采阴补阳的男女性生活技术等“泥水丹法”一千多种；中三品包括休粮辟谷、晒背卧冰、吞霞服气、存思注想等一千多种；上三品包括定光鉴影、搬运精气等一千多种。从道家文化发展的整体过程来看，被金丹派列为“旁门”的东西实际上也具有一定的养生健身价值，不可完全否定。

最后，必须指出的是，无论是撰著《道德真经三解》的邓锜，还是猛烈抨击“旁门左道”的李道纯，他们对《道德经》的解说，只是道家思想史上一个门派的意见。读他们的著作，只是为了了解文化发展的多重气象。要把握《道德经》的本义，还得回归老子的生活时代，找到思想发生的土壤和内在根据，这样才能领悟其精髓。

Laozi's Reflection on Social Life through the Concept of "The People's Virtue Returning to Simplicity"
—Interpretation of Chapter 18 of the *Dao De Jing*

Zhan Shichuang

Abstract: In the *Dao De Jing*, Laozi discusses the relationship between the Great Way and righteousness and benevolence, emphasizing the importance of filial piety and kindness. He criticizes the deviant methods of cultivating the Tao. Laozi believes that

① 钟离权：《破迷正道歌》，《道藏》第4册，第917页。

the simplicity and depth of social moral customs are manifestations that arise when the great way is abandoned, which can bring harmony to individual lives and stability to social order. He advocates for the "constant way" of governing by non-action, opposing the imposition of personal will and the pursuit of material pleasures, as he believes these lead to social chaos and the absence of "righteousness and benevolence". Laozi holds that by enhancing individual moral cultivation, such as respecting others and being close to family, social harmony and progress can be promoted. Both Taoism, represented by Laozi, and Confucianism, represented by Confucius, emphasize "filial piety and kindness", which can be considered the core of Chinese ethical morality and the foundation of "righteousness and benevolence". Taoism believes that "filial piety and kindness" have a positive impact on national governance, while Confucianism emphasizes its role in maintaining social order. Although the two have different views on the issue of "filial piety and kindness", they both agree on its importance in ethics and morality.

Key words: the people's virtue returning to simplicity filial piety and compassion reflection on life

佛道生命哲学

论成玄英思想在道教史上的地位及其先导性作用

卫　怡*

摘　要:在道教史上,成玄英的思想具有重要的历史地位。从道教生命哲学形成、发展、演化的角度来看,成玄英以重玄为宗,注《老》疏《庄》,建构道教义理,将道家思想完全融入道教之中,使之成为道教思想的一部分,这标志着道家与神仙家思想融合之完成。通过对生道关系、生命结构、生命的现实境域、炼养体系、长生不死信仰的新解,成玄英重新确立了道教的生命哲学,其思想对内丹学的兴起亦具有"先导性作用"。

关键词:成玄英　初唐道教　重玄学　生命哲学　历史地位

成玄英是初唐时期道教重玄学的重要代表人物。在评价成玄英思想的历史地位时,许多学者认为,以成玄英为代表的初唐重玄学可以被视为道家思想的第三期发展。① 这一评价从对老庄道家、魏晋玄学的继承与发展的角度,肯定了重玄学在道家思想谱系上的地位,有其重要意义。不过,这一定位容易遮蔽重玄学的实情,即重玄学的发展始终以道教学者为主,其立场从根本上说属于道教,是道门学者为发展自身理论主动援引、吸收老庄道家、魏晋玄学的结果。除了部分著作依《老》《庄》所作注疏

＊ 卫怡,湖北汽车工业学院人文学院讲师,主要从事道家、道教思想史研究。

① 参见汤一介:《论魏晋玄学到初唐重玄学》,载陈鼓应主编:《道家文化研究》第 19 辑,生活・读书・新知三联书店,2002 年,第 21 页;强昱:《从魏晋玄学到初唐重玄学》,上海文化出版社,2002 年,第 404 页。

外，大部分重玄学文献属于道教经论，具有浓厚的神仙信仰色彩，而与原始道家哲学、魏晋玄学存在一定间隔。如果从纯粹哲学家的视角来看待成玄英或其他重玄学家，刻意淡化或者批评他们始终保有的道教信仰，就会违背历史事实。有鉴于此，笔者承认重玄学在道家思想谱系中的重要地位，但笔者将从历史出发，把重玄学视为道教思想发展的重要一环，以道教生命哲学的发展为主线，对成玄英思想予以重新定位，并略论其对道教内丹学的“先导性作用”[①]。

一、道家与神仙家思想融合之完成

在中国哲学中，有关生命存在及其超越的问题，始终是道家所关心的重要问题。而以“长生不死”为信仰的神仙家[②]亦把生命存在及其超越问题置于其理论、实践的核心地位，不断探索生命存在的奥秘。二者虽然都重视生命存在及其超越问题，但为了实现这一目标，两者所采取的方法、路径有很大不同。神仙家主要是通过行气、导引、房中、服食等炼养方术，实现肉体生命的长生不死[③]。这一路径，实践重于理论，信仰大于理性。而道家主要是通过哲学的反思、批判和对分别、智识、有为的消解，达成心性的虚静、自然、逍遥，实现精神的超越与解脱。其路径主要是理论的、心性的，虽不乏实践，但信仰的成分较少。因此，自战国至西汉，道家与神仙家（方仙道）主要是分别发展，各行其道。然而，道家与神仙家自产生伊始，就已相互影响。二者虽然在解决生命存在及其超越的问题上采取的方法与路径不同，但由于具有共同的论题，理论与实践可以实现互补，二者的融合也就不断深入，最终共同塑造了道教生命哲学的发展形态。

从生命哲学上来看，经过南北朝道教对养神修心和智慧解脱的宣扬，道教在观念上实际上已经确立了精神不死的信仰，实现了“长生不死”理论的根本转向。道家重视精神超越与解脱的思想，已经融入神仙家的“长生”观念中，成为道教信仰的最高追求。及至初唐成玄英以重玄为宗，注《老》疏《庄》，将老庄道家思想完全融入道教中，

① “先导性”一词源自陈寅恪先生《冯友兰〈中国哲学史〉下册审查报告》。陈寅恪先生在此文中说：“六朝以后之道教，包罗至广、演变至繁，不似儒教之偏重政治社会制度，故思想上尤易融贯吸收。凡新儒家之学说，几无不有道教，或与道教有关之佛教为之先导。”笔者以“先导性作用”一词指成玄英思想对道教内丹学可能产生的影响或启示。参见陈寅恪：《冯友兰〈中国哲学史〉下册审查报告》，载《陈寅恪史学论文选集》，上海古籍出版社，1992年，第511页。

② 此处所言的“神仙家”在不同的时代有不同的表现形式。战国、秦汉时，为百家之一的神仙家以及继承神仙家长生不死信仰与追求的方仙道；东汉及以后，为在前者基础上吸收各家思想因素形成的黄老道等道教形式。

③ 战国秦汉还流传尸解信仰，认为形体假托死亡，灵魂经太阴炼形，过南宫成为不死仙人。

成为道教义理不可分割的一部分。正是在这个意义上，笔者认为成玄英思想的建立意味着道家与神仙家思想融合的完成，具体体现在以下几个方面：

一是老子、《道德经》与道教的关系更为紧密。将老子和道等同起来，并神化为仙人，始于汉明帝时蜀郡成都人王阜所撰《老子圣母碑》。桓帝时陈相边韶撰《老子铭》继续这一做法，至早期天师道教典《老子想尔注》则明确将老子与道、太上老君等同起来，《道德经》成为天师道传教的基本经典。不过，《老子想尔注》并未辨明老子、《道德经》与道教之间的关系。成玄英继承了早期道教以老子为太上老君，并将其与道等同的做法，又以太上老君为教主和最高信仰道的人格化身，认为《道德经》乃教主太上老君所说度人之法。其言："老君即老子也……老君为大道之祖，为天地万物之宗，岂有生死哉！"①此以老子为太上老君，又以太上老君为大道之祖。而老君即道教之教主，《老子·第四十四章》云："得与亡孰病？"成玄英疏云："世间翻以得为适，以亡为病者，不亦谬乎？故教主云：得之与亡，定谁是病耶？"②《老子·第五十七章》云："吾何以知天下之然？以此。"成玄英疏云："教主假设云：我何以知摄化天下，必须无事乎？用此。"③此皆以老子为教主。这些实际上是对北周释道安《二教论》、唐初法琳《辩正论》所称的道教没有教主的直接反驳。④ 成玄英又指出"经"属于法教之总名，至人之洪范，"皆是圣言，并诠至理"⑤，也就是说，"经"是圣人诠释大道至理所说之法教言论。"经"在这个意义上实际上等同于大道，故成玄英说："此经是三教之冠冕，众经之领袖，大无不包，细无不入，穷理尽性，不可思议。"⑥把《道德经》置于三教、众经之上，极大地提高了《道德经》在道教中的地位。如此，老子、《道德经》与道教也就更为紧密地结合在一起，信仰大道、崇拜老君、研习注疏《道德经》就成为道教徒理所应当之事。⑦

二是将庄子及其书进一步纳入道教系统中。晋宋之际的灵宝经《太极真人敷灵宝斋戒威仪诸经要诀》和陶弘景《真诰·稽神枢》先后神化庄子其人其书。陶弘景《真灵位业图》将庄子排在第三右位。《真诰·叙录》称《庄子》内篇为仙书，将其与上清经

① 郭庆藩撰，王孝鱼点校：《庄子集释》，中华书局，2016年，第134—135页。
② 成玄英：《老子道德经开题序诀义疏》，《中华道藏》第9册，华夏出版社，2004年，第267页。
③ 成玄英：《老子道德经开题序诀义疏》，《中华道藏》第9册，华夏出版社，2004年，第277页。
④ 参见释道安：《二教论》，载僧祐、道宣：《弘明集·广弘明集》，上海古籍出版社，1991年，第144页。法琳：《辩正论》，《大正藏》第52册，新文丰出版公司，1984年，第499页。
⑤ 成玄英：《老子道德经开题序诀义疏》，《中华道藏》第9册，华夏出版社，2004年，第231页。
⑥ 成玄英：《老子道德经开题序诀义疏》，《中华道藏》第9册，华夏出版社，2004年，第233页。
⑦ 据托名金明七真的《三洞奉道科诫仪范》，在南北朝后期的道教法位阶次中，高玄法位中的高玄弟子和太上高玄弟子需要受与《老子》相关的经法，如《老子道德经》《河上真人注》《想尔注》《五千文朝仪》《老子妙真经》《西升经》《老子中经》《老子内解》《老子节解》《高上老子内传》等。参见《三洞奉道科诫仪范》卷二，《中华道藏》第42册，华夏出版社，2004年，第33页。

典、佛教《法华经》并列，认为庄子的思想旨趣达到了玄冥任运的极致境界。这些说法开启了后世道教神化庄子其人其书的先河。成玄英综合了灵宝、上清两派的说法，认为庄子“师长桑公子，受号南华仙人”①。在《庄子疏》中，成玄英又认为“庄子师老君”②，把庄子看作太上老君的弟子。至于《庄子》之书，成玄英在《庄子疏·序》中，一方面认为它申述畅明道德、重玄、无为、独化之旨，另一方面认为它“钳揵九流，括囊百氏”③，把《庄子》排在九流、百家之上，仅次于《道德经》，并同样认为它是阐明象外微言（重玄道理）的宇内至教。毫无疑问，成玄英把庄子看作次于老子（太上老君）的真人，把《庄子》一书看作真人阐明大道的经教，这就为其依郭象注作疏，阐明道教重玄之理奠定了神学基础，“从此，庄子才真正在道教中获得了仅次于老子的崇高地位，《庄子》一书才真正被道教学者奉为必读的经典著作”④。

上述两点从道教神学的层面确立了老庄其人其书在道教中的地位，老子、庄子成为道教的圣真，《老子》《庄子》二书成为道教的真经，这些为后世道教徒高举道家旗帜，研究、注疏道家典籍，吸收道家思想，改造、提升道教义理奠定了坚实的基础⑤。

三是神仙家“长生”说的内涵，由肉体的长生不死转换为道家的真性常存、精神永恒。神仙家的“长生”说主要指肉体生命的长生不死。为了实现这一目标，神仙家、方仙道和早期道教发展出各种炼养方术。但从现实来看，各类炼养术虽然可以在一定程度上祛病延年，却未能实现不死。道教的信仰受到越来越多的质疑和批判。南北朝时期，随着士人、佛教徒对道教肉体长生说的批判，养神修心的观念在道教中逐渐兴起。至南北朝末期，通过传统的炼养方术实现长生久视的观念受到诸如《灵宝升玄内教经》的批判。隋唐之际，《本际经》继承《升玄经》的思想，从重玄学的角度继续批判传统炼养方术，精神解脱、智慧升玄成为当时道教思想界的前沿观念。成玄英继承《升玄经》《本际经》的思想，对精神解脱、智慧升玄的观念做了系统论证。“长生久视”在他那里一方面指肉体生命的自然长存、尽其天命，另一方面指真性长存、精神永恒。如其言：“夫圣人达生死之不二，通变化之为一，故能尽天年之修短，厌嚣俗以消升。何必鼎湖之举，独为上仙，安期之寿，方称千岁！”⑥神仙家的黄帝鼎湖升仙、安期生千岁之寿等说法被轻视，而庄子的齐生死、通变化、尽天年之修短的思想则受到推

① 郭庆藩撰，王孝鱼点校：《庄子集释·序》，中华书局，2016年，第7页。

② 郭庆藩撰，王孝鱼点校：《庄子集释》，中华书局，2016年，第416页。

③ 郭庆藩撰，王孝鱼点校：《庄子集释·序》，中华书局，2016年，第7页。

④ 方勇：《庄子学史》，人民出版社，2008年，第512页。

⑤ 蒙文通先生说：“晚周以来之道家，虽不必为道教，然自魏、晋而后，《老》《庄》诸书入道教，后之道徒莫不宗之，而为道教哲学精义之所在，又安可舍《老》《庄》而言道教。”参见蒙文通：《道教甄微》，载《蒙文通全集》，巴蜀书社，2015年，第3页。

⑥ 郭庆藩撰，王孝鱼点校：《庄子集释》，中华书局，2016年，第430页。

祟。如此，神仙家"长生"说的内涵也就由肉体的长生不死，转换为道家的真性长存、精神永恒，精神的超越与解脱成为道教的终极信仰。

四是老庄道家所提倡的心性修养论成为道教炼养论的重要组成部分，并占据着重要的地位。先秦时期，神仙家为追求长生不死，提出导引、行气、服食、房中等炼养方术。秦汉以后，神仙家、方仙道、黄老道及太平道、天师道、上清、灵宝等道流在长生不死信仰的引领下，不断丰富、完善道教的炼养体系，又相继提出金丹、尸解、存想、思神、守一、握固、叩齿、咽津、"鸣天鼓"、按摩、辟谷、符箓、经咒、诵经、修斋等众多方术，道教的炼养体系愈趋繁杂。但随着道教对养神修心观念的重视，道家的心性修养理论在道教中的位置越发突出。成玄英继承这一融老庄道家修养论入道教的潮流，将老子"致虚守静"的修养论和庄子心斋坐忘的忘遣说系统地融入道教重玄学的修养论中。如将老子的"玄之又玄""损之又损"的修养方法解为重玄学"遣之又遣"的修养论；将庄子的"坐忘"解为"虚心无著，故能端坐而忘"[①]"外则离析于形体，一一虚假……内则除去心识，悗然无知"[②]的重玄修养论，并与道教的静坐功夫联系起来；将庄子、郭象的适性守分、安时达命、合变任化思想纳入重玄学无心任运的精神之中。诸如此类，皆提升了道教的精神气质与文化内涵，使其在一定程度上摆脱了神仙家、方仙道和早期道教鬼神巫术的气质。

五是道家的自然、无待、逍遥境界成为道教神仙境界论的重要组成部分。神仙家以长生不死、羽化成仙为最高追求，其境界多被描述为白日飞升、腾云驾雾、变化形躯、不食五谷等。对于这种境界，庄子、屈原多有论述，如《庄子·逍遥游》云"藐姑射之山，有神人居焉……乘云气，御飞龙，而游乎四海之外"[③]，《庄子·天地》说"千岁厌世，去而上仙；乘彼白云，至于帝乡"[④]。屈原《远游》描述仙人登天游雾情境："驾八龙之婉婉兮，载云旗之逶蛇。建雄虹之采旄兮，五色杂而炫耀。服偃蹇以低昂兮，骖连蜷以骄骜。骑胶葛以杂乱兮，斑漫衍而方行。撰余辔而正策兮，吾将过乎句芒。历太皓以右转兮，前飞廉以启路。阳杲杲其未光兮，凌天地以径度。"[⑤]《远游》描述的这一场景与道经中众神朝元的场景基本一致，都突出了仙人出神入化、浮游六虚、离合三光、与时消息的特征。然而这些描述在成玄英这里被视为心性超越解脱之体现，典型者如成玄英疏《庄子·逍遥游》"乘云气，御飞龙，而游乎四海之外"曰："智照灵通，无心顺物，故曰乘云气。不疾而速，变现无常，故曰御飞龙。寄生万物之上而神超六合

① 郭庆藩撰，王孝鱼点校：《庄子集释》，中华书局，2016年，第292页。
② 郭庆藩撰，王孝鱼点校：《庄子集释》，中华书局，2016年，第292页。
③ 郭庆藩撰，王孝鱼点校：《庄子集释》，中华书局，2016年，第31页。
④ 郭庆藩撰，王孝鱼点校：《庄子集释》，中华书局，2016年，第429页。
⑤ 金开诚、董洪利、高路明校注：《屈原集校注》，中华书局，1996年，第704页。

之表，故曰游乎四海之外也。”[①]“乘云气”指智慧观照灵验机巧、通达万方，无心无执，顺物自然，没有滞碍；“御飞龙”指无心应感，感而遂通天下，有感即应，应变无常；“游乎四海之外”指和光同尘、混迹有中，而心超物外、不为所扰，在染不染。庄子本以此神仙境界描述神人的精神超越性，但从字面上说，这种描述与神仙之说无异。成玄英的解释则回到了庄子的立场，这样一来，神仙境界就被转化为老庄的自然、无待、逍遥的境界。从此以后，道教的神仙境界虽然仍有传统神仙说虚无缥缈、神通变化的色彩，却亦不乏道家自然、无待、逍遥的心性超越维度。

通过成玄英的论述，神仙家的思想在多方面得到改造、提升，道家思想完全融入道教之中，成为道教思想的一部分，道家与神仙家思想的融合由此完成[②]。正是在这个意义上，有学者指出：“秦汉巫术与神仙方术只能算是世俗迷信，只有在它们依附于道家理论，形成一套独特的道教神学体系以后，才使自己一跃而成为与儒、佛并列的大型宗教。”[③]所言不虚也。

二、道教生命哲学之重新确立

早期道教的生命观主要以神仙家、方仙道的长生不死说为核心。南北朝时，道家思想逐步融入道教之中，经道家与神仙家思想的相互调适、融合，道教生命哲学在隋唐得以重新确立，成玄英思想可谓其时最杰出的代表。

成玄英对道教新生命哲学的建构，主要分为以下几个方面：

一是对“生”“道”关系做了系统论证。早期道教继承老子之说，以道为生命之本原，但同时认为，生命由气凝聚而成，“道”“气”在此被等同起来而有“道气”之说。《老子想尔注》提出“生，道之别体”[④]，把“生”看作本根之道的表现形式，并有“生道”[⑤]的提法，最早奠定了道教生命哲学的本体论。然而，“生”“道”关系在《老子想尔注》中并未得到清晰的阐明，“道”“气”混同更是混淆了形上之道与形下之气。《老子想尔注》之后，这些问题并没有得到解决，直到成玄英，这些问题才得到系统地澄清。成玄英首先改造了《老》《庄》文本中的生成论因素，将本原论转换为本根论，认为道乃生命存

① 郭庆藩撰，王孝鱼点校：《庄子集释》，中华书局，2016年，第34页。

② 卢国龙先生亦指出：“道教吸收老庄的哲学思想，有一个漫长的历史过程，这个历史过程主要是由重玄学完成的。”参见卢国龙：《中国重玄学：理想与现实的殊途同归》，人民中国出版社，1993年，第389页。

③ 任继愈主编：《中国道教史》，上海人民出版社，1990年，第13页。

④ 饶宗颐：《〈老子想尔注〉校证》，上海古籍出版社，1991年，第33页。

⑤ 现存《老子想尔注》中两次出现“生道”。参见饶宗颐：《〈老子想尔注〉校证》，上海古籍出版社，1991年，第19、23页。

在、发展、变化之根据，而非本原。“道生之”乃不生而生，道并不具体地产生生命，生命实际上由气化而成，道则体现为气化流行之根据、原则与条理。这样一来，“道”“气”关系就被厘正。同时，道的虚静自然之性（道性）也随着生命的形成而内化为生命的本质特性（正性）。从生道关系上说，生命的存在、发展、变化以道为根本，离开道就不会有生命存在。而道之所以为“道”，“取其有通生之德，故字之曰道”[①]。“生”因此是道最本质的功能、作用。“道”因此也叫“生道”。成玄英还从本末、体用、道器等角度阐述了“生”“道”之间的关系，如以本末论之，“夫道能生物，道即是本。物从道生，物即末”[②]；以体用论之，“用即道物，体即物道”[③]；以道器论之，“夫身虽处空，而是受道之器”[④]“夫身者神之舍，故以至人为道德之器宇也”[⑤]。这些论述从根本上澄清了“生”“道”之间的关系，为道教的“生道”说和道教生命本体论的成立，奠定了坚实的理论基础。

二是对生命的结构重新做了说明。早期道教继承先秦道家的形神论，认为生命的结构由形体和精神两部分组成。在先秦道家形神论的基础上，《淮南子》提出“形气神”论，《太平经》将其进一步发展为精气神论，道教的炼养方术也就围绕着形神合一与保养精气神展开。《太平经》认为，精、神、气分别来源于天、地、人之气，三者合一，构成一个完整的生命体。精、神、气的实质是同一种气的不同表现形式，精是气之精微者，神是气之变化的作用。这种理论结构的重心在于气，气因此成为道教中最核心的观念，气论成为道教的根本理论。[⑥] 而它在实践上的表现即重视炼气，并以炼气统摄尊神与重精。如此，道教在理论与实践上皆偏向了对形体的炼养，而对养神重视不足。成玄英继承了先秦道家的形神论，但在论述中更加强调神的主导性地位，这就与早期道教重视形体保全而轻视精神修养的观点形成较大的反差。更为重要的是，成玄英继承了南朝道教义学大家臧玄靖的“三一论”，把源自《太平经》的精神气与《老子》的希夷微结合起来，然后从本迹体用的角度论述“三”“一”之间的同异、离合关系。如其言：“又臧公《三一解》曰：夫言希夷微者，谓精神气也。精者灵智之名，神者不测之用，气者形相之目。总此三法，为一圣人。”[⑦]在重玄学的“三一”论中，精并不表示精微之气，而是表示生命主体所具有的灵智慧照的能力，其核心是人观照万境的灵明

---

① 成玄英：《老子道德经开题序诀义疏》，《中华道藏》第 9 册，华夏出版社，2004 年，第 252 页。

② 成玄英：《老子道德经开题序诀义疏》，《中华道藏》第 9 册，华夏出版社，2004 年，第 272 页。

③ 成玄英：《老子道德经开题序诀义疏》，《中华道藏》第 9 册，华夏出版社，2004 年，第 249 页。

④ 成玄英：《老子道德经开题序诀义疏》，《中华道藏》第 9 册，华夏出版社，2004 年，第 287 页。

⑤ 郭庆藩撰，王孝鱼点校：《庄子集释》，中华书局，2016 年，第 793 页。

⑥ 参见路永照：《气论是道教的根本理论浅析》，《宗教学研究》2015 年第 2 期。

⑦ 成玄英：《老子道德经开题序诀义疏》，《中华道藏》第 9 册，华夏出版社，2004 年，第 244 页。

智慧;神也并非气之变化的作用,而是智慧观照万境时所表现出来的无所不照、难以思量测度的妙用;气并不限于形成生命的气,而是指构成一切形象气质的万物,实即智慧所观之境。精神气"三一"构成理想生命(圣人)之法体。在精神气中,成玄英尤其重视"精",认为"精"是"神"和"气"的根本,突出了智慧观照在生命中的地位。这就把道教的精神气论由传统的"重气"(重视炼形)转换为"重精"(重视精神智慧的修养),道教的修养也就由以炼形为主的传统炼养方术转换为以智慧明觉为特征的新的修行方法,从而为重玄学双遣兼忘、穷理尽性的心性觉悟之路奠定了生命结构的理论基础。

三是对现实生命的境域做了系统的说明。早期道教继承神仙家、方仙道的传统,积极从事长生不死之术的探索,[①]勇气与魄力十分令人赞叹。但无论是葛洪,还是其后的陆修静、陶弘景、宋文明、臧玄靖等道教宗师,都对生命的现实境域缺乏系统的说明,也就是对人本身、对成仙的主体缺乏清晰的认识。如此,道教对长生不死的探求也就不可避免地具有盲目性。成玄英在继承老庄道家和佛教思想的基础上,对生命的现实境域做了系统的说明。从个体生命之有限来说,人首先会因为自身欲望的扩张陷入沉沦而不能自拔的状态;从存在上来说,生命表现为出生入死的状态,生死具有客观必然性、无穷性、独化性;从世间存在之无常来说,生活世界存在一套既定的社会治理体系,在中国古代即"儒俗""名教"。这套治理体系在现实中大多处于固化和异化的状态,生活于其中的人不得不面对它,生命的本性也就在自由与约束中曲折地表达出来;而社会整体存在有道与无道的变化,个体生命则在有道、无道的社会中表现出"穷""通"的差异。而无论有道无道、穷通,皆系之于人的时命。上述思想共同揭示出生命存在的有限性、偶然性与必然性因素,它们构成了生命存在的终极境域。成玄英对现实生命境域的考察,清晰地指出了现实生命所面临的困境及其出路:出生入死的生命存在状态决定了肉体长生不死是不可能的,生命的超越与解脱只能寄希望于主体心性的觉悟及其对现实境域的超越。对现实境域的考察实际上否定了传统的解脱之道,而转向心性觉悟之路。

四是重新确立了道教的炼养体系。早期道教及南北朝道教在实践中发展出各种炼养方术,它们大多以《太平经》提出的爱气、尊神、重精为原则,由此实现形神相守、与道合一、飞升成仙的目的。成玄英继承了这些传统的炼养方术,如他在疏释《老子·第十章》"载营魄抱一,能无离乎? 专气致柔,能婴儿乎?"时,提及"拘魂制魄""守

① 台湾学者李丰楙把道教对长生不死的探索称为"不死的探求",参见李丰楙:《抱朴子:不死的探求》,九州出版社,2019年。

一内修""专炁致柔"[①]等存思、守一、行气之术。但这些传统的炼养方术只是被他当作修道之初的入门功夫,目的是保养生命、实现生命的长存和身心的安宁、平静,从而为进一步的修行奠定基础。在保留道教传统炼养方术的基础上,成玄英继承庄子、郭象玄学的思想,提倡一种无心的生命态度。"无心"在这里指不着意、不执著,这一步主要建基于主体心对生命境域的认知之上,尚未达到彻底的无执无滞,因此只是浅层次的"无心"。它包含"适性守分""安时达命""合变任化",由此可以实现初级的逍遥。在无心的生命态度的基础上更进一步,"即心无心",就进入忘遣的修养功夫,这一步主要分为"即有体空""隳体绌聪"和"双遣兼忘"。"即有体空"主要是对佛教空观思想的吸收和运用,目的是强化道家道教原有的无心虚忘的修养实践。"隳体绌聪"和"双遣兼忘"在前一步基础上回归庄子的"坐忘"说。"双遣兼忘"既是修养所达到的状态,也是心性修养的方法,是"重玄"修养功夫的另一种说法。它的主要内涵为,在遣除一切成对概念(事物)的基础上(一玄),进一步遣除不滞的意识(又玄),最终在不断地遣除渐修之后顿悟重玄之道。从这里可以看出,成玄英的修养论实际上容摄了传统的炼养方术和新兴的重玄学心性修养功夫,实现了对道教新旧知识体系和传统的发展与整合。

五是对道教的长生不死信仰做了新的解释。早期道教继承了神仙家、方仙道的长生不死信仰,长生不死在这里主要指肉体的长存、不消亡。道教虽然发展出门类丰富、形式多样的炼养方术,但在现实中绝少见到长生不死者。所谓的成仙得道,大多流于道听途说、仙传故事或道经的渲染。普通的炼养方术难以实现形体上的长生不死,金丹大药等重金属制品不仅没有使人长生,反而使人速死,这就自然引起道教内有远见的思想家的思考。南北朝时,养神修心的思想在道教中兴起,加之佛教对神不灭论的宣扬和对佛性的论述,道教很快嗅到了思想转型的契机,道性说在南北朝末期、隋唐时期成为道教思想界的热门话题。成玄英继承这一思想潮流,对道性长存、真性永恒的新长生不死说做了系统的说明。成玄英认为,生命的本质为道,其本性与道性等同。所谓的"长生不死"不是指形体的长生不死,而是通过主体的认识、反思与批判,破除对分别、固执、情欲的执著,由此返归虚静自然之性(道性),与道合一,实现真性的长存不灭。其解老子"死而不亡者寿"曰:"而今言死而不亡寿者,欲明死而不死,不寿而寿也。应身迁谢,名之为死。圣体常在,义说为寿。"[②]圣人的形体生命虽然会终结,但精神真性长存不灭。对长生不死的信仰就由形体的长生不死转换为真

① 成玄英:《老子道德经开题序诀义疏》,《中华道藏》第9册,华夏出版社,2004年,第241页。

② 成玄英:《老子道德经开题序诀义疏》,《中华道藏》第9册,华夏出版社,2004年,第259页。

性常存、精神永恒。鉴泉先生刘咸炘说："唐以还，道教诸名师皆明药之非草，长生之非形躯，不言白日升天矣。"[①]此说可谓得其实矣。

总的来说，通过对生道关系、生命结构、生命的现实境域、炼养体系、长生不死信仰的新解，成玄英重新确立了道教的生命哲学。李大华先生曾在《道家生命哲学》中提出自然本体论向生命本体论转化，以及道学生命哲学之成立诸问题，但并未指明上述转化与成立的节点。[②] 笔者认为，从道教生命哲学理论建构的完整度及其所代表的新的发展方向看，成玄英思想的建立既标志着道家自然本体论向生命本体论转化的完成，也标志着道教生命哲学的重新确立。从道教史的发展来看，成玄英对道教传统既有继承，也有发展。正是在继承与发展中，成玄英建立了一套新的生命哲学体系，为后来道教的发展开拓出一片新的天地。

三、成玄英思想对道教内丹学的先导性作用

道教内丹学在隋唐时期处于酝酿、发展、成型的阶段。成玄英的思想虽与内丹学无直接关系，但在三个方面对内丹学的发展具有"先导性作用"。

一是成玄英继承老子"道生德畜"与"归根复命"的思路，以"从本降迹"[③]和"摄迹归本"[④]概括道生万物的顺生序列和主体生命归根复命的逆修过程，对内丹学"顺则成人，逆则成仙"的丹道修养模式或有启发。成玄英认为，万物之产生乃本体之道流行、发用，显现为迹末的过程，这一过程即"从本降迹"。"降迹"实即顺生万物，它具体展开为道、元气、阴阳、三才、万物的生成序列。反过来，作为迹用的万物返归虚静之本根，与道合一，即"摄迹归本"。"摄"指收摄，"归"指复归，"摄迹归本"即收摄迹用复归妙本，它具体展开为穷理尽性、无心复命等重玄逆炼功夫。此外，成玄英还提出"顺"的问题："顺有两种，一顺于理，二顺于俗。顺理则契于妙本，顺俗则同尘降迹。"[⑤]顺于理即摄迹归本，复归于道；顺于俗即同尘降迹，顺生万物。对于修道者来说，顺于理，即由凡而圣，复归妙本，与道合一。这一过程在内丹学中即逆炼成仙。成玄英之后，唐玄宗时道士吴筠著《神仙可学论》言："积虚而生神，神用而孕气，气凝而渐著，累著而成形，形立神居，乃为人矣。故任其流遁则死，反其宗源则仙，所以招真

---

① 刘咸炘：《道教征略》，上海科学技术文献出版社，2010年，第2页。

② 参见李大华：《道家生命哲学》，商务印书馆，2023年，第18—19页。

③ 郭庆藩撰，王孝鱼点校：《庄子集释》，中华书局，2016年，第395页。

④ 郭庆藩撰，王孝鱼点校：《庄子集释》，中华书局，2016年，第395页。

⑤ 成玄英：《老子道德经开题序诀义疏》，《中华道藏》第9册，华夏出版社，2004年，第283页。

以炼形，形清则合于气；含道以炼气，气清则合于神。体与道冥，谓之得道。”[①]明确提出顺生与逆炼的问题。后来，谭峭《化书》将这一顺生逆炼的过程概述为“道之委也，虚化神，神化气，气化形，形生而万物所以塞也。道之用也，形化气，气化神，神化虚，虚明而万物所以通也”[②]，这成为内丹学“顺生逆炼”修道原理的最佳说明。

二是成玄英一方面继承传统道教的炼养方术，另一方面发扬重玄学双遣兼忘的心性修养理论，对内丹学性命双修理论的建立具有先导性作用。成玄英疏《老子·第十章》说：“第一明拘魂制魄，守一内修……既能拘魂制魄，次须守三一之神，虚夷凝静，令不离散也……只为专精道炁，致得柔和之理。故如婴儿之无欲(也)。”[③]“拘魂制魄”“守一内修”“专气致柔”即传统的炼养方术，它们主要是运用存神、守一、服气、咽津、叩齿、胎息等方法静定精神，保养形体生命。从传承来看，主要属于上清派的修炼之法，在重玄学的修养论中属于小乘、“气观”。这类炼养术主要侧重对精、气的修炼，后来发展为内丹学的命功修养之法，也就是炼精化炁、炼气化神的周天功夫。而成玄英所发扬的重玄学双遣兼忘之法，重点是在“心”上做功夫，目的是使主体之“心”由迷转悟，顿悟本根之道，由此复归本心之智慧明觉与虚静自然。这一修养方法主要侧重对神的修炼，在重玄学的修养论中属于大乘、“神观”[④]，相当于内丹学的性功修养之法，也就是炼神返虚，炼虚合道。当然，成玄英并未从性命双修的角度论述其修养论，但他的修养论实际上已经包含了对性和命的修炼，只不过他尚未对性命修炼及性命关系作出明确的论述。成玄英之后，司马承祯、吴筠等上清派宗师在继承上清派养气法的基础上，融合重玄学的修养论，将二者更加紧密地结合在一起。因此，他们的修养论具有明显的性命双修色彩，成为重玄学向内丹学过渡的重要人物。[⑤]

三是以成玄英为代表的隋唐重玄学对真性常存、精神永恒的论述直接成为内丹学生命观的理论渊源。早期道教继承神仙家、方仙道之说，追求肉体长生不死、飞升成仙。经南北朝时期的发展，至隋唐重玄学的兴盛，肉体长生说在道教中逐渐受到质疑，而真性常存、精神永恒成为隋唐时期道教生命哲学的前沿观念。成玄英认为，生

---

① 吴筠：《宗玄先生文集》，《道藏》第 23 册，文物出版社、上海书店出版社、天津古籍出版社，1988 年，第 660 页。

② 谭峭撰，丁祯彦、李似珍点校：《化书》，中华书局，1996 年，第 1 页。

③ 成玄英：《老子道德经开题序诀义疏》，《中华道藏》第 9 册，华夏出版社，2004 年，第 241 页。

④ “气观”“神观”之说见于《道教义枢·二观义》，其言：“气观体义者，正以观身靖定为体。定有二义：一者观前方便，二者正人。观有为炁观，观无为神观。又云：神观是界外所修，气观是界内所习。”气观的主要目的是通过存思等方法静定一身，从有无的角度来说，属于观有，不离于界内。而神观则是智慧观无，乃界外所修。参见孟安排：《道教义枢》，《道藏》第 24 册，文物出版社、上海书店出版社、天津古籍出版社，1988 年，第 826 页。

⑤ 参见卢国龙：《中国重玄学：理想与现实的殊途与同归》，人民中国出版社，1993 年，第 345—408 页。

命的本质为道，其本性与道性等同。所谓的“长生不死”不是指形体的长生不死，而是指通过主体的认识、反思与批判，破除分别、执著，由此返归虚静自然之性（道性），与道合一，实现真性的长存不灭。其解老子“死而不亡者寿”曰：“应身迁谢，名之为死。圣体常在，义说为寿。”[①]“应身迁谢”指形体生命的死亡，“圣体常在”指精神生命的常存，也就是说，形体生命虽然会终结，但精神真性长存不灭。成玄英之后，吴筠《宗玄先生玄纲论》言：“人所以死者，形也，其不亡者，性也，圣人所以不尚形骸者，乃神之宅、性之具也，其所贵者，神性尔。若以死为惧，形骸为真，是修身之道，非修真之妙矣。”[②]吴筠认为形体有死，真性不亡，以炼形为目的的修身之道，非修真之妙。内丹学兴起后，直接继承了重玄学所确立的真性（元神）长生不死说，对旧有的肉体长生、飞升成仙说基本上持批判的态度。如《重阳真人授丹阳二十四诀》云：“何者名为长生不死？祖师答曰：是这真性不乱，万缘不挂，不去不来，此是长生不死也。”[③]《丹阳真人语录》云：“凡有相者终劫于坏，惟学道者到神与道合处，则永劫无坏。”[④]皆主张真性常存、精神不死。《清和真人北游语录》云：“人生于道而能复于道，是不失其常性矣，圣贤有千经万论，何尝云飞腾变化、白日升天？止欲人人不失其常性。”[⑤]《修真十书·盘山语录》云：“或问曰：道家常论金丹，如何即？师云：本来真性即也。……世之人有言金丹于有形象处造作，及关情欲，此地狱之见。”[⑥]传统的金丹大药、肉身成仙、白日飞升，皆成为批判的对象。

在论述重玄学对内丹学的影响时，汤一介先生曾指出：“唐宋以后的‘内丹心性学’就是在此基础上发展起来的。”[⑦]然而我们知道，内丹学虽有取于重玄学之心性修养功夫，[⑧]但其心性论实则更多地受到禅宗“明心见性”方法的影响，重玄学在这方面反而不如禅宗那么直接。因此，与其说重玄学影响到内丹心性学的发展，不如说包括成玄英思想在内的重玄学，对内丹学“逆炼成仙”的丹道修养路径、性命双修理论和真

① 成玄英：《老子道德经开题序诀义疏》，《中华道藏》第9册，华夏出版社，2004年，第259页。

② 吴筠：《宗玄先生玄纲论》，《道藏》第23册，文物出版社、上海书店出版社、天津古籍出版社，1988年，第680页。

③ 王嚞：《重阳真人授丹阳二十四诀》，《道藏》第25册，文物出版社、上海书店出版社、天津古籍出版社，1988年，第807页。

④ 马钰：《丹阳真人语录》，《道藏》第23册，文物出版社、上海书店出版社、天津古籍出版社，1988年，第706页。

⑤ 尹志平：《清和真人北游语录》，《道藏》第33册，文物出版社、上海书店出版社、天津古籍出版社，1988年，第162页。

⑥ 王志谨：《修真十书·盘山语录》，《道藏》第4册，文物出版社、上海书店出版社、天津古籍出版社，1988年，第833页。

⑦ 汤一介：《论魏晋玄学到初唐重玄学》，载陈鼓应主编：《道家文化研究》第19辑，生活·读书·新知三联书店，2002年，第21页。

⑧ 如以重玄为宗的《清静经》《太上升玄消灾护命妙经》等成为全真道的必修经典。

性长存的生命观具有先导性作用。

四、结语

一般而言，道教的产生具有多种思想渊源，但如果从道教生命哲学的形成与发展来看，神仙家与道家思想实际上占据着核心位置。从根本上来说，神仙家思想塑造了道教关于生命的信仰形态，而道家思想则为其提供了重要的理论支撑。道教生命哲学的形成与发展，在某种程度上实为神仙家思想与道家思想相互调适、不断深度融合的过程。而隋唐时期的道教重玄学，特别是成玄英的思想，基本上宣告了这一融合进程的完成。除此之外，通过成玄英对有关"生""道"关系、生命问题的理论思考与建构，道教的"生道"说和生命本体论由此确立，道家的自然本体论随之转向生命本体论，这标志着隋唐时期道教生命哲学的重新确立。从道教史的角度来看，成玄英的思想对内丹学的发展亦起到先导性的作用。这些足以证明成玄英思想所具有的前沿性、先见性。

On the Status and Leading Role of Cheng Xuanying's Thought in the History of Taoism

Wei Yi

Abstract: In the history of Taoism, Cheng Xuanying's thought has an important historical position. From the perspective of the formation, development, and evolution of the Taoist philosophy of life, Cheng Xuanying took *Chongxuan* as his school, commented *Laozi* and *Zhuangzi*, and constructed Taoist principles. Laozi and Zhuangzi's philosophy was completely integrated into Taoism and became a part of Taoism, which marked the completion of the integration of Laozi and Zhuangzi's philosophy and the thought of immortals. Through the new interpretation of the relationship between life and Tao, the structure of life, the predicament of life, the cultivation system, and the belief in immortality, Cheng Xuanying re-established the life philosophy of Taoism. It also plays a leading role in the rise of Taoist inner alchemy.

Key words: Cheng Xuanying　Taoism in the early Tang Dynasty　*Chongxuan*　philosophy of life　historical position

谭峭《化书》的生命旨趣及其现实意义

林　娜*

摘　要:《化书》的理论主要承于道家,同时吸收了儒家、佛家及墨家的思想。在万物大化过程中,道为大化之本原,万物之化是一种必然之化。而在"化"的过程中,人凸显了出来。"人"在观察万物之化的基础上,探索出一套复归生命本真的道路,即"逆向"的修行工夫。人能够通过"逆向"的修炼方式而达到"不化",即"和同"境界。谭峭以此建构了一个以小生命为基础的大生命系统。而这种生命意识,对于生命、生态及政治都有极强的现实意义。

关键词:逆化　和同　生命　生态　民心

谭峭处于唐末五代时期,彼时社会极其动荡,民不聊生。人民衣食不足,文化僵化禁锢,政治严苛峻刑。上位者骄奢淫逸,残酷暴政,同时,社会各阶层对民众进行无尽的榨取。最直接的表现就是对生命的破坏。鉴于此,谭峭著《化书》对当时的无序状态进行批判,同时运用道家及道教理论构建起一套生命体系。谭峭的生命体系主要围绕"化"展开,但他并没有因为"化"而将万物的意义和价值抹杀。作为唐末到宋初重要的道教人物,通过炼养达到保护和延长生命的效果是谭峭的基本旨趣。而在炼养功夫中,又蕴含了由"外丹"转向"内丹"的路径。作为一种转向的尝试,其内丹思想并没有形成系统性的论述。他认为世界是由"委"(顺而下降的分散运动:道—虚—

* 林娜,湘潭大学哲学与历史文化学院博士研究生,主要从事道家、道教研究。

神—气—形）和“用”（逆而上升的聚拢运动：形—气—神—虚—道）两种不同的路向和运动形式构成。“形”为以各种形态存在的“有”，而众“有”皆在不断“化”当中。谭峭所谓的“化”，并不是单一形式中的相互转化，亦不是在“善恶”判断下的“轮回”式的“化”，而是在以“道”为本原的基础上，所呈现出来的“万物一体”的生命形式。他认为，生物之间可以相互转化，如其所举“蛇化为龟，雀化为蛤”[①]。他还强调，没有“性情”之物，也可以相互转化，即不但有生命之物之间可以相互转化，无生命之物之间也可以相互转化。如“老枫化为羽人，朽麦化为蝴蝶”“贤女化为贞石，山蚯化为百合”[②]。其中原因，谭峭认为是“虚无所不至，神无所不通，气无所不同，形无所不类”[③]。既然虚、神、气在本原上都是相同的，那么万物就都是具有“情性精魄”的存在。在此基础上，人能够通过“逆化”的修炼方式而达到“不化”，即“和同”境界。谭峭继承了道教“万物一物”的思想，从而建构了一个以小生命为基础的大生命系统。这种生命意识，对于生命哲学建构、生态理论建构及命运共同体的建构都有一定的现实意义。

一、生命本原及其双向进路

谭峭认为，万物均处于“化”中。可以说，从现象角度来说，“化”是其最直接的表现形式。而其背后的本原则为“道”。道虽然不可见，但它是真实存在的。如果说“无”是对道“外在”的观察和描述，那么“虚”则是对其“内在”的认识和形容。在谭峭的理论中，“虚”是由“道”到“形”的必要因素，故而“虚”承担了道之体与道之用的双重身份。谭峭认为“道”的整个运化过程就是由“虚”至“形”，再由“形”返“虚”，即“虚实相通”。“虚”为“实”提供了生成的动力，“神”提供了“性情”，而“气”则为“实（形）”提供了必要的物质要素。因此，万物“生”的过程就是形上向形下不断落实的过程。相反，万物“死”的过程就是形下向形上复归的过程。由此可见，在谭峭的思想中，有无、虚实及形上、形下都是一个连贯而不截的过程。如果将此撅为两截，则使“虚实不通”，即将“道”判作两事来看待。这同时也就切断了“人”通过修炼，以返虚并合道的路径。而“虚实相通”即是“一”的状态。《化书》中说：“太虚，一虚也。太神，一神也。太气，一气也。太形，一形也。命之则四，根之则一。”[④]虽然万物在生成过程中需要

① 谭峭撰，丁祯彦、李似珍点校：《化书》，中华书局，2010 年，第 2 页。
② 谭峭撰，丁祯彦、李似珍点校：《化书》，中华书局，2010 年，第 2 页。
③ 谭峭撰，丁祯彦、李似珍点校：《化书》，中华书局，2010 年，第 2 页。
④ 谭峭撰，丁祯彦、李似珍点校：《化书》，中华书局，2010 年，第 10 页。

不同的因素和过程，但归根是一个“不分”的状态。因此，在《化书》中，其本原虽为“道”，但是从不同的面向来看，则有“无”“虚”“一”等不同的称谓。

在《化书》中，“道”不仅是一个万有生成与存在的本根，更是一个“过程”和“境界”。作为万物本原的道，是没有任何形体的无规定的存在。如此看来，由于不能从感官角度来认识它，便无法对其进行描述与命名。就如《老子》在论述“道”时说，“吾不知其名，字之曰道，强为之名曰大。大曰逝，逝曰远，远曰反”①。“名”是父母取的，但是道是“先天地生”“吾不知谁之子”的最先的存在，所以不可为其命名。这里老子以“字”的方式来称呼它，这是不可名之名。从字源角度来看，“道”表示人在道路上行走。所以，“道”不仅仅具有本原的意涵，还是一种“过程”。从谭峭对“道”的生成过程的观点来看，他认为“道”以“返”的运动形式存在着，而“返”亦是在继承《老子》“大曰逝，逝曰远，远曰反”的基础上展开的。“返”意味着相反、返回，而这种“返”的运动方式，也被道教的内丹修炼所承袭。

万物都要经过“委”和“用”两个阶段，即“顺化”与“逆化”。道的顺化过程是从“虚”到“形”的过程，也就是“生”的过程。“形”一旦形成，就会滞于其所有的“形”当中，这就是“实”。但相对于“虚”的无定形来说，“实”之形是短暂的，是会坏灭的，这也就是“死”。如果万物是“从生到死”，那就与道的运行方式不符，所以“死”为“反虚”的过程，也就是《化书》所谓的“道之用”。“人”通过对于“委用”的认识，使自身通过修炼而达到反虚合道的境界。这是一个不断相忘的过程，最后达到“虚实两忘”，从而达到虚实相通的大同境界。“形”为“实”，“形”本是对于“我”的“塞”，如果执著于“形”对自身的限制，就无法从“形”中脱离出来。但是，也不能执著于“虚”，因为“反虚”并不是空悬一个“虚”在那里，而是要通过对于自身的修炼功夫，将“形”逐渐打消，从而由“塞”达“通”，凝炼元神，再使元神离形反虚，最后再达到“虚实相通”而“合于道”。

从《化书》的逆化理论来看，“通”是由形反气，由气反神，由神反虚，由虚合道的过程。从筑基开始，就是在做内修的工夫。“无形”之后，则需要“坎离消长于一身，风云发泄于七窍”②。“坎”“离”本是《易经》中的两卦，后丹道家将两卦引入。任法融在解“坎离”时说：“坎离两卦，阴中含阳，阳中含阴，阴阳互含，相恋相交，互为室宅，混合而不可分割，关系紧密，以此比喻人身元精与元神相交互养而合凝成丹之妙用。同时，坎离两卦，相为承受，互为运转，其形式相似车轮上下辗转，阴阳易位，互为运用，以喻人身阴阳之理。”③同时，他又列出“坎离”在丹道学中的不同含义：甲、坎离代日月；

① 王弼注，楼宇烈校释：《新编诸子集成·老子道德经注校释》，中华书局，2012年，第63页。

② 谭峭撰，丁祯彦、李似珍点校：《化书》，中华书局，2010年，第1页。

③ 任法融：《周易参同契释义》，东方出版社，2009年，第7页。

乙、坎离源于乾坤；丙、坎离代元神与元精；丁、坎离在人类代表男女；戊、坎离在炼外丹代铅汞；已、坎离代魂魄；庚、坎离代表在自然界及其在丹道中的应用；辛、坎离代龙虎。[①]“坎离消长于一身”，即通过人身内的阴阳调和，使元神元精相融，从小周天到大周天，再“炼神返虚”。“炼神返虚”是指“精神”可脱离形体而游于“虚无”，不受肉体的影响。这并不是修炼的最后阶段，其他万物反化至虚则要再次进行顺化。但修炼之人不同，他们并不停留在“虚”的层面，而是要合于道，这样才能真正地“不化”。在道教修炼中，最高境界是肉体而成，所以最后的“合道”要以“形”为媒介，神可出于形而不出，形体可弃而不弃，这才是真正意义上的“虚实相通”。

而在此处，最难的是对于“我”的对待，即过于注重“形”而放纵自我欲望，使先天的精神向外发泄而无法向内融合。从《化书》角度来看，修已是一个不断向内的过程，这个过程主要是摒除欲望，以使自已恢复清静。“欲”是作为主体对于外在对象的状态及表现。人的感官外投被外物所吸引，使自身被外物所诱惑，使“人”从制物者变成制于物者。《化书》认为，人产生欲望，使“我”停留在“物”之上并被“物”迷惑，这并不是“物”的问题，而是“我”自已的问题。这就如同“作环舞者”看待宫室之物皆是旋转的，但这其实不是“非”产生的，而是“人”产生的。人被物迷惑，是因为人“自惑”。从“人”的角度来说，是“物”欺骗了“人”，但归根结底则是“人”欺骗了自已。这就是自已对于自已没有足够的认识。人置身于万物中而被迷惑，是因为万物过多而被外物吸引，从而使自己内心混乱，所以“唯清静者，物不能欺”[②]。

“欲”的产生，大体源于对物的拥有欲望，如美食之欲源于贪图外物对口腹的刺激。欲的产生源于对于外物所有权的执著，这些欲望使人精神外泄，是对于生命的伤害。所以《化书》认为，人的欲望就如同“战”，对己对人都是一种伤害。它说：“食之欲也，思盐梅之状则辄有所咽而不能禁，见盘肴之盛则若有所吞而不能遏。饥思啖牛，渴思饮海。故欲之于人也如贼，人之于欲也如战。当战之际。锦绣珠玉不足为富，冠冕旌旗不足为贵，金石丝竹不闻其音，宫室台榭不见其丽。况民腹常馁，民情常迫，而谕以仁义，其可信乎；讲以刑政，其可畏乎？”[③]人们对于欲望的满足是会成瘾的，就如同想到酸梅就会流口水一样，欲望不断受到刺激的外投，即使没有食物欲望的人也会流口水。故“欲之于人也如贼，人之于欲也如战”[④]。“欲”对于人来说如同贼一般，盗贼心怀贪欲，为了满足欲望，任何事情都能做出来。或者我们也可以将欲望理解为对

① 任法融：《周易参同契释义》，东方出版社，2009年，第7—10页。
② 谭峭撰，丁祯彦、李似珍点校：《化书》，中华书局，2010年，第3—4页。
③ 谭峭撰，丁祯彦、李似珍点校：《化书》，中华书局，2010年，第56页。
④ 谭峭撰，丁祯彦、李似珍点校：《化书》，中华书局，2010年，第56页。

人的贼害。它不断偷走人的精气，残害人的生命；而人对于欲的态度如战，战即战争。这里强调人的“主体性”，人对于“欲”要有清晰的认识，能够自作主宰，从“人”的角度应该对欲望进行克制，这才是“人”。从《化书》来看，“人”与动物的区别就在于动物的行为是一种单向选择，或者说是自然选择。动物吃东西只为了保存生命，饱了就不吃了；而人则不同，人对于外物的获取不仅仅是为了保存生命，更是身份地位尊卑权力的象征。而且人对于物的态度是可以选择的，或视外物为外物，或视外物为自身欲望的满足。人只有在意识到这种区别时，才能直面“欲”，所以人之于欲如战，应该不断摒除和战胜“欲”对人的控制。“欲”本身也是“人”所具有的，但关键处在于如何选择“人”与“欲”，即选择对清静本心的回归还是对外物声色的驰骋。

二、生命超越中的自然与道德

谭峭除了指出“欲”在人生命中的影响，还指出了“道德”在人生命中的意义。一个人在其生命进程中总要有所凭借，而这个凭借的对象即“德”。“德”作为万物成其为自身的内在性，寓于“形”则为“心”，这从字形上即可看出，德左侧为彳，右侧为目为心。在路上行走，到目之所见、心之所思才能完成。而目为直视，心为正思，这从德的另一种写法“悳”可以看出。德之为德的重点则为“心”，心之所思决定了形之所动。在《化书》中，谭峭援引了儒家伦理之“德”，使其理论更充实。因此，“德”在《化书》中起到“中枢”作用，后面的仁、食、俭是具体的治民方法，而道、术则是理论基础。“德”则在其中起到调节、转换的作用。“道”虽然不能直接用感官去把握，但是可以通过“术”，即对世间具体的事物进行认识，从而达到认识“道”的目的。其中，“德”是心之所发、形之所导的重要环节。因此，术是不断回归于本性的方法，道是所要回归的本质，仁、食、俭则是以道为思想根基而向外施行的具体措施。在行此种种之时，心当为“至公”的状态，否则就会被外物所阻碍。

“德”可以从两个角度分析，一个是内在(体)的，一个是外在(用)的。从内在(体)的角度来看，道生万物之后并没有离开万物，而是寓于万物之中，使此物成为此物，这个使物成为此物者就是“德”；从外在(用)的角度来看，德是依道而行，即符合道的行为和动机的就是“德”。孔子说“君子之德风，小人之德草，草上之风必偃”①，又说“故远人不服，则修文德以来之”②，强调以德治国，以德来化民。同时“德”也是人的品行

① 朱熹：《四书章句集注》，中华书局，2013年，第139页。

② 朱熹：《四书章句集注》，中华书局，2013年，第171页。

的表现，所谓“德不孤必有邻”[①]，强调的就是以富含德的品行来与他人相交往。但“德”不是一个空泛的概念。从正面来看，子张问孔子“崇德”，孔子说“主忠信，徙义”[②]；而从反面来看，“先事后得，非崇德与？”[③]“巧言乱德”[④]“乡愿，德之贼也”[⑤]“道听而途说，德之弃也”[⑥]。对于“德”，不仅仅在言行上要达到义，且做事之初的“念头”也是很重要的，要看所做之事是否真实，是否“以媚于世”。因为这种行为之德如果在其动念处就出现了问题，那就是“似德非德，而反乱乎德”[⑦]。“德”是得之于“道”的内在规定性。从道家的角度来说，德更具“自然性”，即自身带有的天性，这种天性不是外在赋予和熔铸的；而从儒家的角度来看，“德”更强调“人文性”，是一种人挺立出来的状态，它不仅仅是内在道德的自我规定，更是外在的行为表现。谭峭将这两种角度融合在一起，使“德”在作用上避免了由“人”带来的“失之自然”的问题，也回避了一味强调“清静”而使其现实表现落于空虚的情况。

在《化书》中，谭峭明确指出仁、义、礼、智、信作为由德所发出的行为，并不能从次第角度来看待，而应将其“通而为一”。也就是说，仁义礼智信这五种行为是一体的，它们并不存在时间上的先后，更不是相对独立的，而是不分彼此且相济相伐的关系。谭峭在论述儒家“五常”时，是在道之虚无和德之清静的基础上论述的。他既肯定了儒家五常的作用，也指出了五常所导致的问题。总而言之，谭峭认为种种问题的根源，正在于“人”以有心、有己、有求的态度来面对万物。当“己”被置于五常之中时，五常就从一种“自然行为”变成一种“人的行为”。从道家的角度来说，万物及人的本性是天然的。这种天然表现出来一种清静、虚无的状态。一旦有了某种原因——谭峭称之为“故”，则原本无目的的行为就变成了有意为之的目的性行为。如父子之间天然就带有合理的关系，此时的关系并没有父慈子孝等“名”的界定，一切情感都以“无情”的方式进行。但是当“感父之慈”，即人们有了“孝慈”的意识，且将“孝”作为感激“父慈”的方式，甚至以父是否慈来判定子是否应该孝时，这种情感已经被“标准”化了。“标准”规定了孝慈应该“做”什么，什么样的做法才是“孝慈”。这就使情感被限定在形式当中，这样就容易走向道德的形式主义。但不可否认的是，过于强调情感的自然性，也会流于另外一种极端。但从道家的角度，情感的散发是不应该被形式所限

---

① 朱熹：《四书章句集注》，中华书局，2013 年，第 74 页。
② 朱熹：《四书章句集注》，中华书局，2013 年，第 137 页。
③ 朱熹：《四书章句集注》，中华书局，2013 年，第 140 页。
④ 朱熹：《四书章句集注》，中华书局，2013 年，第 168 页。
⑤ 朱熹：《四书章句集注》，中华书局，2013 年，第 180 页。
⑥ 朱熹：《四书章句集注》，中华书局，2013 年，第 180 页。
⑦ 朱熹：《四书章句集注》，中华书局，2013 年，第 180 页。

定住的。

总体而言，自然与道德的分野，就在于“人”特殊性的存在。“人”既有向内的趋向，也有向外的趋向。向外的趋向可以有两个方面：一是人“精”外驰，这使人不断沉迷于外。“外”既包括外在的事物，也包括外在的名声。二是为了限定人精外驰而制定的各种制度，包括道德规范及刑罚控制。对于“道德”，则可以从两个角度进行总结：从消极的角度来看，道德、制度的僵化会使原本自然活泼的世界如同机械一般，从而破坏人自然清静的本性；而从积极的角度来看，人都可能有精神外驰的倾向，所以应使用相应的规范来加以钳制，使其不断向内，继而认识自我的本性。但这里要强调的依然是“人(我)”在其中的作用，即“人”能够自觉地意识到自然之我的存在，而不是能被动地意识到生物之我、法制之我及道德之我。在认识自然之我的过程中，一个非常重要的工夫就是“忘”。只有通过不断地“忘”才能达到“无心”的状态，进而达到“大同”与“太和”的生命境界。

三、生命境界中的“和同”思想

“和同”是“太和”与“大同”的合称。“太和”是易学系统中非常重要的概念。张立文教授在其著作《中国哲学思潮发展史》中认为，《周易》从“卜筮之书”发展为“义理之学”是一个创造性的转化，而“当发展到孔子的‘不占而已矣’和荀子的‘善为《易》者不占’时，《周易》经典的文本化才最终建构出‘以道阴阳’的《易传》系统，并逐渐形成‘保合太和’的易学传统”①。“太和”出于《易传·文言》。而《彖》在阐释这句话时道：

> 大哉乾元，万物资始，乃统天。云行雨施，品物流行。大明终始，六位时成。时乘六龙以御天。乾道变化，各正性命。保合太和，乃利贞。首出庶物，万国咸宁。②

这是从“天”的角度进行的阐释。首先确定了“乾”的本原地位。万物何以始？是“资”乾元。历代注者在注“乾元”时，会在其后加上“之气”二字，这就将“气”置于其中。万物得以出现(始)皆是凭借这乾元之气，这个阶段还属于“始”，“始”是未形之前的存在状态。后一句中出现了“品物”，“品物”就是“万物”。由“始”成“物”，就是由

---

① 张立文：《中国哲学思潮发展史(上)》，人民出版社，2014年，第71页。

② 周振甫校注：《周易译注》，中华书局，2012年，第3页。

"隐"逐渐到"显"的过程。而"流行"一词再次说明万物形成是在"流"的状态下进行的。"流"是指流动、变动。这也说明了"气"的状态——它不是静止不动的,而是流变不息的。但气的流动并不是杂乱无章的,而是有规律的,最大的变动规律就是"终始"。万物凭借、依赖元气而"始",又在流变中"终"。但"终"并不是"始之终",而是"始之始",就像日月、四季的运行一般,它是一种循环往复的过程,而不是单一的循环,因为其中有"品物"的存在。"乾道变化"整体上是"始终"的变化,但在这个过程中,"品物"的"各正性命"足以彰显"乾元"的丰富性、活泼性及变动性。世间万物千差万别,各不相同,各有其命,但顺着"乾道",则自然能够各得其所。按照这种流行的设定,世间万物最终会"各正性命"。但就像前面所说的那样,这种变化并不是简单、单一的,它里面有着很多"变数"。所以要想达到"利贞""咸宁","保合太和"是必要的条件。

"保合"是"保持"的意思,"保合太和"就是要保持这种和谐的状态。而这种和谐的状态并不是径直从"隐"推衍到"显"的,而是由"显"推衍到"隐"的。云行雨施,六位时成,万物才能"各正性命";但如果云不行雨不施,六位紊乱,这种和谐的状态就会被破坏,此时则不能"利贞",即万物并不能从中获得"各正性命"之"利"。正如郑万耕在解释"保合太和"时说:"'太和',指最和谐的状态。就筮法说,意思是乾卦六爻皆阳,无刚柔相杂、柔侵刚之象,故爻辞皆无凶语。就哲学意义说,指天时节气的变化极其和谐,风调雨顺,万物皆受其利。"①

在《庄子·天运》中,"咸池之乐"引出了"太和万物"。郑玄在注《咸池》时说:"黄帝所作乐名也,尧增修而用之。"②孔颖达疏中言:"'《咸池》,备矣'者,咸,皆也。池,施也。《咸池》,皇帝之乐名,言黄帝之德皆施被于天下,无不周遍,是为备具矣。"③从注疏可以看出,《咸池》为黄帝所作的乐名,尧对其进行了增补、修改,到周朝被称为《大咸》。但大体而言,《咸池》就是在赞美黄帝与尧的德行。《天运篇》通过北门成向黄帝问这首曲子的意涵来展现其所表达的"太和"境界。黄帝认为最美妙的乐曲首先要应之于人,即其所表达的情感能与人情相应和,然后逐渐推演出天理、五德、自然。只有这样,乐曲才能与四时相合,万物才能"太和"。"乐"是一种情感的表达,同时也是思想境界的展现。《咸池》所表达出的音乐境界,其实就是以"黄帝"为代表的德行周遍的君主的境界。君主治民,首先要与民同情,这是人与人之间的和谐关系——人和。与民和谐还要关注人与天理、人与自然、人与天的和谐关系——天和。

① 朱伯崑主编:《易学基础教程》,九州出版社,2011年,第143页。

② 郑玄注,孔颖达疏:《礼记正义》卷三十八《乐记第十九》,第1282页。

③ 郑玄注,孔颖达疏:《礼记正义》卷三十八《乐记第十九》,第1282页。

而乐的最终功能是感之于心——心和。因此，只有达到这三种“和”，且能将其贯通，才能达到真正意义上的和谐。这也就是黄帝所说的，达到“太和万物”的境界。

《化书》在论述“太和”时，更强调“我(君)”的作用。《化书》载：

> 非兔狡，猎狡也；非民诈，吏诈也。慎勿怨盗贼，盗贼惟我召；慎勿怨叛乱，判乱禀我教。不有和睦，焉有仇雠；不有赏罚，焉得斗争。是以大人无亲无疏，无爱无恶，是谓大和。①

谭峭认为人民其实很容易治理，但是要得法。所以，《化书》更强调现实层面的“内圣外王”，即只要君主修好自己，人民百姓就自然会得到教化而使自己改变。从兔子挖有许多洞穴以逃避猎人捕捉这件事来看，并不是兔子天生狡猾，而是由于猎人经常通过狡诈的方式捕捉兔子才迫使兔子如此“狡猾”。同理，不是人民奸诈，而是官吏逼迫得太紧，使民不得不奸诈。所以不要怨恨盗贼的出现，因为人民之所以出现盗窃的行为，都是因为君主以名利声望、稀奇货物等诱惑人民。因此，如果没有标榜名声，不再宣扬利益，停止获得稀奇的货物，人民也就不会产生种种欲望，更不会为了这些欲望铤而走险，甚至放弃自己的生命。

“大同”是中国思想中非常重要的概念，如《礼记·礼运》中就有《大同》篇。《大同》是儒家所提出的和谐社会，它强调一种“公”的状态，即人民各有其位，社会状态和谐有序，人尽其能、物尽其用。这里的“同”，是在承认“人”的基础上建立起来的，而人应该各有其位，各尽其分，由此再向外展开至整个社会。

道家所谓的“同”更倾向于“齐同”，如《道德经》中的“塞其兑，闭其门，挫其锐，解其纷，和其光，同其尘，是谓玄同”②。这里所谓“玄同”，依王弼的解释就是“除争原也；无所特显，则物无所偏争也；无所特贱，则物无所偏耻也”③。河上公认为“玄”为天，“玄同”就是“人能行此上事，是谓与天同道也”④。《庄子·胠箧》说：“削曾子之行，钳杨墨之口，攘弃仁义，天下之德玄同矣。”⑤这些人大讲道德理论，但是这些理论与人的自然秉性相违背。将本是自性的行为以标准形式加以限定，将致使自然行为

---

① 谭峭撰，丁祯彦、李似珍点校：《化书》，中华书局，2010年，第44页。

② 王弼注，楼宇烈校释：《老子道德经注校释》，中华书局，2012年，第148页。

③ 王弼注，楼宇烈校释：《老子道德经注校释》，中华书局，2012年，第148页。

④《河上公道德真经注》原文为：塞其兑，闭其门，【塞闭之者，欲绝其源。】挫其锐，【情欲有所锐为，当念道无为以挫止之。】解其纷，【纷，结恨不休也。当念道恬怕以解释之。】和其光，【虽有独见之明，当和之使暗昧，不使曜乱〔人也〕。】同其尘，【不当自别殊也。】是谓玄同。【玄，天也。人能行此上事，是谓与天同道也。】

⑤ 陈鼓应：《庄子今注今译(中)》，中华书局，2013年，第284页。

流于表面，这些做法都在使德不断分裂。而且，“同”亦有不彰显、不炫耀、无分别的意涵，道家思想更倾向于将“同”理解为一种方法。所以《化书》强调：

> 虚含虚，神含神，气含气，明含明，物含物。达此理者，情可以通，形可以同。同于火者化为火，同于水者化为水。同于日月者化为日月，同于金石者化为金石。唯大人无所不同，无所不化，可以与虚皇并驾。①

此章标题为“大同”。这里所谓“大同”即无所不同之意。《化书》认为，虚、神、气、明、物之间都是相含关系，即从万物至最初，虚为一虚，神为一神，气为一气，由此得出物为一物。但是，不应认为《化书》完全泯除了物与物之间的不同，因为它是在关系与层次上强调万物为一的，并没有否定万物的个体性。所以“达此理者”，即通达这个道理的“人”，就能达到通情、同形，不以分别、分判的视角来看待万物，也就是达到所谓“大心”的状态。只有“无所不同”才能与万物同，故而所谓的“大同”并不能仅从社会的理想状态来看待，因为它还是一种方式与方法，即达到理想状态的“术”，并通过对“同”的理解达到最终的理想境界。

《化书》认为，从“虚”到“物”的每个层次都是相含的关系。“虚含虚，神含神，气含气，明含明，物含物。”②从根本处来看，它们彼此相含，并没有不同。即使是各自为形的物，其实也都是相含的。所以“达此理者，情可以通，形可以同”③。“通”即无塞的状态，如果世间性情都是相通的，那么形体上也就没有了区别。当然，这要求首先达到内心“虚无”的境界，如果心中为“有”，那就意味着还有分别，并没有将虚、神、气、形贯通起来。这种状态和视角，就是《庄子》所说的“以道观之”的视角，也就是《化书》中“虚实相通”的大同境界。

四、《化书》生命体系的现代意义

《化书》的内容同其他道家与道教著作一样，不仅包含着极强的批判思想，而且还具有丰富的建构性理论资源。它一方面批判人类文明对于自然存在的破坏，另一方面又以无限的温情来治疗这个人赖以生存的世界。谭峭的《化书》吸收了之前的道家及道教思想，以期建构一套完整且丰富的生命系统。他认为整个世界处于“化化”当

---

① 谭峭撰，丁祯彦、李似珍点校：《化书》，中华书局，2010年，第28页。
② 谭峭撰，丁祯彦、李似珍点校：《化书》，中华书局，2010年，第28页。
③ 谭峭撰，丁祯彦、李似珍点校：《化书》，中华书局，2010年，第28页。

中，而所谓“化化”正是强调，整个世界不论是在横向上还是纵向上，都处于一个不断创造、不断变化的活泼的运动状态，这将给予人一种强大的生存力量。从现代的视角来看，《化书》依然有其广阔的阐释空间，亦可以为现代理论建构提供丰富的资源。习近平总书记提到的宗教“中国化”问题①，正凸显了宗教思想的现代意义，尤其是植根于中国文化土壤的“道教”思想，更是重建文化自信不可或缺的一部分。正如詹石窗教授所言：“当今中国，经济文化发展非常迅猛。为了适应现代社会的变化，产生于中国本土的宗教一方面要有文化自信，保持本有的中国特色，另一方面也要对教理教义进行符合当代国情的解读，这也是‘中国化’应有之义。”②

以自然为基础的生态理论，将构建人与人、人与物、人与自然相和谐的“生命共同体”。道家及道教认为，万物并不是独立存在的，其间必然存在着某种联系，而这个联系的根底正在于“道”。“道”在化生万物的同时，还为万物规定了其各自不同的存在本性，并为它们的生存提供了必要的环境。万物的本性又恰恰与其生存的环境相契合，这样才能使万物以自然的状态不断生长与繁衍。而人与万物及自然的关系，又是人必须面对的问题。谭峭从配偶、性情、情感及仁义等五常的角度，论证了人与禽兽之间并无差异，而“人”却常以具有“五常”而将自身与万物相隔。谭峭认为，万物莫不有“五常”，只是万物以自然的形式将其展现出来，如“乌反哺，仁也；隼悯胎，义也；蜂有君，礼也；羊跪乳，智也；雉不再接，信也”③。相反，人则“教之为网罟，使之务畋渔。且夫焚其巢穴，非仁也；夺其亲爱，非义也；以斯为享，非礼也；教民残暴，非智也；使万物怀疑，非信也”④。谭峭强调，人与万物之间的关系就在于一个“信”字，而这个“信”又会衍生为“诚”。他认为，“信”不仅可以贯通人与人，还可以贯通人与万物。因此，如果人“膻臭之欲不止，杀害之机不已。羽毛虽无言，必状我为贪狼之与封豕；鳞介虽无知，必名我为长鲸之与巨虺也”⑤，即人为了满足自我的欲望而动杀机，从而忽视其他生物的生命，那么，其他生物就会视“人”为最可怕的存在，最终使人陷入“使万物怀疑”的“非信”境地。习近平总书记强调，“人与自然是生命共同体，人类必须尊重自然、顺应自然、保护自然”，因为“生态文明建设是关系中华民族永续发展的千年大计，必须站在人与自然和谐共生的高度来谋划经济社会发展”。⑥

政治的基础在于“民心”，只有与民“同心”而治，才能达到“和谐社会”的境界。世

---

① 习近平：《习近平谈治国理政（第四卷）》，外文出版社，2022年，第263页。

② 詹石窗：《关于我国宗教坚持中国化方向的几点思考》，《中国宗教》2016年第10期。

③ 谭峭撰，丁祯彦、李似珍点校：《化书》，中华书局，2010年，第42页。

④ 谭峭撰，丁祯彦、李似珍点校：《化书》，中华书局，2010年，第42页。

⑤ 谭峭撰，丁祯彦、李似珍点校：《化书》，中华书局，2010年，第42页。

⑥ 习近平：《习近平谈治国理政（第四卷）》，外文出版社，2022年，第355页。

间归根结底在于一个“化”字，但如果只是这种单纯的“化”，则易使人落于无意义的虚无中。所以《化书》仍然将目光置于“人”及人所生存的环境中。万物都秉其所“得之于道”的“本性之德”而生存——为饱腹而饮食，为避寒暑而寻找及搭建处所，其间亦有礼让、争执、亲爱、孝慈等。依《化书》来看，这种状态即一种自然状态，因为所有关系都是自然而然产生的。与此相对，“人”则在万物中挺立而出。“人”与其他万物的不同之处在于“精”的外驰。因此，君主要想治理好人民，首先要做的就是修德。只有以宽容、平等的态度对待百姓，才会得到百姓的爱戴。百姓在一个国家生存，期待的就是安居乐俗，而只有有德之君才能给人民带来这样的生活。所以君和民是一种相互凭借、相互依赖的关系，即“民盗君之德，君盗民之力”①。君无民则不得安稳，民无君则不得安生。同时，君主要意识到，作为国家的统治者应该“与民同心”，即君主之欲同于百姓之欲，君主之思同于百姓之思，君主之心同于百姓之心。正如《化书》所言：“君之于民，异名而同爱。君乐驰骋，民亦乐之；君喜声色，民亦喜之；君好珠玉，民亦好之；君嗜滋味，民亦嗜之。其名则异，其爱则同。”②不论是君还是民，都是人在经过制度分化后所定的“名”。而从“人”的角度来看，不论是君还是民，本质上都是一样的。君与民虽然称谓不同，但是喜好相同。从中可以看出，作者在提醒上位的君主，不以私欲诱民心，不以私权限人行，不以私心禁民心。只有君主意识到“人民”与“我”没有任何的不同，社会才能达到和谐的状态。

“民心”作为中国传统思想中的重要概念，一直被为政者所关注。如《尚书·蔡仲之命》言：“民心无常，惟惠之怀。”③此句强调，能否得到民心，恰恰在于能否给予人民一定的恩惠。又如《管子·牧民》言：“政之所兴，在顺民心。政之所废，在逆民心。”④政令之所以能够得到广泛的推行，正是因为其顺应民心。相反，政令废弛，则是因为违背民心。《孟子·尽心上》更是在“政”与“教”的对比中，凸显出“教”在“得民心”时的作用。其言：“仁言，不如仁声之入人深也。善政，不如善教之得民也。善政民畏之，善教民爱之；善政得民财，善教得民心。”⑤“仁言”是指在言辞上提倡“仁”，而“仁声”则强调百姓不仅能听其“仁言”，更能见其“仁行”。“仁行”则能导出“仁声”，即一种仁德的声望。所以，君主只有真正地“行仁”“教仁”，才能真正地得民之心。这正如习近平总书记所强调的，“人民对美好生活的向往就是我们的奋斗目标。好的方针

① 谭峭撰，丁祯彦、李似珍点校：《化书》，中华书局，2010 年，第 38 页。
② 谭峭撰，丁祯彦、李似珍点校：《化书》，中华书局，2010 年，第 66 页。
③ 李民、王建：《尚书译注》，上海古籍出版社，2010 年，第 334 页。
④ 李山、轩新丽译注：《管子》，中华书局，2019 年，第 6 页。
⑤ 朱熹：《四书章句集注》，中华书局，2013 年，第 360 页。

政策和发展规划都应该顺应人民意愿”①，而“民心是最大的政治”②。

综上所述，《化书》所体现的对于生命、生态、政治等方面的思考，不论从其自身所处的时代来看还是从现代来看，都有着重要的理论及实践意义。不可否认，《化书》中有许多积极的因素，如个人对待自然及外物的态度。这不仅可以防止人在与物的接触过程中出现异化，也为生态关系的构建提供了理论资源。《化书》强调，人在很大程度上是与万物相同的，甚至在一些情感的运用上，人应该向“物”学习。它批评过多规范对“情感”的限制，因为这会使自然的情感变成某种“工具”；但它又在自然视域下肯定“仁义礼智信”的意义，因为它们可以很好地维护人与人之间的关系。在“五常”中，它着重强调了“信”的地位，提出若君无法取信于民，那么其他的理论都将是不稳定的。这强调了“民”的重要性，而这种“以民心为己心”的治国方式也有着极强的实践意义。在承认社会“上下”关系的前提下，人与人如果能够具备“无上下”及“彼此相通”的同理心，将有利于构建和谐的生存环境。正如李绅缙在刘达刻本《化书》序中所言：“信斯言也，则无形无化，无化无道，得之可以治身，可以济物，推之可以化乡党邦国，亦有补于世教之文也。”③它肯定了《化书》思想的多面性，尤其是《化书》的现实意义。

The Life Purport and Practical Significance of Tan Qiao's *Hua Shu*

Lin Na

Abstract: The theory of *Hua Shu* was mainly derived from Taoism, but at the same time absorbed the thoughts of Confucianism, Buddhism and Mohism. In the process of the transformation of all things, Tao is the origin of the transformation of all things, and the transformation of all things is an inevitable transformation. And in the process of "transformation", people stand out. On the basis of observing the transformation of all things, "man" explores a set of road to return to the true nature of life, that is, "reverse" practice. People can achieve the state of "non-transformation", that is, "harmony", through "reverse" cultivation. Tan Qiao constructed a large life system based on small life. This kind of life consciousness is of great practical significance to life, ecology and politics.

Key words: inversion harmony and unity life ecology public sentiment

① 习近平：《习近平谈治国理政（第四卷）》，外文出版社，2022年，第58页。
② 习近平：《习近平谈治国理政（第四卷）》，外文出版社，2022年，第60页。
③ 谭峭撰，丁祯彦、李似珍点校：《化书》，中华书局，2010年，“附录”第77、78页。

基于道学“中和”观探析医德应有之义*

石颖琪　郑淑媛**

摘　要：在我国，医德问题一直备受社会关注。以往，学者们多聚焦于如何健全医疗制度等外在问题。然而，对于医德等内在问题的思考也是不可或缺的，只有这样才能维护和谐的医患关系。基于此，本文旨在从道学“中和”观中汲取养分。一方面，就道学之“中”而言，谈及以“顺”释“中”、以“虚”释“中”，以及以“度”释“中”；另一方面，就道学之“和”而言，论及人与天和、阴阳和合，以及形神和合。在此基础上，正确弘扬道学文化，培育自然中正、与道合行的医德观，恬惔虚无、清净安和的医德观，节情忌怒、养心养性的医德观，为新时期的医德建设提供新的视角。

关键词：中和　道学　医德

道学“中和观”在中医医德建设中具有极高的价值。道学“中和观”为中医医德建设提供了新的视角和思路，有助于推动中医医德建设的创新和发展。通过汲取道学“中和观”的合理成分，我们可以更好地理解和把握中医医德的内涵和要求，推动中医医德建设的深入发展。同时，道学“中和观”也有助于提高中医医生的医德修养和综合素质，为中医事业的发展提供有力的人才保障。

---

* 本文系辽宁省教育厅一般科研项目“先秦儒道修养理论的开放性、限度及其现代转化研究”（项目号：LJKMR20221510）的阶段性研究成果。

** 石颖琪，渤海大学博士研究生，主要从事中国哲学与先秦道家研究。郑淑媛，渤海大学马克思主义学院教授，主要从事儒道精神修养研究。

一、道学之“中”

道学言“中”，简言之，可分为：以“顺”释“中”，即自然中正的顺道之路；以“虚”释“中”，即暗藏生机的虚无之路；以“度”释“中”，即知止知足的度量之路。

（一）以“顺”释“中”：自然中正的顺道之路

从事物发展变化的规律来看，我们可以把“中”理解为“顺”，即自然中正的顺道之路。老子曰：“含德之厚……知和曰常，知常曰明。”[①]老子所谓“中”，就是人应按照“道”行事，以婴儿之自然之德，执中以治物。这样，才能够认识、利用“和”这种属于“道”的性质和规律。同时，“道”作为一切事物的本原和本体，其基本的属性为“自然”。人要依“自然”之“道”生存，就要以“无为”的方式生存，即以“自然”的本性来表现“道”。同样，庄子也重视“中”。《庄子·在宥》有云：“中而不可不高者，德也。”注：“中，顺也。”[②]此外，庄子还提及：“且夫乘物以游心，托不得已以养中，至矣。何作为报也！莫若为致命。此其难者？”[③]此处庄子所指“养中”，即心性修养方能达成的一种得“道”的境界，顺“道”而行方能窥见“中”的本意。庄子主张，达到“中”这种状态的方式是“游”，即顺应事物的自然而处世。唯有这样的“中”，才能达至庄子所趋向的心灵自由之境。

总之，道学论“中”，就是以“顺”释“中”，即“中”有自然中正的顺道之意。以“顺”释“中”看医德，则意味着医生在诊疗过程中，应遵循自然法则，尊重患者个体差异，采取适当的治疗方案。这正是“顺”的体现。

（二）以“虚”释“中”：暗藏生机的虚无之路

从空间上讲，“中”即“虚”，亦即暗藏生机的虚无之路。老子言：“多言数穷，不如守中。”[④]张默生在注解老子所说的“中”字时讲道，“是有‘中空’的意思，好比橐籥没被人鼓动时的情状，正是象征着一个虚静无为的道体”[⑤]。此外，内丹学家对“中”也有着独特的解读，他们认为“中”暗含虚无缥缈的意味。如《老子道德经河上公章句》

---

① 王弼注，楼宇烈校释：《新编诸子集成·老子道德经注校释》，中华书局，2016年，第33—34页。

② 郭庆藩辑，王孝鱼整理：《庄子集释》，中华书局，1961年，第398—399页。

③ 郭庆藩辑，王孝鱼整理：《庄子集释》，中华书局，1961年，第160页。

④ 王弼注，楼宇烈校释：《新编诸子集成·老子道德经注校释》，中华书局，2016年，第3页。

⑤ 张默生编著：《老子章句新释》，成都古籍书店，1988年，第7页。

云:“除情去欲,守中和,是谓知道要之门户也。”[①]同时,河上公注“道,冲而用之”句云,“冲,中也。道匿名藏誉,其用在中”[②],已明言“中”为道之用,匿名藏誉之状。《太平经钞》乙部云:“元气有三名:太阳,太阴,中和。”[③]《中和集·赵定庵问答》云:“此中字玄关明矣。所谓中者,非中外之中,亦非四维上下之中,不是在中之中。释云,不思善不思恶,正恁么时,那个是自己本来面目,此禅家之中也。道曰,念头不起处谓之中,此道家之中也。儒曰,喜怒哀乐未发谓之中,此儒家之中也。”[④]此皆有以“虚”释“中”的意味,皆言中和之道难以捉摸、虚无缥缈。

总之,道学论“中”,就是以“虚”释“中”,即“中”有暗藏生机的虚无之意。以“虚”释“中”看医德,则意味着医生在诊疗过程中,应注重调和阴阳,使人体内部达到平衡、重焕生机,这是“虚”的体现。同时,医生也应保持虚怀若谷的心态,不断学习和进步。

(三)以“度”释“中”:知止知足的度量之路

从事物变化的角度来看,“中”即“度”,亦即知止知足的度量之路。《黄帝四经·经法》有言:“应化之道,平衡而止。轻重不称,是胃(谓)失道。”这里的“平衡”是对“中”的诠释,它代表了事物本身之度与人行事之度两者的统一。只有在轻重有所权度的情况下,才能达到“合于道”的境界。此外,陶弘景幼慕葛洪,务于养生,集前代养生家的论述并结合自身体会编成《养性延命录》。在这本书中,他提到了“养寿之法”。这意味着,人们应当保持“神勿大劳,形勿大用”,即应当避免过度劳累,保证适当的休息。同时,他主张“凡事有节,以中和为贵”。这体现了“中和”的核心理念,即只有在保持适度、平衡的状态下,才能实现身心的和谐与健康。除此之外,何瑭的《医学管见》亦指出“主于大补大攻,非中和之道”[⑤],即切忌大补大攻,应知止知足,有所度量。单从时间变化的角度来看,“中”即“度时”,亦即善动善时的度量之路,要“动善时”,“不得已”而为之。《伤寒论》五十八条云:“凡病……阴阳自和者必自愈。”七十一条曰:“太阳病……令胃气和则愈。”三百七十六条有言:“呕家,有痈脓者,不可治呕,脓尽自愈。”其文虽不同,但皆言伤寒有时自愈,医者应勿失其时,知止知足,使人自和,以使其自安自复。

总之,道学论“中”,就是以“度”释“中”,即“中”有知止知足的度量之意。以“度”

---

① 王卡点校:《老子道德经河上公章句》,中华书局,1993 年,第 3 页。
② 王卡点校:《老子道德经河上公章句》,中华书局,1993 年,第 14 页。
③ 王明编:《太平经合校》(上册),中华书局,1960 年,第 19 页。
④ 李道纯、萧廷芝:《中和集》,上海古籍出版社,1989 年,第 12 页。
⑤ 李经纬、孙学威编校:《四库全书总目提要·医家类及续编》,上海科学技术出版社,1992 年,第 102 页。

释“中”看医德，则意味着在中医治疗中，医生应把握好“度”，既不过度治疗，也不轻视病情。这需要医生具备丰富的医学知识和临床经验，更需要医生具备高度的医德修养。

二、道学之“和”

道学言“和”，简言之，可分为：人与天和，即人与自然，相互调谐；阴阳和合，即生气淳化，万物以荣；形神和合，即性命双修，静和养生。

（一）人与天和：人与自然，相互调谐

庄子十分重视“人与天和”。首先，《庄子》书中提到“天和”的概念。“天和”标志着天地万物自然和谐的状态。人处在天地间，也应当“同乎天和”，保有“天和”的人“敬之而不喜，侮之而不怒”①，心定于道。其实，达到“天和”的要诀就在于形正神凝。《知北游》曰：“若正汝形，一汝视，天和将至。”②《庄子》认为：“生非汝有，是天地之委和也。”③也就是说，人的一切都不能独立于自然而存在，都是“与天和”的产物。其次，“夫明白于天地之德者，此之谓大本大宗，与天和者也；所以均调天下，与人和者也”④，庄子从方法论角度提出了“和之以天倪”。据郭象注曰：“天倪者，自然之分也。”⑤成玄英疏云，“天，自然也，倪，分也”⑥，即指自然的分际、界限。那么，什么是自然的分际？《庄子》解释说：“何谓和之以天倪？曰：是不是，然不然。”⑦后文中又说：“物固有所然……和以天倪，孰得其久！”⑧在这里，庄子采用将多种对立概念相调和的方式解说“天倪”，实际上是指出，作为方法论的“天倪”在抽象意义上就是矛盾的对立统一关系。除此之外，将“中和”融入天、地、人三才体系的文献屡见不鲜。例如，河上公指出“阴阳生和、清、独三气，分为天地人”⑨。“中和”作为三才中的重要一环，将三才联结为一个整体，共同生养万物。《太平经》中也有类似观点，认为“天气悦下，地气悦上，二气相通，而为中和之气，相受共养万物，无复有害，故曰太平”⑩。这些都说

① 郭庆藩辑，王孝鱼整理：《庄子集释》，中华书局，1961年，第815页。
② 郭庆藩辑，王孝鱼整理：《庄子集释》，中华书局，1961年，第737页。
③ 郭庆藩辑，王孝鱼整理：《庄子集释》，中华书局，1961年，第739页。
④ 郭庆藩辑，王孝鱼整理：《庄子集释》，中华书局，1961年，第458页。
⑤ 郭庆藩辑，王孝鱼整理：《庄子集释》，中华书局，1961年，第109页。
⑥ 郭庆藩辑，王孝鱼整理：《庄子集释》，中华书局，1961年，第109页。
⑦ 郭庆藩辑，王孝鱼整理：《庄子集释》，中华书局，1961年，第108页。
⑧ 郭庆藩辑，王孝鱼整理：《庄子集释》，中华书局，1961年，第950页。
⑨ 王卡点校：《老子道德经河上公章句》，中华书局，1993年，第169页。
⑩ 王明编：《太平经合校》（上册），中华书局，1960年，第149页。

明了"和"联结天地的重要作用。

总之,道学讲"和",凸显的是其自然而然的意味。在人与自然相互调谐的过程中,道学之"和"始终贯穿其中。

(二) 阴阳和合:生气淳化,万物以荣

老子的《道德经》还以"和"为核心内涵,阐述了冲气为和、万物生成的情状。所谓"冲气以为和",突出了"和"的重要价值。河上公以阴阳二气解此句,即阴阳二气相互交融,交织在一起。同时,阴阳二气的运动及相互转化也体现了"和"的状态。《内经》同样对阴阳和合有所阐发。首先,《素问・阴阳应象大论篇》云:"故积阳为天……阴成形。"①"故清阳为天,浊阴为地……云出天气。"②此言明阴阳二气生成天地之意。其次,《素问・气交变大论篇》云:"阴阳之往复,寒暑彰其兆。"③《素问・六元正纪大论篇》云:"天地大化,运行之节,临御之纪,阴阳之政,寒暑之令。"④《灵枢・根结》云:"天地相感,寒暖相移,阴阳之道。"⑤《灵枢・刺节真邪》云:"阴阳者,寒暑也。"⑥这些均言阴阳二气的和合交感运动推动了寒暑的变化和运行。《素问・天元纪大论篇》引《太始天元册》曰:"太虚廖廓,肇基化元……生生化化,品物咸章。"⑦由此可知,阴阳的相互作用和变化构成了自然界万物的生长、繁衍和消亡。阴阳变化的有序、适度、和谐,是保证自然界万物生存、发展的重要条件,这正如《素问・五常政大论篇》所言:"阳和布化,阴气乃随,生气淳化,万物以荣。"⑧

总之,道学之"和",也指阴阳和合。在阴阳的交互作用下,生气淳化,万物以荣。同时,阴阳二气的运动及相互转化也体现了"和"的状态。

(三) 形神和合:性命双修,静和养生

道学强调形神和合,认为应性命双修,静和养生。首先,性命双修是道教研究的重要命题。道教既讲修身,也讲修心,它看重二者的统一,与儒、释等存在显著区别。在众多内丹学派中,性命双修被视为共同的宗旨,这也是道教内丹学的显著理论标志。道学不仅重视养身,还注重养心。例如,《淮南子・缪称训》有言:"原心反性则贵

① 张志聪集注:《黄帝内经集注》,中医古籍出版社,2015 年,第 74 页。
② 张志聪集注:《黄帝内经集注》,中医古籍出版社,2015 年,第 75 页。
③ 张志聪集注:《黄帝内经集注》,中医古籍出版社,2015 年,第 795 页。
④ 张志聪集注:《黄帝内经集注》,中医古籍出版社,2015 年,第 939 页。
⑤ 张志聪集注:《黄帝内经集注》,中医古籍出版社,2015 年,第 1147 页。
⑥ 张志聪集注:《黄帝内经集注》,中医古籍出版社,2015 年,第 1811 页。
⑦ 张志聪集注:《黄帝内经集注》,中医古籍出版社,2015 年,第 723 页。
⑧ 张志聪集注:《黄帝内经集注》,中医古籍出版社,2015 年,第 818 页。

矣;适情知足则富矣;明死生之分则寿矣。”①这说明“心”的活动与长寿有着直接关系,与《老子》中的“心使气曰强”大有异曲同工之妙。除此之外,《内经》也看到了精神对于养生的重要作用,并且在调和形神方面非常重视“和”的思想。《灵枢·本藏》指出“志意和则精神专直,魂魄不散,悔怒不起,五藏不受邪矣”②,《素问·举痛论篇》中亦论述“喜则气和志达,荣卫通利”③,二者皆强调了养心修神对于拥有健康的重要性。其次,静和养生可从两方面理解。其一,“和”是中医的主要治法之一,当以“和”养生,《内经》中可见其端绪。例如,《素问·至真要大论篇》谓“燥司于地……以和为利”④,此句表明了与“和”相关的治法。同时,《内经》提及的“和为圣度”理论也为身心同治提供了宝贵的经验。其二,就具体操作而言,道家重视治心术,提倡以“静”养生。《素问·灵兰秘典论》指出:“心者,君主之官,神明出焉。”⑤《太平经》曰:“心则五脏之王,神之本根,一身之至也。”⑥由此可见,道学对于心的认识已经相当成熟。所谓“心术”者,其实就是安心之法。在道家看来,“我心治,官乃治,我心安,官乃安。治之者心也,安之者心也”(《管子·内业》)。治心的方法无非是“静”,也就是使心成为其自身,发挥其正常功能,不要去干扰它。此所谓“心能持静,道将自定”(《管子·内业》)。

总之,道学之“和”,还在于形神和合。形神和合关涉性命双修、静和养生等道学重要思想,在这种修炼中,“和”的作用也凸显出来。

三、道学“中和”观对医生医德的启示

道学“中和”观对医生医德的启示,简言之,可分为:以“顺”释中,即人与天和,启示我们应培育自然中正、与道合行的医德观;以“虚”释中,即阴阳和合,启示我们应培育恬憺虚无、清净安和的医德观;以“度”释中,即形神和合,启示我们应培育节情忌怒、养心养性的医德观。

(一) 自然中正、与道合行的医德观

在当前时代背景下,医者应“自然中正,与道合行”。其一,以“顺”释中,医生应

① 何宁:《淮南子集释》,中华书局,1998 年,第 757 页。
② 张志聪集注:《黄帝内经集注》,中医古籍出版社,2015 年,第 1560 页。
③ 张志聪集注:《黄帝内经集注》,中医古籍出版社,2015 年,第 458 页。
④ 张志聪集注:《黄帝内经集注》,中医古籍出版社,2015 年,第 958 页。
⑤ 张志聪集注:《黄帝内经集注》,中医古籍出版社,2015 年,第 121 页。
⑥ 王明编:《太平经合校》(下册),中华书局,1960 年,第 687—688 页。

“自然中正”，即顺自然，正己正物。司马光在《传家集》中指出“中和正直，人之德也”[①]，即人应兼顾“中和”与“正直”，此二者都是人的德性。诚如此言，“凡为医之道，必先正己，然后正物”[②]。医生应当在多变的环境下保持自然中正，坚守医德伦理。徐灵胎也在《医学源流论》中写道“医者能正其心术……若专于求利，则名利必两失”[③]，指出医生应当心术“正”，虚心求学，专研医术，而不能只想着追逐名利。王珪也看到了这一点，他在《泰定养生主论》中写道“当临病之际，不见其贵贱亲疏……一怀利心，则进退惑乱也……正吾之心术，专吾之定见”[④]。“自然中正”不仅是对医生的要求，也是对所有从事医疗行业人员的期待。朱丹溪学成，谨于自守，年四十五，跋涉数次，且数谒而后得之，得以传承医道。正如《素问·金匮真言论篇》所言：“非其人勿教，非其真勿授。”[⑤]可以说，医行本身，非徒延命，乃传生之福。传生之福必以正己为基，自然中正，而后医道才得以延绵不绝。其二，人与天和，医生应“与道合行”，即中和为德，普救含灵。天师道创始人张道陵指出：“道贵中和，当中和行之。”[⑥]此外，《灵宝中和经》一书在解释“中和”时言“道以中和德，以不和相克”[⑦]，可见中和为德、与道合行对万物具有重要意义。在医德伦理的指导下，医生应当秉持“医者仁心，精益求精”的理念，以“生命至上，医德为重”为原则，给予患者全方位的诊疗和关爱。著名医者孙思邈主张，凡大医治病，必当安神定志，无欲无求，先发大慈恻隐之心，誓愿普救含灵之苦。医生应当在医学研究和实践中严于律己，不断提升自身专业素养和医德修养，树立中和之德，化育普救含灵，从而更好地服务患者，实现医生的社会价值。

总之，为了培育自然中正、与道合行的医德，医生应树立顺应自然、尊重生命的医德观，以患者为中心，将患者的健康和生命放在首位，为患者提供全方位的医疗服务。

（二）恬惔虚无、清净安和的医德观

基于道学“中和观”中的以“虚”释中，阴阳和合，医者应清净安和，恬惔虚无。陶弘景以“若能游心虚静……则百年耆老是常分也”（《养性延命录·序》）阐释了“清净安和，恬惔虚无”的重要性。他引用古代寿星彭祖的话进一步解释道，所谓的“清净安

① 李之亮笺注：《司马温公集编年笺注》卷五，巴蜀书社，2009年，第123页。

② 陈梦雷等编：《古今图书集成医部全录》第12册总论卷501—502，人民卫生出版社，1962年，第60页。

③ 徐灵胎著，刘洋校注：《医学源流论》，中国中医药出版社，2008年，第91页。

④ 王珪：《泰定养生主论》，中医古籍出版社，2018年，第31页。

⑤ 张志聪集注：《黄帝内经集注》，中医古籍出版社，2015年，第70页。

⑥ 张泽洪：《道教礼仪学》，宗教文化出版社，2012年，第227页。

⑦ 李养正：《道教义理综论》（上册），宗教文化出版社，2009年，第167页。

和，恬憺虚无”，就是凭借内心的宁静和精神的安定达到生命的最佳状态。他认为，医生也应该修炼自己的内心，保持清净安和、恬憺虚无的态度，这样才能在医疗工作中达到“得中和”的状态。医生必须具备温和、优雅的性格，谦逊、恭敬的态度，以及在行为和举止上的礼节。宋代《保幼大全》中写道“凡为医者……举止和柔，无自妄尊，不可矫饰”①，李中梓在《医宗必读》中写道“宅心醇谨，举动安和……对疾苦而悲悯”②，这些都指出医生对待患者要谦虚谨慎、清净安和，不应给予病人过多压力，这些品质对于医生医德的树立至关重要。此外，孙思邈在《大医精诚》中也从医生的外在风貌和内在涵养的角度强调了医生自身修养的重要性，指出医生应自矜己德，还称赞医生安然欢娱的状态。总之，医生修其身而忍其欲，恬憺虚无，方可为良医矣。这不仅有助于建立良好的医患关系，还有助于提高医疗服务的质量。

总之，为了培育恬憺虚无、清净安和的医德观，医生应保持清净安和的心态，不被名利所扰，不被情绪所困。在诊疗过程中，医生应冷静分析病情，科学制订治疗方案，尽可能达到最佳的治疗效果。

（三）节情忌怒、养心养性的医德观

当今医患关系的“失中和”，部分源于医生主观修炼不足。因此，面对医患关系，医生要以自身的修炼为前提，节情忌怒，养心养性。老子认为“复命曰常”，以此观之，当以复命为本，养心养性，摄生要妙。陶弘景在《养性延命录》中也提道：“能中和者，必久寿也。”（《养性延命录·教戒篇》）他认为，人的本性应在生理和心理状态下保持平衡、和谐，即养性应注重“中和”。只有维护“中和”，才能达到长寿的目标。此外，孙思邈提倡“十二少”，即少思、少念、少欲、少事、少语、少笑、少愁、少乐、少喜、少怒、少好和少恶。同时，他反对“十二多”，认为“十二多”是丧生之本。这颇具警示意味，它提示我们，医生要避免“十二多”的过失，即要减少过度的思考、过度的忧虑、过度的欲望等带来的负面情绪，节情忌怒，从而与患者建立紧密联系，了解患者的症状和需求。同时，在医德方面，明代医家寇平提出“医守十全”，指出“礼貌”等修德活动也是医生不可或缺的：医生有礼有节，可让患者宽慰；医生自身的高修养会影响病人的状态，医生礼貌的行为可以让病人安心；医生谦和友善的态度，可以给患者留下美好的印象，对于整个“中和”的医患关系都大有裨益。医生只有通过对医德的坚守和不断提高自我修养，才能建立良好的医患关系，推动医疗行业的健康、有序、可持续发展。

---

① 彭勃主编：《保幼大全》，第二军医大学出版社，2006年，第1页。

② 李中梓著，顾宏平校注：《医宗必读》，中国中医药出版社，1998年，第17页。

总之，为了培育节情忌怒、养心养性的医德观，医生应注重养心养性，保持情绪稳定，避免情绪波动对患者造成不良影响。同时，医生也应提醒患者保持良好的心态和生活习惯，促进患者的身心健康。

综上所述，道学“中和观”对新时代医德建设大有助益。道学之“中”主要包括三个方面：以“顺”释“中”、以“虚”释“中”及以“度”释“中”。道学之“和”主要论及三个方面：人与天和、阴阳和合及形神和合。进一步而言，道学“中和”观对医德具有三个方面的启示：其一，应培育自然中正、与道合行的医德观；其二，应培育恬惔虚无、清净安和的医德观；其三，应培育节情忌怒、养心养性的医德观。总之，我们应积极汲取道学“中和观”中的合理成分，推动中医医德建设的创新和发展。同时，我们也应扩大视野，从中华优秀传统文化中汲取养分，以本民族根系涵养本民族果实，推动中华优秀传统文化的创造性转化和创新性发展。

Analysis of Medical Ethics Based on Taoism

Shi Yingqi　Zheng Shuyuan

Abstract: In China, medical ethics has always attracted much attention from society. However, this focus is obviously not enough to solve external problems such as the imperfections of the medical system. At the same time, we also need to pay attention to internal issues, such as the cultivation of medical ethics, in order to maintain a harmonious doctor-patient relationship. Based on this, we draw insights from the Taoist concept of "neutrality". On the one hand, in terms of the Taoist notion of the "middle", we discuss its interpretation through slowness, through virtuality, and through moderation. On the other hand, in terms of the Taoist idea of "harmony", we explore the harmony between man and heaven, the harmony of Yin and Yang, and the harmony of form and spirit. By properly integrating Taoist culture, we can cultivate a concept of medical ethics rooted in natural harmony. This includes the Taoist notions of purity and peace, moral cultivation, and an ethic of medicine that nourishes both the heart and human nature. Together, these offer a new perspective for constructing the moral framework of traditional Chinese medicine in the new era.

Key words: Harmony and Balance　Taoism　medical ethics

有无之间

——庄子哲学梦义浅析

董海涛　张培高*

摘　要:梦是庄子哲学中的重要意象,在《庄子》内篇、外篇、杂篇中都占有不小的篇幅。迷蒙的梦境和庄子哲学恢诡谲怪的语言图景有着内在的一致性,因此将梦作为进入其思想世界的切入点具备可行性。庄子文本中,梦的主要内涵有二:一是借梦来破除有用之执、小知之弊、生死之忧以及物我之别的牵累,以此消解现实生命的困顿,从有待至于无待,还存在境域以清净自在;二是梦觉对待本身具有深刻的认识论内涵,即昏惑迷茫的"梦境"和不梦不忧的"觉境"成一思想上的对待,而遣梦觉生死之对待,任自然之生化,消除彼此有无之分别,则是更深层次的无待。于梦境而超然,在人世而逍遥,这是庄子以梦解生命之倒悬的独特进路。

关键词:梦　有无　对待　逍遥

《庄子》是中国哲学史上的重要经典,古往今来,研究庄子文本的著作浩如烟海。古人对于庄子文本的研究方式多为"以己注庄,以述为作"①,今人对于庄子的研究也层出不穷,但其中关注"梦"这一概念的整体哲学意涵的研究较少。既有研究大多是从

* 董海涛,四川大学哲学系硕士研究生,主要从事中国哲学研究。张培高,四川大学特聘研究员,主要从事宋明哲学、汉唐经学、儒学与马克思主义研究。

① 历朝历代的注庄著作卷帙浩繁,如魏晋郭象《庄子注》,唐代陆德明《庄子音义》、成玄英《南华真经注疏》,宋代林希逸《南华真经口义》、褚伯秀《南华真经义海纂微》,明代焦竑《庄子翼》、憨山《庄子内篇注》等。历朝历代不乏其人对其进行注疏,或自儒家,或自佛道而解,各家以己之思发庄之微。

文学和美学角度对其进行分析，或者仅以内篇的“庄周梦蝶”为抓手来进入庄子哲学。因此，本文尝试从文本中各个梦境之间的有机联系入手，整体理解“梦”的哲学意味。

在庄子的哲学文本中，“梦”的出现频次较高，内篇中出现21次，外篇中出现6次，杂篇中出现3次。其意涵也相当丰富，《齐物论》中的“梦”代表着梦幻的茫然状态，《至乐》中的“梦”是“破生死”依待的重要途径，“庄周梦蝶”中的“梦”是体道合道的方式。可以看出，庄子经由“梦”完成了对生死、有无等重要哲学问题的探讨，对于梦的深入研究是理解庄子的一把重要的钥匙。因此，本文试从“有待—梦—无待”的思想进路出发，将各个梦境有机结合在一起，并由“梦”这一切入点对庄子的逍遥哲学进行更加深入的了解。

一、梦的基础内涵和哲学意蕴

梦是人所拥有的基本心理活动，亦是生命在清醒状态之外的另一种存在状态。朱熹曾云“梦者，寐中之心动也”[①]，又云“阴用事，阳主静，故魂定神蛰而为寐”[②]。《说文解字》解梦为“寐而有觉者也”[③]，此处的梦指意识尚未清醒时的精神性活动。哲学家弗洛伊德认为，“梦是有意义的精神现象，实际上，它是一种欲望的满足，也可以算是清醒状态下精神活动的延续”[④]。刘文英先生在此基础上进一步提出“梦是人潜意识的活动，梦所表现出来的就是潜意识的愿望。潜意识最重要的特征就是被人的自我所压抑和排挤，不允许其进入意识的领地”[⑤]。从精神分析的角度来看，梦是未满足欲望的主体在精神居于模糊松懈时产生的意向性活动。不过，这种观点有进一步商榷的空间，因为将梦的根源归于潜意识的欲望是在心理学视角下进行的类比，它尚未完全道尽梦的余蕴。

由于梦具有神秘特性，中国古代先民将其视为预测吉凶的重要途径和工具。在《庄子·田子方》篇中，文王见太公有非常之才而想要委以重任，但碍于其未立功绩，便用梦的神秘属性来引导民众：“昔者寡人梦，见良人黑色而髯，乘驳马而偏朱蹄，号曰：‘寓而政于臧丈人，庶几乎民有瘳乎！’诸大夫蹴然曰：‘先君王也。’文王曰：‘然则卜之。’诸大夫曰：‘先君之命王，其无它，又何卜焉！’”[⑥]借助梦的“神启”作用，文王

① 朱熹撰，朱傑人、严佐之、刘永翔主编：《朱子全书》，上海古籍出版社，2010年，第2707页。

② 朱熹撰，朱傑人、严佐之、刘永翔主编：《朱子全书》，上海古籍出版社，2010年，第2709页。

③ 段玉裁：《说文解字注》，中华书局，2013年，第309页。

④ 弗洛伊德：《梦的解析》，罗生译，百花洲文艺出版社，2009年，第25页。

⑤ 刘文英：《刘文英文集》（第二卷），兰州大学出版社，2021年，第162页。

⑥ 郭庆藩撰，王孝鱼点校：《庄子集释》，中华书局，2012年，第722页。

使百姓欣然接受了他的政令。在民众看来，文王作为上天之子，其梦具有上通于天、传达神意的重要功能。梦的这种阐释在殷周时期的巫觋文化中体现得尤为明显，这一时期的人神关系十分密切，刘文英先生认为，“殷人不但认为鬼神能够通梦，而且认为上帝也能够通引人梦，并且梦境，梦景和梦象，都是神意的表现”[①]。对于梦的这种理解是先民原始思维的展现，即由于梦具有未知性和神秘性，人更愿意将其归于天和上帝，视其为神的力量的显现，因而这种神秘性途径和超越性力量能够在决定军政大事时发挥重要作用。

上述两种观点更多是从文化和心理学角度来进行分析的。事实上，在庄子的文本中，梦的阐释和运用已摆脱了神秘性意味，其形而上学或哲学的意味更为明显。梦从传达神意的窗口转变为庄子本人思想的传声筒，被他用来反驳世俗的见解，传达他对世界的洞见，庄子自称“是其言也，其名为吊诡”。但是，恰恰只有如此“梦呓”般超越凡常的言说方式才能传达庄子的思想，因为真谛的揭示往往最终会受制于语言的边界，真正的思想本身不被明达，而托梦明理这种奇特的言说方式似乎更有助于贴近庄子所说的“无何有之乡”，更能通达世界和生命的本真样貌。

在《齐物论》中，梦一出场便与人生无措、茫然的现实境地相连：“其寐也魂交，其觉也形开，与接为构，日以心斗。”[②]在迷梦笼罩的现实世界中，功名利禄是衡量人生价值的天平，众生皆希冀通过追求无穷的世俗所贵之物来证明人生的价值，企图在镜花水月中找到人生的意义，却总是陷入痛苦和不安中。将意义和生命安放在身外之物上，普遍而言，这是一种认识上的迷执。私欲的不可穷尽性、外物的转瞬即逝性、依待关系的不确定性……凡此种种，共同造成了私欲和空虚轮转的无尽痛苦，现实之人的生命情状便沉浸于这样的迷惘之境而不能自拔。世人于此欲海沉沦，于短暂性中驻足，就如同沉浸于梦境之中，“方其梦也，不知其梦也，梦之中又占其梦焉”[③]。沉溺此间且并不自觉这种种追求是一场迷梦，这才是生命最大的悲哀！庄子认为，众人终身役役而不见真性，苶然疲役而不知归于何处，如此迷茫而不知所归的困顿源于众生以梦为真。众生因生起分别心而有执著和迷失，以对立和非此即彼的视角来看待万事万物：将物与物相对，便会产生功用大小的比较，因而厚此薄彼、舍小求大；将物与我相对，便会产生利害性的权衡，因而竞名逐利、互相倾轧；将人与人相对，便会产生种种是非和纷争；将生与死相对，便会产生好生恶死、遁天倍情的烦扰。因此，主体在无穷的对峙关系中昏惑迷茫，从而使得生命面临戕害和困扰。以自我和私欲为中心，

---

① 刘文英：《刘文英文集》（第二卷），兰州大学出版社，2021年，第21页。

② 郭庆藩撰，王孝鱼点校：《庄子集释》，中华书局，2012年，第58页。

③ 郭庆藩撰，王孝鱼点校：《庄子集释》，中华书局，2012年，第111页。

便会生出分别心，这将使世界与人分离隔膜。分必有争，争必有害，从这样的路径出发，人将永远无法抵达彼岸和自由之境。

沉醉迷梦，一如好生恶死，都是由分别心和私智心产生的执著。要获得精神真正的解放和安顿，破除梦和外物对人生的遮蔽是必然的，而这也就要超脱现实世界的条条框框，摈弃一切分别之心，明晰主体与周遭世界并非截然对待和利用与被利用的关系。自主体而言，世间万物有成有毁，有利有害，生之可喜而灭之可悲，利之可用而害之可弃；但自大道整体而言，万千事物生生灭灭，更迭换代，只是宇宙流行大化的一部分，无谓悲喜亦无谓利害。就像庄子所说的那样，“适来，夫子时也；适去，夫子顺也”①，世界的真实面貌便是如此，一旦进行用之分别和知之辩论，便会产生分别之心，即迷执之心，而迷执又会产生梦幻般的迷茫。只有破除所有关于自我的迷执和固着，明彻道通为一的生命本相，才会真正由大梦走向大觉，遨游于逍遥之境。

二、以梦为媒，消除有待

由梦走向觉、从有归于无，这并非自然而然的，而是建立在庄子对主体所习以为常的依待之物的破除之上。它包括人与物壁膜的消除、人与人是非的辩破，以及人何以自处的问题，由近及远、循序渐进地剖析迷梦产生的思想根源。

功用关涉人与物、内与外的关系处理，是庄子哲学中的重要话题。现实生命之立世，或金戈铁马求建立功业，或寒窗苦读求金榜题名，凡此无不是在追求功名利禄和用处的最大化。而人之所以迷失于纷繁复杂的迷梦之中，首先就是因为人对于“用”的执著，即运用太过功利的眼光看待现实之物，将对象完全置于功用的天平之上，致使万物的本来面目和自然本真完全被遮蔽了。庄子在《人间世》中运用梦中寓言来揭示“无用之为大用”的道理，破除了功用对于生命的羁绊。

> 匠石之齐，至于曲辕，见栎社树。其大蔽数千牛……散木也，以为舟则沉，以为棺椁则速腐，以为器则速毁，以为门户则液樠，以为柱则蠹。是不材之木也……栎社见梦曰：“汝将恶乎比予哉？若将比予于文木耶？……故不终其天年而中道夭，自掊击于世俗者也。物莫不若是。且予求无所可用久矣！……而几死之散人，又恶知散木！”②

---

① 郭庆藩撰，王孝鱼点校：《庄子集释》，中华书局，2012 年，第 136 页。

② 郭庆藩撰，王孝鱼点校：《庄子集释》，中华书局，2012 年，第 177 页。

成玄英将此疏为"炫才能于世俗，故邻于夭折，我以疏散而无用，故得全生"①，文木因果实可食、木材可用，而遭受人对它的弯折和砍伐；栎树因其无用于世间，而被木匠视为"散木"，故能全其生命，成长为百仞巨树。"为舟，为棺椁，为器，为门户，为柱"，皆是世俗功利的评价标准，即能否对人和社会产生效益和功用，能则为文木，否则为散木。从他人与社会效益的角度而言，文木超过散木；但是从生命本身的角度而言，散木的"用"则远远超出文木的"用"，这就是小用和大用之别。郭象注曰"有用则与彼为功，无用则自全其生"②。"有用"乃是小用，因其被置于世俗语境之下，受到功利性视角的审视。对象的有用与否是相对于主体和社会而言的，并因其有用而遭受种种折辱，成为人的工具和手段，不能免于祸患。"无用"乃是大用，自生命本身而言，这是一种超世俗和超功利的语境，有助于全生葆真，使生命获得更大的自由和生命力。其唯一的指向是生命本身的可能性和需求，它可以不受束缚地实现潜能和未知性，因而更容易到达生命的本真意境。李振纲先生认为"庄子假托神木之'梦'，以唤醒世俗人走出'人间世'为'名'所误、为'功'所累、心为物役的被迫性困境"③。在现实世界，人处于社会评价体系的牢笼中，宫室之美、妻妾之奉、禄位之高皆是评价一个人的价值或地位的标准，这些所谓的"功用"实际上是私欲的现实具象化。正是因为人执著于"小用小利"，才会迷失在欲海之中。在尘网之中越挣扎，便被束缚得越紧，越难洞见真实以及和谐的世界本身。要想避免生命中的祸患和物累，就需要以一种超世俗的眼光来洞观世界，也就是以一种超越利害得失的方式看待事物。功利地看待世界只是将世界作为予取予夺的工具和满足欲望的手段，这样就将物与我置于对立的语境中，是一种纯然二分式、对立式的视角。在现实中，这就是一种功利式的视角，它缺乏对于世界和生命基本的共情，也缺少了基本的人性温度。

徐复观先生认为"世人之所谓用，皆系由社会所决定的社会价值。人要得到此种价值，势须受到社会的束缚。无用于社会，即不为社会所拘束，这便可以得到精神的自由"④。众生的烦恼皆源于执著，执著于小用、小利便会永陷苦海，越追逐，陷得越深。只有抛除物欲的牵累，以超功利的心态对待世间万般，才能摆脱浑浑噩噩、如梦如幻的浑浊世界。逍遥并不来自物欲的堆积和功名的充塞，而来自对于世俗和功用二者的超越，以及对自然天地更深切的热爱和体贴。顺于万物而不是用于万物，将一切分别心完全抛弃，从生命的本真存在和面貌出发，这样才有可能真正做到以无用为

① 郭庆藩撰，王孝鱼点校：《庄子集释》，中华书局，2012年，第181页。
② 郭庆藩撰，王孝鱼点校：《庄子集释》，中华书局，2012年，第194页。
③ 李振纲：《梦与庄子哲学——释〈庄子〉中的五个"梦"境》，《哲学研究》2013年第3期。
④ 徐复观：《中国艺术精神》，华东师范大学出版社，2001年，第40页。

用，缓解物我之间的紧张关系，彻观无用之于生命的大用，使得精神世界得到安宁，真正于人世间颐养天性而不受侵害，全其生而葆其性。

“用”的执著在很大程度上与“形”相关，而“知”的分别则与“智”相近，这是庄子欲辩破的第二个迷执。是非生于小知，大知顺于大道。在《外物》篇中，庄子通过神龟用知尚不能免除死亡的事例揭示“知”的局限性：

> 宋元君夜半而梦，人被发窥阿门，曰：“予自宰路之渊，予为清江使河伯之所，渔者余且得予。”元君觉，使人占之，曰：“此神龟也。”……龟至，君再欲杀之，再欲活之……仲尼曰：“……知能七十二钻而无遗策，不能避刳肠之患。如是，则知有所困，神有所不及也。虽有至知，万人谋之。鱼不畏网而畏鹈鹕。去小知而大知明，去善而自善矣。婴儿生无石师而能言，与能言者处也。”[①]

成玄英疏曰：“小知取舍于心，大知无分别。遣间夺之情，故无分别，则大知光明也。”[②]小知之知即从自身的利害得失出发对世界进行理解，人为地对自然进行区分，破坏世界本来的联系，其所思所行皆出于利害二字。这便将世间万物置于智虑计较的枷锁之下，自然因此而蒙尘，性灵之全因而难以复现。而大知之知即顺物之自然，于一切事物上不起分别之心，抛却自身的私知和成见，从而与四时万物水乳交融，于天地间优游自适。故神龟运用小智想要逃脱网罭，免受人世的侵害，虽有“七十二卜而无遗策”的能力，但是依然不能逃避刳肠之患。神龟之祸恰如人生之惑：人穷其一生都在运用“私智”趋利避害，试图达到生命境界的安宁和无待，却依旧于此尘网之中苦苦挣扎，饱受折磨。其根源在于以“小知”观察世界，主体与世界的关系是从主体的单方面视角建构的，即以“我”观物，而非以“物”观物、以“道”观物，因此才生出种种分别。庄子认为这样的小知并不是真知，因为“以指喻指之非指，不若以非指喻指之非指也；以马喻马之非马，不若以非马喻马之非马也”[③]。这样的“知”只是偏见与成见，主体性利害关系的狭窄视域并不能解决整体世界的问题，以及关乎人的生命本身的逍遥问题。只有对小知进行超越，才能到达圣人之大知。

大知之知也并非浑然一团，它是建立在对小知的破除之上的。大知之大就在于能够去除小知的偏和私，不受物欲所累，顺于天而不顺于人，融于道而非随于智。这

① 郭庆藩撰，王孝鱼点校：《庄子集释》，中华书局，2012年，第934页。
② 郭庆藩撰，王孝鱼点校：《庄子集释》，中华书局，2012年，第936页。
③ 郭庆藩撰，王孝鱼点校：《庄子集释》，中华书局，2012年，第73页。

样的人能够“忘乎物，忘乎天，其名为忘己”①。至人之所以能够与天地万物为一体，因其能够不以偏狭小知来观察世界，故无所谓物与我的分别、人与我的对立。圣人之是非乃不以我之是非而为是非，而以天下之是非而为是非。这便是将自然而然、无是无非的精神贯注到世界全体之中，从而使人与人、人与物之间的分隔和障壁被打通，继而使自然生命的初始面目毕现，天地大化与我无隔。因此，大知可以超然物外，于现实而超世界，在顺应自然中抵达恬静淡然的生命境界。所以成玄英说“至人之处世，忘形神智虑，与枯木同其不华，将死，天均其寂泊任物，冥于造化”②。逍遥之人内有大知，他们不以己之私心和偏见夺天地之造化，顺自然而行，以天下心为心。他们除却巧智私欲之分别所带来的困扰，绝其私智而顺之以天下，和其光而同其尘，实现天人相合，洞彻世界本来的联系。并且，他们顺应这种联系，使得精神不必疲于应付，而是随物而化，从而得以真正回归无思无虑、淡泊物化的自由之境。

有用无用之辩、小知大知之别，关涉人与世界的关系，而对生死的探讨是关注视角的内切，即对生命归处的安置。通常认为，“生”意味着无限的创造性和可能性，“死”则代表着可能性的终止和虚无——人于此世的任何印迹都将消弭，对于这种深彻的虚无，人总是战战兢兢。正因如此，人往往是乐生而恶死的，诸多烦恼便来源于此。因此在《至乐》篇中，庄子通过髑髅之梦对死生大事进行了探讨：

> 庄子之楚，见空髑髅，髐然有形，撽以马捶，因而问之，曰：“夫子贪生失理而为此乎？将子有亡国之事，斧钺之诛而为此乎？将子有不善之行，愧遗父母妻子之丑而为此乎？”……髑髅见梦曰：“……子欲闻死之说乎？”……髑髅曰：“死，无君于上，无臣于下；亦无四时之事，从然以天地为春秋，虽南面王乐，不能过也。”庄子不信，曰：“吾使司命复生子形，为子骨肉肌肤……”髑髅深矉蹙颏曰：“吾安能弃南面王乐而复为人间之劳乎！”③

“斧钺之诛、不善之行、冻馁之患、春秋终至”是走向死亡的不同方式，其共同点在于对于死亡的来临都是被迫接受，未能坦然面对。死亡的话题过于沉重，沉重到人穷尽一生都在尝试逃离它的魔咒。而庄子运用寓言不是想要解决死亡本身，而是想要破除人们对死亡的恐惧和对生的执著。主体过于关注生命在此岸世界的存留，会使人们丧失对世界本身的关注，他要改变人们对待死亡的态度。在《至乐》篇中，他揭示

① 郭庆藩撰，王孝鱼点校：《庄子集释》，中华书局，2012年，第436页。
② 郭庆藩撰，王孝鱼点校：《庄子集释》，中华书局，2012年，第936页。
③ 郭庆藩撰，王孝鱼点校：《庄子集释》，中华书局，2012年，第619页。

出人之生的种种困境：战争、自然灾难、社会的刑罚环伺生命周围，生命并不总是美好的坦途，生人之累是如此难以承受，人脆弱得如同芦草。死亡则是另一番景象：生之种种束缚不复存在，人不再被囚禁在各种制度的牢笼之中，有寻常之人难以预想之乐。由此而言，生命未知的另一种存在形式似乎并不是难以忍受的，因为洞观此岸世界的种种不安和迷茫之后，"南面王乐"已经超越了人生所面临的戕害和压迫。在嘈杂的人生中，安静祥和是人的追求，因此死亡并不仅仅意味着生命的消逝与终结，也意味着精神世界的永远安息，意味着不必再遭受现实物累之苦。

那么，这里是否存在对于生的厌弃和对于死亡的欣悦呢？郭象就这个问题给予了回答："旧说云庄子乐死恶生，斯说谬矣，若然，何谓齐乎？所谓齐者，生时安生，死时乐死，生死之情既齐，则无为当生而忧死耳！"[①]庄子的本意并不是鼓励人们死亡，以死为乐便是错会"齐"的真正含义。他所强调的是将生死放在同一层面上：死并非生的对立面，而是生的自然延续，由生到死是自然之大化过程。万事万物皆是生而来、逝而归，这是自然的道理。从时空连续性的维度上而言，生死之间并没有非常明确的界限。生死是连续的，生的过程亦是走向死亡的过程，这是天命之自然，因而庄子说"生也死之徒，死也生之始，孰知其纪"[②]。郭象注曰"知变化之道者，不以死生为异"[③]。生命本就是一个开放的过程，生死并非截然分离、非此即彼的，而是相互涵括的。生者以生为生，死者以死为生，以生责死之虚无，以死责生之受累，都只是偏之一隅，并非圆见，都是从线性的单一视角来看待生命，并非真见。不若照之以天，即安时而处顺，生时安生，死时顺死，于生上不起执念，于死上不起惧念，这是庄子的解法。且"夫大块载我以形，劳我以生，佚我以老，息我以死"[④]，死只是个体生命在此岸的完结，而个体生命会以另一种方式存在于世间，于世界整体而言，这也代表着新的循环和生命的开始，薪尽而火传，死亡之中孕育着新生的希望。

庄子本人对于死亡亦是处之泰然的，"鼓盆而歌"很好地表现了他的死亡观。对于人的死亡，他自然不能视若无睹，但是他洞观了生命的本质，"察其始而本无生，非徒无生也而本无形，非徒无形也而本无气。杂乎芒芴之间。而有气，气变而有形，形变而有生，今又变而之死，是相与为春秋冬夏四时行也"[⑤]。生命产生之前本就无所有，生是气聚而形成，死亡只是回归，就像四季更替，水到渠成。既然生命来自气聚而归于气散，那么死亡一如长途苦旅之后的安歇，是无需恐惧亦无需烦忧的。痛苦和害

① 郭庆藩撰，王孝鱼点校：《庄子集释》，中华书局，2012年，第621页。
② 郭庆藩撰，王孝鱼点校：《庄子集释》，中华书局，2012年，第735页。
③ 郭庆藩撰，王孝鱼点校：《庄子集释》，中华书局，2012年，第735页。
④ 郭庆藩撰，王孝鱼点校：《庄子集释》，中华书局，2012年，第249页。
⑤ 郭庆藩撰，王孝鱼点校：《庄子集释》，中华书局，2012年，第616页。

怕并没有任何帮助，相反，过多的情感注入便是“遁天倍情，忘其所受，古者谓之遁天之刑”①。天之自然运行，人之生离死别，在时空的维度中都是自然变化的一部分，生则应时而生，死则应化而死。明白并洞彻这一真理，方能安乐不动于心，临之坦然而处之泰然。因而顺应生命之本来，尊重自然之道，视生死如平常事，则可于万千事物“无不将也，无不迎也，无不成也，无不毁也”②。顺天地之大化，将生死置于自然之理中，正视和直面生与死的交替，玄同死生，方能获得真正的觉醒和重生，消除对于生死的依待。

三、随顺梦觉，归于自然

栎社神树之梦破除了对“有用”的执著和追求，神龟之梦通过对小知的批判而明彻道通为一的真谛，髑髅之梦揭示出死亦具有“虽南面王乐，不能过也”的未知一面，破除生死忧惧则可达到死生一如的泰然之境。生死、大小、有无，皆是相互对待而生，世人总是厚此薄彼，知有不见无，乐生而恶死，著于小而失于大，这是第一层外物的迷执；既生出种种之观念，又对此成见产生深深的迷执，即执著于一偏之隅而未知真性，以一己之私意而窥度天地诸物，这便是第二层认知迷障。第一层的外物痴迷已然在上一一破除，以下将更破一层。《齐物论》有言：“今且有言于此，不知其与是类乎？其与是不类乎？类与不类，相与为类，则与彼无以异矣。”③在人皆有“成见是非”这一点上，众生无不然，庄子所言的“去是非”亦未能出乎此之外。真正抵达无是非之境是需要连是非之名都除去的，一如郭象所注“然则将大不类，莫若无心。既遣是非，又遣其遣，遣之又遣之，以至于无遣无不遣，而是非自去矣”④。欲遣去是非之累仍旧存有是非之念、分别之心，这样的遣去仍不是究竟处，真正之无是不生起是非和生死的分别，将一切差别对待之心尽去。此心与天地万物相通，我即是物，物即是我，此浑然之通自然无分别，无是非，无取舍，无梦觉。这是从有至无，从无至自然而无不然的过程，亦是从分物至齐物，由齐物而无不能尽其分的回环。

《齐物论》中的大圣梦以梦—觉—梦的吊诡启示着我们，人所赖以支撑的认知能力也并没有坚不可摧的可靠性。在这里，梦本身的哲学性内涵得以充分展开。

---

① 郭庆藩撰，王孝鱼点校：《庄子集释》，中华书局，2012年，第135页。

② 郭庆藩撰，王孝鱼点校：《庄子集释》，中华书局，2012年，第260页。

③ 郭庆藩撰，王孝鱼点校：《庄子集释》，中华书局，2012年，第85页。

④ 郭庆藩撰，王孝鱼点校：《庄子集释》，中华书局，2012年，第86页。

梦饮酒者，旦而哭泣；梦哭泣者，旦而田猎。方其梦也，不知其梦也。梦之中又占其梦焉，觉而后知其梦也。且有大觉而后知此其大梦也，而愚者自以为觉，窃窃然知之。君乎，牧乎，固哉！丘也，与女皆梦也；予谓女梦，亦梦也。是其言也，其名为吊诡。万世之后，而一遇大圣知其解者，是旦暮遇之也。①

丽姬未至王舍时，泣涕沾襟；享受富贵荣华后，又悔前之哭泣。丽姬对同一境遇产生截然相反态度的根本原因在于生命真性的迷失——以梦为觉，而自认为"觉"的人又陷入了智识的迷执中，从而造成了更大的困境。因而，于未得真知和未识真性的基础上产生的种种观念和贪着未免不是梦中之语。由此而言，举世未尝不全是在一场大梦之中，即使是庄子所说的梦觉之辩，也或许只是呓语。由此而来的无限向后否定必将导致无限倒退，必将通向不可知论，更妄谈庄子启世理想的践行。故这里立住万世之后的大圣，能够辨别梦觉，由其可知芸芸众生皆在迷茫困顿之梦中，其解众生之悬亦是随手自然而为，"旦暮遇之"示其并不以解众生之玄为意，这于他而言如同春风化雨般自然而然。

这里的梦有三层含义。其一是其本意，即无意识的知觉活动，梦中饮酒和梦中哭泣都可归于此；其二是沉醉于世俗功用的迷茫之意，即处于迷执中的主体因遗失了自然天性，其所行所为皆出于我私，所以有"与物相刃相靡，其行尽如驰，而莫之能止，不亦悲乎"②，与大觉相对待的大梦亦可归于此；其三是认识论意义上的迷失，梦觉、生死之辩又何尝不是一种迷执，以言止言就如同以暴制暴，只会陷入更大的理论困境中，所以庄子说"予谓女梦，亦梦也。是其言也，其名为吊诡"③。用言破言之后也需要重新审视"言"的局限性，需要以梦—觉—梦这种反复相陈的方式来展示知识根基的不确定性，以防由世俗之执陷入知识之执中去。这个迷执的去除依赖于梦觉之间的张力，即梦不独生而觉不独行。梦觉是相互对待的，只有通过"梦"才能通达"觉"之境域，只有通过"觉"才知"梦"中之事为虚幻。由梦到觉的通达既要破尘俗之利累，也要破智识之执累，由此二累故为梦，去此二累故为觉，觉的应然性向度是在梦的实然性基础上产生的。更深一层而言，这里所说的"大觉"也并非就是与梦相对待的那个觉，而是甚至不生起梦觉之辩的"大觉"。庄子对于老子的重要继承就在于"自然"二字，这关涉到全书精义。同样，这里所说的并不止于梦觉生死对待，而是从对待到无待，连生死和梦觉之念都不生起，只循顺于自然之大化。生时便自然而来，死时便坦

① 郭庆藩撰，王孝鱼点校：《庄子集释》，中华书局，2012年，第111页。

② 郭庆藩撰，王孝鱼点校：《庄子集释》，中华书局，2012年，第62页。

③ 郭庆藩撰，王孝鱼点校：《庄子集释》，中华书局，2012年，第111页。

然而往，梦时无累无忧，觉时无执无念，梦与觉之间的隔阂或由对待而生起的执著便消弭不见。这亦为现实人生的超脱提供了切近的路径，亦不离庄子之哲学并非完全抛弃现世的观点，因为这种观点的切近处在于于世而离世，在世间而出世间，它真正为现实之人通向庄子的自由之境插上了翱翔的双翼。

梦觉之辩通过在终点立“大圣”来解众生之大梦觉，但这个大圣究竟何时而生，以及其合理性从何而来，庄子皆语焉不详，“旦暮遇之”也是一个不甚严谨的回答。但是蝴蝶梦中的“物化”概念不仅可以解释生死之变，亦可说明梦觉之化，故而在这个意义上，蝴蝶梦是对大圣梦问题域的完美承继和衔接。

> 昔者庄周梦为胡蝶，栩栩然胡蝶也，自喻适志与！不知周也。俄然觉，则蘧蘧然周也。不知周之梦为胡蝶与，胡蝶之梦为周与？周与胡蝶，则必有分矣。此之谓物化。①

梦觉和物化是两个重要的问题。“觉——心智内在于实相或理体默然恍然之洞见或冥契，这个过程是内在发生的精神性剧变，而绝非语言文字之形式推理可以相应，是一种既自然而又神秘之体验。”②这里的“觉”是一种对于真理的洞彻或者实在性的理解，能够不拘于偏狭的视野，透过种种障碍而对整全的世界有着深彻的感知；梦则是一种迷惘或者不真实的状态，梦中之人一如现实之人，未能突破条条框框的束缚，在束缚和困惑中茫然无措，未触及现实悲剧性的根源。梦与“觉”之界限何在呢？这个终点并非固执一点，即梦与觉的界限并不是固定的教条，因为一切存在都是相待而言的。天地、阴阳、生死，凡此种种都是对待而生，只有在动态地否定梦觉的执著中，才能不断达到真正的梦觉。也就是说，觉的实现并不是现实性的存在，而是一种永远的潜存性。只要梦与知存在，觉的终点就永远不会到来，但这并不意味着我们无所知，因为“知不能在某一瞬间完成自身，成为自身之所是，然知又总是自身，因为它无间断的展开为自身之活动而不懈地向自身回转”③。觉永远是一种未完成，因而觉与梦的界限需要在不断的否定和推翻中实现自身，这是一个永恒的认识实现过程。梦与觉并非决然对立的，而是相对而言的。觉是破梦而来，无梦则无以言觉，无觉亦无以言梦。

另外一个重要的概念就是“物化”，成玄英将其疏曰“夫新新变化，物物迁流，譬彼

① 郭庆藩撰，王孝鱼点校：《庄子集释》，中华书局，2012年，第119页。
② 李可心、王沁凌：《〈庄子〉讲章》，北京大学出版社，2022年，第185页。
③ 李可心、王沁凌：《〈庄子〉讲章》，北京大学出版社，2022年，第192页。

穷指，方兹交臂”[1]。在注疏之中，物化被解释为万物之变化，方勇教授则将之解为“泯灭事物差别，彼我浑然同化的和谐境界”[2]。物我一同，差别的消泯成为物化之旨。但是我们还需要注意“分”之存在，即分与齐是在何种意义上完成统一的，“作为差异本身，就是道的产物，事物的差异性，甚至比事物的齐一性更为本源”[3]。庄子的齐并不是无条件的，而是建立在分的基础上的。实际上，庄子承认现实世界的万般差异性。直观而言，周便是周，蝶便是蝶，梦便是梦，觉便是觉，具体形态上的差别是不可以泯灭的，这也就是对世界存在的真实性和先在性的承认。齐并不是要破坏世界本身的实存性，而是要对主体运用知性之心进行偏狭认知的行为予以否定。知识所产生的种种分别是由现实性的知性之心和自私用智所产生，只有破除私智的干扰，将成见与分别之心转变成虚无洞彻、随物应物的自然状态，才有可能完成更高意义上的齐同。

庄周梦蝶与蝶梦庄周实际上只是一个物象的代表，蝶可以变成其他生灵之物，而周亦可成为其他主体，其深层意义在于万物之间的相互融通，即泯灭了物物之间的界限，不作任何思虑上的计较与分别。徐复观认为，“物化后的孤立的知觉，把自己与对象，都从时间与空间中切断了，自己与对象，自然冥合而成为主客合一”[4]。这样一来，周与蝶、主体与对象之间的任何隔膜都将不复存在，对置性的思维方式将完全消失，对于任意一边执著的偏见也将不复存在。主体成为自然之气流行变化和天地整体的一部分，人与世界的相融得到了真正意义上的自由逍遥。感悟到道通为一的真谛，亦如扶摇直上九万里的鲲鹏，逍遥自在于人世，得到整全意义上的精神的绝对自由，这也就是齐物我。

李振纲先生认为，庄周梦蝶这个寓言“以怪诞吊诡的方式，穿透生命世界深层的‘物化’本质，感悟‘道通为一’的生命本相，把人们从现实的物我对立、‘心’为‘形’役的焦虑痛苦中拯救出来，还原其本真生命体验和精神自由”[5]。齐物之论本质上是要揭示：世间生命处于自然生化之中，生死是一个循环周期的完成，物与我从道的高度上而言是齐一的，皆为一气之流行。分物我为彼此是非只会使生命疲于应物，处于无尽的痛苦和劳累之中，这是沉醉其梦而不觉醒的状态。自道而言，万物齐一，并无分别，明此之旨，方能与天地精神往来，达于天人为一之境。

---

① 郭庆藩撰，王孝鱼点校：《庄子集释》，中华书局，2012 年，第 121 页。
② 方勇译注：《庄子》，中华书局，2010 年，第 43 页。
③ 李可心、王沁凌：《〈庄子〉讲章》，北京大学出版社，2022 年，第 195 页。
④ 徐复观：《游心太玄》，北京大学出版社，2009 年，第 60 页。
⑤ 李振纲：《梦与庄子哲学——释〈庄子〉中的五个“梦”境》，《哲学研究》2013 年第 3 期。

人生而自由，却无时无刻不处于枷锁之中，种种规则和牢笼荫翳了生命本来的面目。庄子通过栎社神树之梦、髑髅之梦、神龟之梦、大圣梦、蝴蝶梦五个篇章，前后相继、由浅入深地破除了功利性的"有用"、利害性的"智识"、贪着性的"好生"，以及可归而为一说的"物我相待"等对于生命的羁绊，借梦以破迷梦般困顿的人生，从而达到无梦无忧的自由状态，这是庄子经由梦而实现的自"有待"走向"无待"的思想路径。在《大宗师》中，无梦无待之人的精神状态是"其寝不梦，其觉无忧，其食不甘，其息深深"①，即已达到圆满之境的人，于事事物物上不起任何芜杂之心，所思所为皆顺其自然，无私欲之侵扰。故而成玄英疏曰"梦者，情意妄想也。而真人无情虑，绝思想，故虽寝寐，寂泊而不梦，以致觉悟，常适而无忧也"②，即梦之产生是由于私智作祟、欲望生发。而圣人之无梦正是因为其能够淡去所有的念头，无思无虑、顺天而行，精神境界与天地相交，虚室生白、吉祥止止，主体和世界之间的隔膜和障壁被完全消除，因而其生命对于世界之整体有着深彻的体贴。人与世界和解了，消融并进入世界之中，一切冲突和繁杂的考虑都不能烦扰精神分毫，自然也就能够无梦。精神由此而进入了无何有之乡，生命的自由性和自在性在此实现了无限性的延展，无所依而顺万物，无所待而归自然，生命至此回归到原初性的逍遥故乡。

四、结论

自由和安宁是庄子的永恒追求，亦是中国哲学的向往；以梦为媒、破梦归觉是庄子的梦呓，亦是穿透荫翳人生的箴言。循于此道而孜孜以求，以至于和谐安宁的自由之境，将于此生无梦无忧，无待自由。

Between Being and Non-being
—An Analysis of the Meaning of Dream in Zhuangzi's Philosophy

Dong Haitao　Zhang Peigao

Abstract: Dream is an important concept in Zhuangzi's philosophy, which has a considerable amount of space in whole articles, and there is an internal consistency between the misty dream world and Zhuangzi's philosophical language, so it is feasible

① 郭庆藩撰，王孝鱼点校：《庄子集释》，中华书局，2012年，第135页。
② 郭庆藩撰，王孝鱼点校：《庄子集释》，中华书局，2012年，第135页。

to take the dream as the point of entry into the world of his thought. There are two main connotations of dream in Zhuangzi's text, one of which is to use dream to break down the obstinacy of usefulness, the disadvantage of knowledge, the worry of death, and the burden of the difference between self and objects, so as to dissolve the difficulties of the reality. The second is that the dream itself has a profound epistemological connotation, dream and consciousness are relative, while dreamlessness is a deeper level of freedom, and this kind of being in the human world and getting away with it is Zhuangzi's unique way of thinking to relieve the life predicament.

Key words: dream being and non-being relation perspective free and unfettered

松树崇拜与早期道教的长生成仙信仰

高铭敏*

摘　要:道教作为中国传统文化的重要组成部分,不仅包含着丰富的哲学思想和宗教信仰,还涵盖了深厚的伦理观念。与此同时,松树作为中国文化中的重要象征之一,承载着长寿、坚韧的精神内涵。本文旨在探讨早期道教中对松树崇拜的背后所反映的道教伦理观念,即一种长生不死与得道飞升的成仙信仰,借松树成精、松树飞升的故事,以及服食松脂以延年益寿的方式,传达一种道教独有的"向死而生"的再生方式。

关键词:松树崇拜　道教伦理　长生　得道成仙

松树,其叶、其脂、其膏都可入药以延年益寿。松树因其常绿的针叶而具有坚韧的生命力,常被用于制作棺材和墓穴,而古人的棺材墓穴不仅是尸体的存放处,更联结着死后世界,这表现出古人对于灵魂不死的信念。早期道教便借松树这一自然载体传达其对长生不老、得道成仙的追求,并将松树想象成一条通往道士成仙之路的通道。事实上,松树本身只是天地间的一种植物,平平无奇。但这一植物又"奇"于长生,对松树的崇拜让隐含在早期道教中对于"得道成仙"的执著,以"养生""贵生"的名义得以释放,呈现出早期道教对生之向往、对死而不忧的生命伦理观。因此,所谓"得道成仙",不是指任何关于得道成仙的知识或概念,而是指一种"向死而生"的再生方

* 高铭敏,四川大学道教与宗教文化研究所硕士研究生,主要从事道教伦理研究。

式。它进而展现出对人这一主体本身存在价值的高度重视。

一、道教与松树

关于道教和松树相关的问题，目前学界探讨得不多。主要有荷兰学者高延的专著《中国的宗教系统及其古代形式、变迁、历史及现状》，吴光正的论文《从松树精故事系统看道教对文学创作的影响》，以及王珺平的论文《松、菊崇拜与魏晋士人心态——从陶渊明谈开去》。

高延在《中国的宗教系统及其古代形式、变迁、历史及现状》一书中，将松树纳入“无定形的植物精灵”一节来进行探讨。高延认为，植物是“无形神性实体的一类。此种神性实体是经由宇宙之中的阳气注入植物之中的，它们不仅构成了植物的生命和精气，而且构成了其灵气。只要灵气足够充足，吃下这些植物就可以治疗疾病、强壮体魄，也就是说能够激发患者的精气神或者生命力，从而在相当程度上或者是无限期地延长他们的生命”①。他还认为，松树和道教长生成仙的信仰之所以能够关联起来，正是因为人与天地是联结的，人是大宇宙中的一部分，人的灵魂也因此分有了自然灵魂的一部分。因此，“如果一个人可以从其生活的环境中不断吸收神力，便可以免于死亡。这一过程可以使他长生不老，使他真正地与天地同寿。植物常常表现出能够向患者注入新的生命力，人们便认为植物具有神或灵，植物自然也就成为不老药”②。而松树就是这样一种植物。因此早期道教徒认为，通过服食松脂、松膏等方式可以延年益寿，并最终长生成仙。

关于松树成精故事在道教故事中的考据，吴光正在《从松树精故事系统看道教对文学创作的影响》一文中提出，现存最早记载松树精故事的书是王巩的《闻见近录》：

> 岳州唐白鹤寺前有古松，合数围，平顶如龙形。吕洞宾昔尝憩其下，有一翁自松顶而下，前揖甚敬，洞宾诘之，曰：“我，树神也。”洞宾曰：“邪耶？正耶？”翁曰：“若其邪也，安得知真人哉？”言讫，升松而去。洞宾即题于寺壁，曰：“独自行时独自坐，无限世人不识我。惟有千年老树精，分明知是神仙过。”③

此后，“到第一部岳阳志书——范致明的《岳阳风土记》中，便已有吕洞宾度松树

① 高延：《中国的宗教系统及其古代形式、变迁、历史及现状》，林艾岑译，花城出版社，2018年，第1183页。
② 高延：《中国的宗教系统及其古代形式、变迁、历史及现状》，林艾岑译，花城出版社，2018年，第1183页。
③ 王巩撰，张其凡、张睿点校：《清虚杂著三编》，中华书局，2017年，第235页。

精之事的记载"[①]。吴光正认为:"相关的记载还分别见于张舜民《画墁集》、范致明《岳阳风土记》、叶梦得《岩下放言》。从这三则记载可知,李观知贺州时就从道士处得知松树精故事,知岳州时特意相访,确证其事后,便构亭于松前,建碑于岳阳楼上,这对松树精故事的传播无疑起了极大的推动作用。"[②]于是,"经李观之努力,松树精故事在南宋社会广为传播。赵与时《宾退录》引萧东夫《吕公洞诗》和洪迈的《夷坚三志补》卷第四'岳阳稚松'条都有详细的记载"[③]。

综合二者对松树的研究来看,高延主要从松树本身的特质这一角度切入,尤其重视松树在药性上的养生功效。也就是说,高延主要想讨论的是所谓"中国治疗技术",这种中国古代特有的技术即为"长生不老之术与治疗疾病的技艺"的结合。而松树作为一种"无定形的植物精灵",蕴含着天地之精华。古代中国人,尤其是早期道教,利用这种"长生不老之术与治疗疾病的技艺"的结合来实现长生不老、得道成仙。

吴光正的研究侧重于考察松树精故事本身和道教之间的关联,无关松树的药性与特质。他看重的是道教为了宣扬其教理、扩大其影响力所做的事。聚焦于这种故事改编的举措,可以深入理解道教思想转型时期内丹道教的社会伦理和生命伦理。他认为,其中的生命伦理因与文人人生无常的感受、遁世愤世的落魄情怀相契合,从而激发了文人的创作冲动,旨在宣扬道教生命伦理的叙事结构、自然意象和历史意象。这成为文人表达人生体验的符码,也为这一故事的不断改编及其在艺术上的成功提供了资源保障。

王珺平的《松、菊崇拜与魏晋士人心态——从陶渊明谈开去》一文并未涉及道教的内容,而是"旨在从一种显态的生活方式(样态)入手,揭示那些奇怪行为背后所潜隐的古代文化的复杂意蕴,并尝试将一种新视角(把草木看作有意味的符号)导入文化学研究"。作者认为,魏晋士人对松柏的崇拜主要有三种体现:一是服食延年;二是品藻人物以自砺;三是种植于墓、舍,以寄玄思。

这种心态与当时"篡、乱频仍,世道险恶的环境有关,魏晋士人处于紧张的心理冲突之间,将生命付与断井颓园,付与松柏杨柳菊,在貌似优游的岁月里挨过每一刻苦恼,以释放不可承受之轻,进而将焦虑宣泄在无聊中。因此,松菊在后世士大夫那里也往往成为一种象征,一种强烈的想要解脱心理困顿的象征"[④]。

笔者认为,三位学者的研究各有千秋。其中,高延和吴光正都借助"松树成精"的

---

① 吴光正:《从松树精故事系统看道教对文学创作的影响》,《武汉大学学报(人文科学版)》2004年第3期。
② 吴光正:《从松树精故事系统看道教对文学创作的影响》,《武汉大学学报(人文科学版)》2004年第3期。
③ 吴光正:《从松树精故事系统看道教对文学创作的影响》,《武汉大学学报(人文科学版)》2004年第3期。
④ 李珺平:《松、菊崇拜与魏晋士人心态——从陶渊明谈开去》,《湛江师范学院学报》1998年第1期。

故事考察了早期道教的长生成仙信仰。因此,本文将以此为基础,试论证早期道教对于“松树”的崇拜反映出其“生之向往,死而不忧”的生命伦理观。这样一种积极的生命伦理观以“贵身”的养生观念为指导,以“得道成仙”的长生信仰为旨归。

二、松树的传说

自古以来,中国便有一种观念,认为天地由阴、阳二气构成,“万物负阴而抱阳,冲气以为和”[①]。阳气主导万物的生发,“天地相合,以降甘露,民莫之令而自均”[②]。无论是人还是动物,抑或植物,都只有从天地间汲取能量才能生长。但是,其生命力终有一天将由盛而衰。生老病死,这是天地间再正常不过的规律。鉴于生命的有限和无常,人们格外珍惜生命,常常将那些已存活成百上千年甚至上万年的古树、大树认作树精。例如《云仙杂记》中提及一则松树成精的故事,“茅山有野人,见一使者,异服,牵一白羊。野人问居何地,曰偃盖山。随至古松下而没,松形果如偃盖。意使者乃松树精,羊乃茯苓耳”[③]。此外,《历世真仙体道通鉴》也记载了一段侯道华由松树飞升的故事:

侯道华自言峨嵋山来,泊于河中永乐县道静院,若风狂人,众道士皆轻易之。又云陕州茵城人,诣中条山道靖观,事周尊师名悟仙。居常如风狂人,凡观舍有所损,自持斤补完之。登危立险,人所难及处,皆到。又为事贱劣,有客来,不问道俗凡庶,悉为担水汲汤,擢足洗衣。又洵捆灌园,辛苦备历,以资于众。众益贱之,驱叱甚于仆隶,而道华愈忻然。又常好子史,手不释卷,一览必诵之于口。众或问之要此何为,答曰:天上无愚懵仙人。众咸笑之。经十余年,殿梁上或有神光,人每见之。相传云:唐开元中,有刘天师尝炼丹成,试犬犬死,而人不敢服,藏之于殿梁。人皆谓妄言矣《混元宝绿》云:按《宣室志》云:唐文宗时道士邓太玄炼丹成,留一合藏于院内。因殿宇损坏,道华葺之,登梁陷中得小金合,有丹,遂吞之,掷下其合。吞丹讫,遽无变动。忽一日入市,醉归。其观素有松树偃盖,甚为胜景。道华乃着木履上树,悉斫去松枝。群道士屡止之,不可。但斫曰:他日孩我上升处。众人以为风狂,怒之且甚。适永乐县令至,其吏人观其斫松,深讶之。众具白于官,官于是责辱之,道华亦圻然。后七日,道华晨起,沐浴妆饰,焚香曰:

① 陈鼓应:《老子今注今译》,中华书局,2020年,第214页。

② 陈鼓应:《老子今注今译》,中华书局,2020年,第178页。

③ 张元济主编:《松精成使者・云仙杂记》卷四,《四部丛刊续编》子部,商务印书馆,1934年,第84页。

我当有仙使来相迎。但望空拜不已，众犹未信。须臾，人言见观前松上有云鹤盘旋，萧笙响亮。道华忽飞在松顶坐，久之，众甚惊忙，永乐县官道俗，奔驰瞻礼。其责辱道华县官扣磕流血，道华挥手以谢。道华云：我受玉皇诏，授仙台郎，知上清宫善信院，今去矣。复留一诗云：帖裹大还丹，多年色不移。前宵谩喫却，今日碧空飞。惭愧深珍重，珍重邓天师。昔年炼得药，留着与内芝。吾师知此术，速炼莫迟为。三清相对侍，大罗的有期。俄顷，蕾买中音乐声，幢婶隐隐，凌空而去。时唐宣宗大中五年也一云辞众云：去年七月一日，蒙老君遣真人韩众降，赐姓李名内芝，配住上清善信院。乃脱履松下，上古松之表，脱衣挂松上而升。郑云叟题中条道靖观诗云：松顶留衣上玉霄，永传圣迹化中条。不知揖祸诸仙否，岂累如今隔两宵。节度使郑公光按视，以事闻奏，诏赐绢五百匹，并赐御衣修饰殿廊，赐名升仙院。①

侯道华是一个道士，他有一个很大的优点，即不因他人社会身份的不同而差异对待他们，对众人都是平等的态度。做道士时，他的同门都看不起他，甚至轻贱于他，但他不改其乐。这种精神十分可贵，他的得道飞升成仙也离不开其优秀的个人品质。东汉后期，悠久的神树崇拜历史、民间的巫术、多民族不同的宗教思想与传入的黄老之学相互交织，在成都平原形成了道教。早期道教便借松树这一自然载体传达其对长生不老、得道成仙的追求，从而将松树想象成一条通往道士成仙之路的通道。而且松树自身有着很长的生命，所以成为长生的代表。汉代的一部书中记载："东都龙兴观有古松树……相传云已经千年，常有白鹤飞止其间。"②松树与鹤被联系起来是很自然的，因为长久以来，两者都被视为长寿的象征。松树与鹤都具有长寿的特征，而松树更因其常绿的针叶而显示出坚韧的生命力。因此，松树在古人心目中就成了距离他们生活最近的神灵，受到他们的崇拜。

三、松树崇拜与道教长生成仙

松柏的常绿针叶能够抵御严寒，并且松柏多脂，质地硬实，耐腐性相当突出，即使入土多年也不会朽烂，具有强大的生命力。葛洪曾言："云千岁松树，四边披越，上杪

① 赵道一：《历世真仙体道通鉴》卷三十六，《道藏》第5册，文物出版社、上海书店出版社、天津古籍出版社，1998年，第307页。

② 葛洪撰，陈梦雷、蒋廷锡编著：《西京杂记·松部纪事》，《钦定古今图书集成·博物汇编·草木典》第二百一卷，中华书局，1726年，第29页。

不长，望而视之，有如偃盖，其中有物，或如青牛，或如青羊，或如青犬，或如青人，皆寿万岁。”[①]庄子曾说：“受命于地，唯松柏独也正，在冬夏青青。”[②]因此，松树常被选为制作棺材和墓穴的材料，而古人的棺材和墓穴不仅是尸体的存放处，更联结着死后世界，这体现出古人对于灵魂不死的信念。

事实上，在所有的药物神话和植物崇拜中，具有灵性的植物占据着主导地位。因为古人相信将灵性植物与其他有灵性的东西一同服用，可以长寿甚至长生。例如松脂常常被认为能够向病重之人注入生命力。商汤时期，一位叫仇生的仙人将自己的长寿归因于松脂，“汤时为木正，三十余年而更壮，皆知其奇人也，咸共师奉之。常食松脂”[③]。葛洪在《抱朴子内篇·仙药》中讲述了这样一个故事：

> 余又闻上党有赵瞿者，病癞历年，众治之不愈，垂死。或云不如及活流弃之，后子孙转相注易，其家乃赍粮将之，送置山穴中。瞿在穴中，自怨不幸，昼夜悲叹，涕泣经月。有仙人行经过穴，见而哀之，具问讯之。瞿知其异人，乃叩头自陈乞哀，于是仙人以一囊药赐之，教其服法。瞿服之百许日，疮都愈，颜色丰悦，肌肤玉泽。仙人又过视之，瞿谢受更生活之恩，乞丐其方。仙人告之曰，此是松脂耳，此山中更多此物，汝炼之服，可以长生不死。瞿乃归家，家人初谓之鬼也，甚惊愕。瞿遂长服松脂，身体转轻，气力百倍，登危越险，终日不极，年百七十岁，齿不堕，发不白。夜卧，忽见屋间有光大如镜者，以问左右，皆云不见，久而渐大，一室尽明如昼日。又夜见面上有采女二人，长二三寸，面体皆具，但为小耳，游戏其口鼻之间，如是且一年，此女渐长大，出在其侧。又常闻琴瑟之音，欣然独笑，在人间三百许年，色如小童，乃入抱犊山去，必地仙也。于时闻瞿服松脂如此，于是竞服。其多役力者，乃车运驴负，积之盈室，服之远者，不过一月，未觉大有益辄止，有志者难得如是也。[④]

早期道教为了追求长生不老，尝试了各种方式，例如服食松脂。他们很早便通过服食松脂来将松树的精气吸收到自己的体内，他们视松脂为灵物的凝聚，认为其相当于人和动物的血液。他们称这类物质为脂、膏或胶。这类物质有很多种，功能和品质也各不相同，但只有松脂至今仍在药典中占有重要地位。例如葛洪认为“千年松脂化

① 葛洪撰，王明校释：《抱朴子内篇校释》，中华书局，2021年，第48页。
② 陈鼓应：《庄子今注今译》，商务印书馆，2007年，第172页。
③ 刘向撰，王叔岷校笺：《列仙传校笺》，中华书局，2007年，第36页。
④ 葛洪撰，王明校释：《抱朴子内篇校释》，中华书局，2021年，第217页。

为琥珀”[①]，即指松脂在土中埋了相当长一段时间后才会化为琥珀。在《抱朴子内篇·对俗》中可以看到对这一观念的具体描述：

> 千岁之栝木，其下根如坐人。长七寸，刻之有血，以血涂足下，可以步行水上不没……又松树枝三千岁者，其皮中有聚脂，状如龙形，名曰飞节芝，大者重十斤，末服之，尽十斤，得五百岁也。[②]

此外，偓佺曾充分利用松子延年益寿的功能：“偓佺者，槐山采药父也。好食松实，形体生毛，长七寸，两目更方，能飞行，逐走马。以松子遗尧，尧不暇服。松者，简松也。时受服者，皆三百岁。”[③]关于汉代一位长生不老的仙人的故事记载：“犊子者，邺人也，少在黑山采松子茯苓，饵而服之，且数百年。时壮时老，时好时丑，时人乃知其仙人也。”[④]松柏的叶子亦可赋予人生命力，使人长寿甚至长生不老。葛洪的论述是对这一作用的有力证明：

> 汉成帝时，猎者于终南山中，见一人无衣服，身生黑毛，猎人见之，欲逐取之，而其人踰坑越谷，有如飞腾，不可逮及。于是乃密伺候其所在，合围得之，定是妇人。问之，言：“我本是秦之宫人也，闻关东贼至，秦王出降，宫室烧燔，惊走入山，饥无所食，垂饿死，有一老翁教我食松叶松实，当时苦涩，后稍便之，遂使不饥不渴，冬不寒，夏不热。”计此女定是秦王子婴宫人，至成帝之世，二百许岁，乃将归，以谷食之，初闻谷臭呕吐，累日乃安。如是二年许，身毛乃脱落，转老而死。向使不为人所得，便成仙人矣。[⑤]

因此，早期道教以长生成仙为目标，其关注点在于如何发现以及怎样使用灵性植物。高延提出，在这种背景下，“获得长生不老之术与治病行医自然地合二为一了。这种合一的内容便被称为‘养生’”[⑥]。养生的关键在于存神培精，“尤其是补养五脏之神，其中又以补养处于核心地位的心脏之神为重。用于此目的的植物成品被称为灵药，即‘含有灵的药物’；亦被称为神药，即‘含有神的物质的药’；还被称为仙药，意

① 刘向撰，王叔岷校笺：《列仙传校笺》，中华书局，2007年，第36页。
② 葛洪撰，王明校释：《抱朴子内篇校释》，中华书局，2021年，第49页。
③ 干宝撰，马银琴译注：《搜神记》，中华书局，2012年，第4页。
④ 刘向撰，王叔岷校：《列仙传校笺》，中华书局，2007年，第109页。
⑤ 葛洪撰，王明校释：《抱朴子内篇校释》，中华书局，2021年，第218页。
⑥ 高延：《中国的宗教系统及其古代形式、变迁、历史及现状》，林艾岑译，花城出版社，2018年，第1184页。

即‘神仙或长生不老之人使用的药’”[①]。《汉武帝内传》中有一段汉武帝向西王母求仙问道的传奇故事，当中写道：“药有松柏之膏，服之可以延年。”[②]《列仙传》里也写道：“松者，简松也。时人受服者，皆至二三百岁焉。”[③]可见当时的百姓甚至帝王，都对“服松柏之膏可以延年”的说法深信不疑，松树因此成为古时追求长生成仙者的养生之物。另外，陶弘景在《名医别录》中也提及了松叶的神奇功效：

> 松叶，（气味）苦，温，无毒。（主治）风湿疮，生毛发，安五脏，守中，不饥延年。[④]

《河上公章句·体道第一》也开宗明义地表达了早期道教对生命以及养生的态度：

> 道可道，谓经术政教之道也；非常道，非自然长生之道也。常道当以无为养神，无事安民，含光藏晖，灭迹匿端，不可称道。名可名，谓富贵尊荣，高世之名也；非常名，非自然常在之名也。常名当如婴儿之未言，鸡子之未分，明珠在蚌中，美玉处石间，内虽昭昭，外如愚顽。[⑤]

余平教授曾说，这种道教的“养生理念实际上奠基在对死亡和永生的活生生直观上，即养生乃是对死亡的‘直接克服’和对长生的直接赢获”[⑥]。所谓“养生乃是‘养生之道’：养生，归属于道，见证着道。所以，由神仙信仰所统摄的道教养生，实际上意味着全部生命的本真意义，意味着‘道’本身的开启，意味着信仰，对道本身的信仰”[⑦]。因此，余平教授十分赞同王卡对于《老子道德经河上公章句》的看法，“作为从道家到道教的‘过渡’，《河上公章句》在道教史上的价值和意义就不仅在于它‘直接以黄老养生思想来解释《老子》’，更在于它凭借着《老子》之根基，第一次突出和系统地在‘道’本身的深度上打开了这种‘养生思想’的信仰之维，让隐含在道家之道中的信仰之流

① 高延：《中国的宗教系统及其古代形式、变迁、历史及现状》，林艾岑译，花城出版社，2018 年，第 1184 页。
② 上海古籍出版社编：《汉武帝内传》，载《汉魏六朝笔记小说大观》，上海古籍出版社，1999 年，第 145 页。
③ 刘向撰，王叔岷校：《列仙传校笺》，中华书局，2007 年，第 11 页。
④ 陶弘景集，尚志钧辑校：《名医别录》，人民卫生出版社，1986 年，第 18 页。
⑤ 王卡点校：《老子道德经河上公章句》，中华书局，1993 年，第 1 页。
⑥ 余平：《思想的虔诚》，四川大学出版社，2018 年，第 135 页。
⑦ 余平：《思想的虔诚》，四川大学出版社，2018 年，第 135 页。

以'道本身'的名义不可遏止地释放了出来"[①]。

所谓长生不老、得道成仙，从字面上来分析，"仙"字古代写作"僊"，由"人"和"䙴"组成，《说文解字》谓"僊，长生僊去，从人，从䙴"[②]。"仙"字上古写作"仚"，合者，"人在山上，从人，从山"[③]，即人在山上为仙，人遗世飞升为仙。段玉裁《说文解字注》引《释名》曰："老而不死曰仙。仙，遷也。遷入山也，故其制字人旁作山也。"[④]

由此，我们可以在松树成精以及侯道华松树飞升的故事中，理解"长生不老、得道成仙"背后更为深刻的伦理意蕴：一是生与仙的关系，正所谓"道生一，一生二，二生三，三生万物"[⑤]，飞升向于不朽而为仙。"不朽"当然已不属于被引出的"万物"，它恰恰是从尘世万物"䙴"出，继而归属于"仙"之境界的；二是"成"仙，这是一个指向性动作，"成"是修饰语，"仙"为主体，仙字"从人"是说仙之为仙本质上也是由人而成的，没有人之存在，仙之超越也就无从谈起。在"道"的运动中，阴与阳、生与死、刚与柔都不是绝对对立的，"道"运动在万物的每一次呼吸中，刚与柔在"方生方死方死方生"的过程中转化。也许只有在这种不可说的"道"中，才能领悟老子所言的"人之生也柔弱，其死也坚强；草木之生也柔脆，其死也枯槁。故坚强者死之徒，柔弱者生之徒"[⑥]。

四、结语

松树本身只是天地间的一种植物，平平无奇。然而，这一植物又"奇"于长生、"奇"于成精，这是因为松树背后的意蕴在早期道教的成仙信仰中得到了彰显，对松树的崇拜让隐含其中的对于"得道成仙"的执著以"养生""贵生"的名义得到了释放，进而展现出早期道教对生之向往、对死而不忧的生命伦理观。正如舍勒所言："死，这一最严酷、最显而易见的实在性，对每个人来说都是鲜明可解的，天天都最可靠、最清晰地为人所目睹。在分析显微镜和'科学'那里，死转变为大量相互转化的微不足道的东西！"[⑦]现代人终日奔波忙碌，汲汲为名为利，仿佛生命之本真已不复重要，也忘记了人人头上随时悬着一把死亡的"达摩克利斯之剑"。

---

① 余平：《思想的虔诚》，四川大学出版社，2018年，第135页。

② 许慎：《说文解字》，中华书局，1963年，第167页。

③ 许慎：《说文解字》，中华书局，1963年，第167页。

④ 许慎撰，段玉裁注：《说文解字注》，上海古籍出版社，1981年，第383页。

⑤ 陈鼓应：《老子今注今译》，中华书局，2020年，第214页。

⑥ 陈鼓应：《老子今注今译》，中华书局，2020年，第316页。

⑦ 舍勒：《舍勒选集》，上海三联书店，1999年，第994页。

Pine Tree Worship and Early Taoist Belief in Immortality

Gao Mingmin

Abstract: As an important part of Chinese traditional culture, Taoism not only contains rich philosophical thoughts and religious beliefs, but also covers profound ethical concepts. At the same time, pine tree, as one of the important symbols of Chinese culture, carries the spiritual connotation of longevity and tenacity. The purpose of this paper is to explore the Taoist ethical concept reflected behind the worship of pine tree in early Taoism, that is, the belief of immortality and the ascension of the Tao. Through the story of pine tree becoming essence and the ascension of pine tree and the way of taking pine resin to prolong life, a unique Taoist way of "living to the dead" is conveyed.

Key words: the worship of pine tree　Taoist ethics　eternal life　Taoist immortal

志怪小说中以“生死”为中心的鬼怪叙事结构分析*

刘子睿**

摘　要:“鬼”作为与“死亡”高度关联的事物具有探讨生死观的重要价值,而志怪小说中的鬼怪叙事是“鬼”的材料来源。本文使用列维-斯特劳斯的结构主义方法,以“生死”为定位中心对志怪小说中的鬼怪叙事进行历时与共时的结构分析,并以历时结构与共时结构相结合形成的整体结构阐释鬼怪叙事中的生死观。在历时分析方面,“鬼/人/神”三者互动形成的故事轴线构成了鬼怪叙事的历时结构;在共时分析方面,“鬼/人/神”三者分别与叙事中的其他叙事要素相互关联,从而形成三种范畴。最后历时与共时结合形成的整体结构阐释了叙事中存在的以“生死”为定位的世界观:世界万物通过人对生命的感受被分为“带来死亡的事物/日常事物/带来生命的事物”三种范畴,而这三种范畴在鬼怪叙事中则通过“鬼/人/神”三种角色表达出来。

关键词:鬼怪叙事　志怪小说　生死观　结构主义

---

* 本文系国家社会科学基金一般项目“生命道教与中国传统文化时空观内核的重构研究”(项目编号:21BZJ047)的阶段性研究成果。

** 刘子睿,云南民族大学社会学院硕士研究生,主要从事文学人类学研究。

一、绪论

在我国,“鬼”指的是人死后所化的事物,正如《大辞海》对其的定义:“迷信者以为人死后精灵不灭,称之为鬼。”①它不仅由死亡产生,还是一种会给人带来死亡的可怕之物。总之“鬼”与“死亡”有着高度关联性,体现着人们对于死亡的认识。在人类社会中,生命与死亡是一项永恒的命题,全人类围绕着这一命题展开了无限的思索。正如人类学家利奇(Edmund Leach)所说:“不论什么地方的宗教,都是以最初的生与死的二律背反来吸引人的。”②显然在利奇看来,生死问题在人类世界中占据着重要位置。中国关于鬼的观念严格来说虽然不能称为宗教,但它也是人们为了回答生死问题而创造的事物,其存在本身就体现着人们对于生死问题的思索。可见生死问题对于人类来说是如此重要,以至于产生了鬼这样的事物。对于鬼的探讨也就是对人们生死认识的探寻,因此具有重要价值。对于鬼,本文将采用志怪小说中的“鬼怪叙事”作为材料。“鬼怪叙事”指的是民间围绕“鬼”这一观念而创作的叙事,它也可被通俗地称为“鬼故事”“鬼话”。在中国,人们常常以鬼怪叙事的形式来对鬼进行记载,这些叙事自然蕴含着人们对于生死问题的认识,“生与死”也因此成为鬼怪叙事中的关键要素。这些叙事多收录于志怪小说中,如《太平广记》《夷坚志》《聊斋志异》《醉茶志怪》《阅微草堂笔记》等。为了探讨人们对于生死问题的认识,本文将以“生死”为中心阐释志怪小说中鬼怪叙事所蕴含的意义。

在方法上,本文将使用克洛德·列维-斯特劳斯(Claude Lévi-Strauss)的结构主义方法。鬼怪叙事蕴含着人们对于生死问题的认识,这种认识是人们通过长期思索而形成的一种观念,即生死观。列维-斯特劳斯的结构主义正是一种可被用于探寻观念的方法。列维-斯特劳斯的主要研究对象是神话,他将源于同一文化背景下的各种神话并置,通过神话内部要素间的相互联系、神话与其他神话的联系来构建一个更大的结构整体,这些神话“遍布于一个复合结构的各个不同层面”③。而以这样的方法得出的结构整体或复合结构指的就是世界观,不同的神话不过是在这个世界观的不同时空下发生的事件。正如民俗学家阿兰·邓迪斯(Alan Dundes)所说:“如果神话和其他民俗文类确实包含着世界观和价值观的要旨,它们就成了理解认识体系的宝

---

① 夏征农、陈至立主编:《大辞海》(语词卷 2),上海辞书出版社,2012 年,第 1215 页。

② 埃德蒙·利奇:《作为神话的〈创世记〉》,载叶舒宪编选:《结构主义神话学》,陕西师范大学出版总社有限公司,2011 年,第 95 页。

③ 克洛德·列维-斯特劳斯:《神话学:生食和熟食》,周昌忠译,中国人民大学出版社,2007 年,第 21 页。

贵材料，无论它们具有普遍意义还是只限于某种文化。列维-斯特劳斯的神话研究方法之所以如此重要，这是原因之一。”[①]“列维-斯特劳斯并不是在分析口传神话的结构，也就是口头讲述的神话的组成结构，而是在分析神话中所描写的世界的结构。”[②]但是，这种方法的一个主要问题是如何验证其效度。[③] 尽管叙事中可能确实存在这样的结构，它也会基于各个分析者不同的角度而得出不同的结构，进而导致结构分析的主观性，但它不意味着所谓的主观结构是无意义的。如波施夏洛（L. J. Boteharow）所说：“如果一个人能在一系列叙事中发现一个恒常反复出现的关系，他便有正当理由认为其分析是具有一定效度的。因此，可供分析的叙事文本越多越好。”[④]也就是说，不同的分析者将会根据自己的视角和选定的主题得出不同的结构，而只要这种结构在更多的叙事中是普遍存在的，那它就是可供阐释的。古添洪便以“契约”为主题对结构主义的应用做了一次示范：“以契约为定位的结构主义来研究传奇，所得的是契约定位下的传奇结构，如以其他为定位的结构主义来研究传奇，所得的是传奇结构中的其他诸面。”[⑤]由于本文探索的是鬼怪叙事中蕴含的生死观，“生死”便成为结构分析的定位中心。因此，本文将遵循其结构主义方法主旨，从各志怪小说中选取数篇鬼怪叙事进行并置，以“生死”为中心探寻其构成的结构整体，并以这个结构整体来阐释鬼怪叙事中所蕴含的人们总体的生死观念。

在具体的操作方法上，由于本文以“生死”为中心，所以笔者并不是任意从志怪小说中选取鬼怪叙事的，而是以那些将“死亡”作为主要情节的叙事为中心进行选取。在鬼怪叙事中，通常有“鬼”和“人”两个角色，而其中的“死亡”情节指的是叙事中的“鬼”给“人”带来死亡的情节。本文便是将包含这种情节的叙事作为中心，并辅以其他的叙事进行并置。在叙事的分析上，本文将从历时分析与共时分析两方面进行。历时分析指的是对叙事中故事情节的顺序的分析，共时分析指的是对叙事中相互关联的各个要素的分析。在结构主义中，这两种方法同等重要。列维-斯特劳斯对神话的分析始终是基于历时分析的，如他在分析钦西安印第安人的一则神话时，以叙事的

① 阿兰·邓迪斯：《西方神话学读本》，朝戈金等译，广西师范大学出版社，2006年，第381页。

② 阿兰·邓迪斯：《结构主义与民俗学》，载张紫晨编：《民俗学讲演集》，书目文献出版社，1986年，第557—558页。

③ 露西·杰恩·波施夏洛：《戴维·克罗克特和迈克·芬克：关于文化延续性及其变迁的阐释》，载费尔南多·波亚托斯等编著：《文学人类学：迈向人、符号和文学的跨学科新路径》，徐新建等译，中国社会科学出版社，2021年，第117页。

④ 露西·杰恩·波施夏洛：《戴维·克罗克特和迈克·芬克：关于文化延续性及其变迁的阐释》，载费尔南多·波亚托斯等编著：《文学人类学：迈向人、符号和文学的跨学科新路径》，徐新建等译，中国社会科学出版社，2021年，第118页。

⑤ 古添洪：《唐传奇的结构分析——以契约为定位的结构主义的应用》，载叶舒宪编选：《结构主义神话学》，陕西师范大学出版总社有限公司，2011年，第236页。

初始局面与最后局面为基础，即以故事的情节发展为基础。这样，神话就通过初始局面和最后局面被简化为初始命题和最后命题，这两个终极命题概括了神话的运行功能。[①] 也就是说，神话作为叙事的一种，必然有着故事情节，对故事情节的分析正是对叙事基本的把握。因此，叙事的历时分析是共时分析的基础。之后，列维-斯特劳斯在此基础上对同一篇神话进行共时分析。他划分了叙事中并存且相互关联的四种层次，即地理的、经济的、社会的和宇宙论的层次，它们随着情节递进并行发展，最终导出了关于四个层次的初始命题和最后命题。这四对命题相互联系、相互对应，形成了一张关于叙事的历时与共时相结合的简化图表。[②] 因此叙事的结构主义分析并不排斥历时分析，它可以作为共时分析的基础，并最终形成一幅关于历时与共时相结合的完整结构图。本文将采用此方法，首先对鬼怪叙事做历时分析以把握该种叙事的基本状况，其次在此基础上对该种叙事内部各要素间的相互关系进行共时分析，最后以历时与共时相结合得到的结构来阐释该种叙事中蕴含的生死观。

二、对鬼怪叙事的历时结构分析

如上所述，本文首先以那些将“死亡”作为主要情节的叙事为中心进行分析，这里的“死亡”情节指的是叙事中的鬼给人带来死亡的情节。志怪小说的鬼怪叙事中有大量相关的叙事。以下三篇可作为本文例证。

《醉茶志怪》所载之《剪烛鬼》篇：

> 邑宋氏，巨富也。其家太夫人深夜独坐，呼婢剪烛。一妇揭帘入，白布裹头，身披凶服，舌长出口，发乱垂肩，对其悲号，剪烛而去。夫人惊疾，旋卒。家自此贫苦。[③]

《夷坚志》所载之《吹灯鬼》篇：

> 他日，自县归舍，薄暮矣，被酒策马独行，仆在后未至。行二十里，望丛棘间七八人相聚附火，往就之，皆丐者也，环坐不语。细观其形状，略与人同，而或断

① 克洛德·列维-斯特劳斯：《阿斯迪瓦尔的武功歌》，载克洛德·列维-斯特劳斯：《结构人类学(2)》，张祖建译，中国人民大学出版社，2006年，第647页。

② 克洛德·列维-斯特劳斯：《阿斯迪瓦尔的武功歌》，载克洛德·列维-斯特劳斯：《结构人类学(2)》，张祖建译，中国人民大学出版社，2006年，第647页。

③ 李庆辰著，金东校点：《醉茶志怪》，齐鲁书社，2004年，第83页。

臂，或缺目，或骈项，无一具体。见王生，跃而起，吹其所执灯。灯以猪胞为之，得不灭。震怖疾驰，鬼追之不置。又二十里，乃到家，急扣门曰："鬼逐我！"门中人鼓噪以出，始散去，遂得病死。①

《夷坚志》所载之《臭鬼》篇：

开封人张严说，政和末年，清明日太学士人某与同舍生出郊。纵饮。还，缘汴堤而上，见白衣人在后，相去数十步，堂堂一丈夫也，但臭秽逆鼻。初犹意其偶相值，已而接踵入学。问同舍，皆莫见，殊怪之。逮反室，则立左右，扣之不答，叱之则隐。倏忽复见，追随不少置，臭日倍前，士人不胜其惧。或教之曰："恐君福浅，或为冤所刦。盍还家养亲，无以功名为念，脱可免。"乃如之。甫出京，其人日以还，遂不见。士人家居累年，不能无一愁，二亲复督使修业，心忘前怪矣，遂如京师参告。踰月，因送客至旧饮酒处，复遇其人，厉声曰："此度见汝不舍矣！"相随如初，而臭益甚。士人登时恍惚，遂卧病旬日卒。②

上述三篇所代表的有关"死亡"情节的鬼怪叙事，其开头大多是对叙事中人物背景的交代，当叙事中的人遇到鬼时，故事情节才正式开始。在第一篇叙事中，宋氏太夫人深夜在家中独坐，之后一白妇鬼突然闯入将烛火剪断，太夫人受到惊吓，之后便得病死去了。在第二篇叙事中，王生在回家的路上看到道路旁的草丛中围坐着几个不成人形的鬼物，这些鬼一看到王生就追着他，想要吹灭其手中的灯。虽然王生最终逃回家中，但还是病死了。在第三篇叙事中，张严在与同舍出游时遇到一个只有他自己才能看到的白衣臭鬼，而这臭鬼竟一直尾随至张严的房间中。为了躲避臭鬼，张严只好出京，回到老家累居数年。而当他为了学业再度赴京时又遇到了那个臭鬼，之后张严就病死了。

在这些叙事中，人遇到鬼的情节是叙事的第一个情节，也是叙事的初始部分。而叙事的最后一个情节是"死亡"情节，即人被鬼害死的情节，这是叙事的最后部分。当把该种叙事的初始部分和最后部分提取出来连接在一起，便可以得到该种叙事的一种基本故事轴，也即它的一种基本历时结构："人遭遇鬼→人死亡"。尽管每篇叙事在细节上不尽相同，但都呈现这样的基本叙事结构。这些叙事中的人无论怎样行动，最

① 洪迈撰，何卓点校：《夷坚志》，中华书局，1981年，第248页。

② 洪迈撰，何卓点校：《夷坚志》，中华书局，1981年，第187页。

后都无法逃过被鬼害死的命运。这一历时结构体现了一种基本观念：鬼是给人带来死亡的事物。

然而，这不意味着鬼及其带来的死亡是无法躲避的，上述第二篇及第三篇叙事中其实就隐含了躲避鬼的方法。在第二篇叙事中，王生逃到家，其家人喧闹而出，那群鬼便散去了。在第三篇叙事中，张严在外地遇到臭鬼，而他也是通过回老家的方法来躲避。这两篇叙事主要通过“回家”的方法来躲避鬼，而其他叙事中也有关于“躲避鬼”的情节，它们展现了其他的方法。如《醉茶志怪》所载之《蓝怪》篇：

> 刘固武勇，拔佩刀逐之，鬼出寝室而没。归卧片刻，又觉身冷，视之，鬼又至，又逐之而没。已而复来，一夜不堪甚扰。至天明，始寂然。……一夕，方撑柜时，见其亡母立床前，以身遮蔽。而鬼高，过母之，俯吹之，其虐益甚。自思遭此奇祸，致忧及泉下老亲，不觉失声大痛。鬼退后三步，已而复来。缠扰将及半载，终以是殒命。①

这篇叙事中的刘某就算使用刀剑也无法将鬼驱逐，而只有等到天明，鬼才消失。在这里，“天明”就成为躲避鬼的方法。尽管上述三篇叙事的主角最终难逃一死，“躲避鬼”的情节仅是其中的一段插曲，但他们在叙事中的行动揭示出鬼是可以被躲避的，其所带来的死亡是可以被避免的。而在某些叙事中，这种“躲避鬼”的情节更为明显，它直接成为叙事的最后部分。如由张云译为白话的宋代《异闻总录》所载之《虎鬼》篇：

> 走了五里，来到东岳庙前，老婆婆说：“你在这里等着。”说完，老婆婆来到一个坟墓旁边消失了。林行可觉得奇怪，赶紧爬上东岳庙的亭楼上，关上门窗，从窗户缝隙里偷看，见老婆婆引着一只老虎前来，四下看了看，不见林行可的踪影，就抚摸着老虎的背，说：“真是可惜了！我三年才给你谋得这份肉，想不到让他跑了！”天亮之后，林行可才敢下楼回家。②

这篇叙事同样展示了通过“天明”来躲避鬼的方法，与上述叙事不同的是，它通过叙事的初始部分和最后部分展示了“人遭遇鬼→人躲避鬼”的故事轴线。此种历时结

① 李庆辰著，金东校点：《醉茶志怪》，齐鲁书社，2004年，第46页。
② 佚名：《异闻总录》，载张云：《中国妖怪故事》，北京联合出版公司，2020年，第291页。

构体现了一种观念:人可以通过某种方法躲避鬼。但是,人能做到的仅仅是躲避而已,如果运气不好便会像上述《吹灯鬼》篇、《臭鬼》篇和《蓝怪》篇的主角一样,躲过了一时而最终难逃一死。这样看来,人通过自身的努力最多只能做到"躲避"鬼,而无法做到永久性的"消除"鬼。因此,人们为了永久性地不受鬼及其死亡的侵害会求助于另一种力量,即通过另一种与带来死亡的鬼相对立的力量来对抗鬼。这种力量在上述《蓝怪》篇的最后就有所体现:刘某的亡母出现在床前为其抵挡蓝鬼的侵害。虽然最后刘某还是丧命了,但这里体现出了一种人之外的、与带来死亡的鬼对立的力量。这种力量在另一些叙事中占据着重要位置,它们以"消除鬼及其死亡"的情节作为叙事的最后部分。以如下三篇叙事为例。

《阅微草堂笔记》所载之《亡友》篇:

> 老仆施祥,尝乘马夜行至张白。四野空旷,黑暗中有数人掷沙泥,马惊嘶不进。祥知是鬼,叱之曰:"我不至尔墟墓间,何为犯我?"群鬼揶揄曰:"自作剧耳,谁与尔论理。"祥怒曰:"既不论理,是寻斗也。"即下马,以鞭横击之。喧哄良久,力且不敌;马又跳踉掣其肘。意方窘急,忽遥见一鬼狂奔来,厉声呼曰:"此吾好友,尔等毋造次!"群鬼遂散。祥上马驰归,亦不及问其为谁。次日,携酒于昨处奠之,祈示灵响,寂然不应矣。祥之所友,不过厮养屠沽耳。而九泉之下,故人之情乃如是。①

《夷坚志》所载之《鱼陂疠鬼》篇:

> 到彼时已二更,微有月明,闻大声发山间,如巨木数十本催折者。……其物已在前立,身长可三丈,从顶至踵皆灯也。二轿仆震怖殆死,担仆窜入轿中屏息。洋素持观音大悲咒,急诵之,且数百遍,物植立不动,洋亦丧胆仆地,然诵咒不辍。物稍退步,相去差远,呼曰:"我去矣。"径往畈下一里许,入小民家,遂不见。洋归而病,一年乃愈。担仆亦然,二轿仆皆死。后访畈下民家,阖门五六口,咸死于疫,始知异物盖疠鬼云。②

《醉茶志怪》所载之《疟鬼》篇:

① 纪昀:《阅微草堂笔记》,华文出版社,2018年,第579页。

② 洪迈著,何卓点校:《夷坚志》,中华书局,1981年,第303页。

赵某，平阳人。夏月昼寝，朦胧间见一妇人搴帘入，白衣麻裙，面貌黄肿，眉目戚戚然，神色可畏。逼近床榻，以手按其胸，便觉气闷如噎，寒热交作。及晚，患疟。越日稍愈，妇复来，疟又作。如是月余，形骸骨立，盛夏常着重棉。或教以桃木剑钉床四隅，更粘符于壁。妇至，瞋目怒视，不敢近前。赵急狂呼，妇取锡檠掷于地而去。后不复来，病亦渐疗。①

这三篇叙事中的“与带来死亡的鬼对立的另一种力量”都在叙事中起着重要作用，它们都帮助叙事中的主角消除了鬼及其带来的死亡。在第一篇叙事中，施祥夜晚路过一处旷野时被群鬼攻击，之后其亡友之鬼驱散了群鬼，保护了施祥。在第二篇叙事中，洪洋一行人在途中遇到一疠鬼，洪洋通过念诵观音大悲咒保住了自己的性命，而仆人及周边的村民都因病而死。在第三篇叙事中，赵某被疟鬼袭击而患疾，之后在或人的帮助下以某种法术仪式驱走了疟鬼并治愈了疾病。

可见，这种与鬼对立的力量的作用不是帮助人躲避鬼与死亡，而是直接从根源上抵御并驱逐侵害人的鬼，如第一与第二篇叙事。即使人没有及时得到这种力量的保护而受到鬼的侵害，也可以在事后通过这种力量来消除侵害的后果，如第三篇叙事。这种力量甚至还能复活已经被鬼害死的人，如《聊斋志异》中的经典篇目《画皮》：王生被鬼怪缠身，沾染了邪气，道士发现后给予王生蝇拂以抵御鬼怪。但该鬼怪力量过于强大，竟撕碎蝇拂闯入房间，掏走了王生的心脏。之后，王生的妻子陈氏再去寻求道士，让其收服鬼怪，并复活王生。道士便让陈氏去找一个法力更为高强的乞丐，在陈氏完成其要求后复活了王生。②

虽然在不同的叙事中，这种力量的具体形式各不相同，但它们都具有帮助人抵御并消除鬼及其带来的死亡的功能，都在叙事中与鬼形成了对立结构。方便起见，本文将这种力量称为“神”。在这里，“神”并不与用来表示民间或传统文化中的神明、神仙等意涵的“神”这一概念严格对应，而是仅根据这些叙事本身的结构要素定义。在这种条件下，“神”指的就是在叙事中帮助人并与害人的鬼对立的存在。这样，无论是神明、神职人员、法术仪式，甚至是帮助人的其他鬼，只要其在叙事中具备上述结构与功能，在本文中都以“神”来代称。

如此，该种叙事以人遇到鬼为初始部分，以人受到神的帮助消除了鬼的侵害为最后部分。两者构成了该种故事轴线：“人遭遇鬼→人受到神的帮助消除了鬼及其带来

① 李庆辰著，金东校点：《醉茶志怪》，齐鲁书社，2004 年，第 132 页。

② 蒲松龄：《聊斋志异》，华夏出版社，2013 年，第 53—55 页。

的死亡”。此种历时结构体现了一种观念:神可以帮助人抵御并消除鬼及其带来的死亡。也就是说,神是可以为人带来生命的事物。

为了更好地说明这样的观念,有必要考虑鬼怪叙事之外其他以“神”为主要角色的叙事。这些叙事与鬼怪叙事同处于一个更大的结构整体中,以如下三篇叙事为例。

《太平广记》所载之《韦仙翁》篇:

唐代宗皇帝大历中,因昼寝,常梦一人谓曰:“西岳太华山中,有皇帝坛,何不遣人求访,封而拜之,当获大福。”①

《太平广记》所载之《晋文公》篇:

晋文公出,有大蛇如拱,当道。文公乃修德,使吏守蛇。守蛇吏梦天使杀蛇,谓曰:“蛇何故当圣君道?”觉而视之,蛇则臭矣。②

《太平广记》所载之《徐福》篇:

徐福,字君房,不知何许人也。秦始皇时,大宛中多枉死者横道,数有乌衔草,覆死人面,皆登时活。有司奏闻始皇,始皇使使者赍此草,以问北郭鬼谷先生。云是东海中祖洲上不死之草,生琼田中,一名养神芝,其叶似菰,生不丛,一株可活千人。始皇于是谓可索得,因遣福及童男童女各三千人,乘楼船入海。寻祖洲不返,后不知所之。③

在第一篇叙事中,唐代宗经常在梦中受到启示,说在太华山中有皇帝坛子,拜之可获大福。在第二篇叙事中,晋文公在途中遇一大蛇挡道,之后大蛇被天使所杀,天使说该蛇不可挡圣君的路。在第三篇叙事中,秦始皇令徐福寻找海上仙洲,洲内有神草可使人不死。这些围绕“神”创作的叙事与鬼怪叙事相对立,以“人遇到神→神给人带来生命”为基本故事轴线。这些叙事与鬼怪叙事构成了一个结构整体,处于同一个世界观之下。因此,当这些“神”出现在鬼怪叙事中时,它们就成为与鬼对立并帮助人对抗鬼的存在。

① 李昉等编,华飞等校点:《太平广记:足本(1)》,团结出版社,1994年,第149页。
② 李昉等编,华飞等校点:《太平广记:足本(2)》,团结出版社,1994年,第1370页。
③ 李昉等编,华飞等校点:《太平广记:足本(1)》,团结出版社,1994年,第17页。

现在将论述中心转回鬼怪叙事。综上所述，通过考察叙事的初始部分与最后部分，可以得到关于“死亡”情节的鬼怪叙事的三条基本历时结构：

① 人遭遇鬼→人死亡；

② 人遭遇鬼→人躲避鬼；

③ 人遭遇鬼→人受到神的帮助，消除了鬼及其带来的死亡。

其所表达的观念如下：

① 鬼是给人带来死亡的事物；

② 人可以通过某种方法躲避鬼；

③ 神是给人带来生命的事物。

为了便于后文的共时结构分析，可以将上述结构结合在一起，使之形成一条横轴的历时结构，如图1所示：

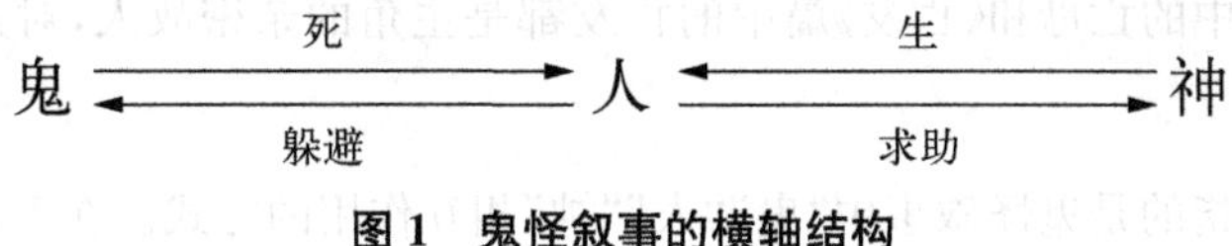

图1　鬼怪叙事的横轴结构

“鬼”“人”“神”是鬼怪叙事中具有结构意义与功能意义的三种“角色”：“鬼”是带来死亡的角色，“神”是带来生命的角色，“人”是“鬼”与“神”的作用对象。

得出作为叙事基本的历时结构后，就可以进行叙事内部相互关联要素间的共时结构分析了。

三、对鬼怪叙事的共时结构分析

在历时结构分析中，我们得到了鬼怪叙事中的“鬼”“人”“神”三种角色，三者间的互动形成了基本的叙事情节。在此之外，每个角色在叙事中都分别与其他叙事要素相互联系，从而表达出某种共同的意涵。根据要素的性质可以将其划分为六种层面：人物层面、特质层面、方式层面、时间层面、空间层面、道德层面。

人物层面指的是鬼怪叙事中分别担任“鬼”“人”“神”三个角色的具体人物。每篇叙事中担任这三个角色的具体人物都是不同的，而他们担任这个角色则有着必然的原因，因此对于具体人物与角色关系的探讨是必要的。在上述作为例子的几篇叙事中，“鬼”的角色通常由在路上遭遇的或闯入家中的孤魂野鬼担任，它们与叙事中的人无冤无仇，人只因运气不好而遭受它们的袭击。虽然每篇叙事中“人”这一角色的担任者身份各不相同，但他们都是在日常生活中能够被看到与听闻的人，即“常人”。

"鬼"与"人"的担任者相对固定，而"神"的担任者则比较分散了，统计上述几例叙事，可见以下具体担任者：神明、神职人员、法术仪式、某种物品、亡故之鬼。这些担任者的属性各不相同，但在叙事中都是与"鬼"对立的、帮助人并给人带来生命的存在。

特质层面指的是这三个角色的担任者所呈现的特点，如外貌、气质等。"鬼"在叙事中总是呈现出令人恐惧与厌恶的特点。比如《臭鬼》篇中对臭鬼的描述为"但臭秽逆鼻"；《吹灯鬼》篇中对群鬼外貌的描述为"而或断臂，或缺目，或骈项，无一具体"；《鱼陂疠鬼》篇中对疠鬼声音的描述为"如巨木数十本摧折者"。"人"在叙事中多以"常人"的形象出现，"神"在叙事中则多呈现神圣、令人敬畏、与人亲密的特点。比如《鱼陂疠鬼》篇中洪洋通过佛法保住了自己的性名，《疟鬼》篇中赵某通过或人教导的法术抵御了疟鬼，人们对宗教及其法术与神职人员本就持敬畏态度。《晋文公》篇中的天使、《唐代宗》篇中的神仙托梦都是关于神明的，它们对于人们来说是神圣的。《蓝怪》篇中的亡母和《亡友》篇中的亡友都是主角的亲密故人，对人来说它们是亲密的。

方式层面指的是鬼怪叙事中"鬼""人""神"相互作用的方式。在上述列举的叙事中，"鬼"大多以"疾病"的方式致人死亡，如《吹灯鬼》篇的主角"遂得病死"，《臭鬼》篇的主角"遂卧病旬日卒"。在叙事中，鬼与疾病总是有着直接联系；在观念中，疾病就是由鬼带来的。比如《太平广记》中专门司职致病的病鬼：

> "所以多持针者，当病者，以针针其神焉。今所至皆此郡人，丹阳别有使往。今年多病，君勿至病者家。"授从乞药，答言："我但能行病杀人，不主药治病也。"①

病鬼会使本该生病的人生病，并说自己只能致病杀人，不能医治疾病。可见鬼与疾病之间有着明确的直接相关关系，甚至连牲畜的疾病也被认为是鬼所致，比如《夷坚志》中的牛疫鬼：

> 绍兴六年，馀干村民张氏家已寝，牧童在牛圈，闻有扣门者，急起视之。见壮夫数百辈，皆被五花甲，着红兜鍪，突而入，既而隐不见。及明，圈中牛五十头尽死。盖疫鬼云。②

① 李昉等编，华飞等校点：《太平广记：足本(2)》，团结出版社，1994年，第1521页。

② 洪迈撰，何卓点校：《夷坚志》，中华书局，1981年，第460页。

除疾病外，“肉体伤害”也是鬼致人死亡的方式。《聊斋志异》的《画皮》篇就是通过肉体伤害致人死亡：“裂生腹，掬生心而去。”相应地，“人”在叙事中则多以“回家”和“等到天明”的方式来躲避鬼，而以“施法”“仪式”“被动接受帮助”的方式求助于“神”。“神”也因此以“法术”“亲自降临”“消除鬼怪”的方式使人获得生命。

时间与空间层面指的是与“鬼”“人”“神”相联系的时空。在叙事中，“人”的时空是“白天”与“家园”。从本文举例的几篇叙事可知，人只有通过“天明”和“回家”才能躲避鬼，这说明白天与家园才是人存在的环境，而这实际上就是现实中人们日常生活、日常劳作的环境，是属于人的常规世界。《牛疫鬼》篇中的牲畜之所以会受到鬼的影响，正是因为牲畜也属于日常生活的世界。而“鬼”生活的世界则是“夜晚”与“野外”，它们总是在黄昏、夜晚等“黑暗时段”出现。就算是家园这种理应成为人们庇护所的地方，到了夜晚依然会遭到鬼物的入侵，如《剪烛鬼》篇和《疟鬼》篇的主角都是在夜晚的家中遭到鬼的侵害的。由于夜晚与鬼具有关联性，“黑暗”也成了在此层面上衍生出的与鬼相伴随的要素，那些滋生黑暗的地方也是鬼存在的地方。关于这一点，《剪烛鬼》篇和《吹灯鬼》篇中有一个共同的细节值得注意：两篇叙事中的鬼在发现人时都打算熄灭人身旁的烛火，它们想以这样的方式制造黑暗而使人死亡。在空间层面，鬼总是在野外的山道、郊外、湖泊、森林中出现，上述《臭鬼》篇、《吹灯鬼》篇、《鱼陂疠鬼》篇、《亡友》篇中的主角无一不是在野外遭遇鬼的。像夜晚与黑暗一样，那些与野外相关的要素自然也与鬼产生了关联，上述《虎鬼》篇的例子便是鬼与“野兽”产生关联的反映。“神”的时间层面在叙事中并没有得到表明。在空间层面上，神则多处于那些常人难以抵达的空间，比如《唐代宗》篇的高山、《徐福》篇的海岛，有时甚至是常人根本无法踏入的空间，因而只能通过法术、仪式来呼唤神明的帮助。

道德层面指的是三者在鬼怪叙事中呈现的伦理性与秩序性。“人”在此层面与其他层面一样，都以“常人”的面貌出现。“鬼”在叙事中的行为往往都是不符合社会伦理、有违社会秩序的。上述叙事中的鬼或以“闯入者”“入侵者”的形象出现，如《剪烛鬼》篇、《疟鬼》篇和《蓝怪》篇中的鬼侵入家中并袭击活人；或如强盗恶徒，以“拦路者”的形象出现，如《臭鬼》篇、《吹灯鬼》篇和《鱼陂疠鬼》篇中的鬼都在野外拦截活人。总之，鬼总是无视社会规范与社会界限，不由分说地置无辜者于危险的境地，是打破社会秩序、造成社会混乱的存在。除此之外，非正常死亡者化身的厉鬼、替死鬼等也反映了这样的观念。非正常死亡指的是自杀、溺亡、他杀等一切与身体自然消亡的正常死亡对立的死亡形式。在传统观念中，这种类型的死亡是不道德的、失序的。因而，在叙事中，非正常死亡者常常会化为厉鬼、替死鬼危害人间。“神”在叙事中则多与道德、秩序等要素相关，叙事中的神总是帮助人逃离鬼的伤害，制裁那些带来死亡与混乱的鬼，在观念中它们正是道德与秩序的存在。同时，神也总被与圣贤联系在一起，如《晋文公》篇中的晋文公作为一名贤君受到了天使的帮助。圣人死后被封为神明也反映了这样的观念。

由此，通过对鬼怪叙事共时结构的分析得到了三组内部相互关联的要素群，这几个要素群又各自形成一种范畴，每个范畴都通过与其他范畴的关系而表达出部分与整体的内涵："鬼"的要素群构成关于"鬼"的范畴，它们使人产生"死"的意象；"神"的要素群构成关于"神"的范畴，它们使人产生"生"的意象；"人"的要素群构成关于"人"的范畴，它们是人们在日常生活中能够接触到的事物。三种范畴构成的相互关系便是鬼怪叙事的共时结构。将这种共时结构与历时结构结合在一起，就可得到以"生死"为中心的鬼怪叙事的完整结构体系，如图2所示：

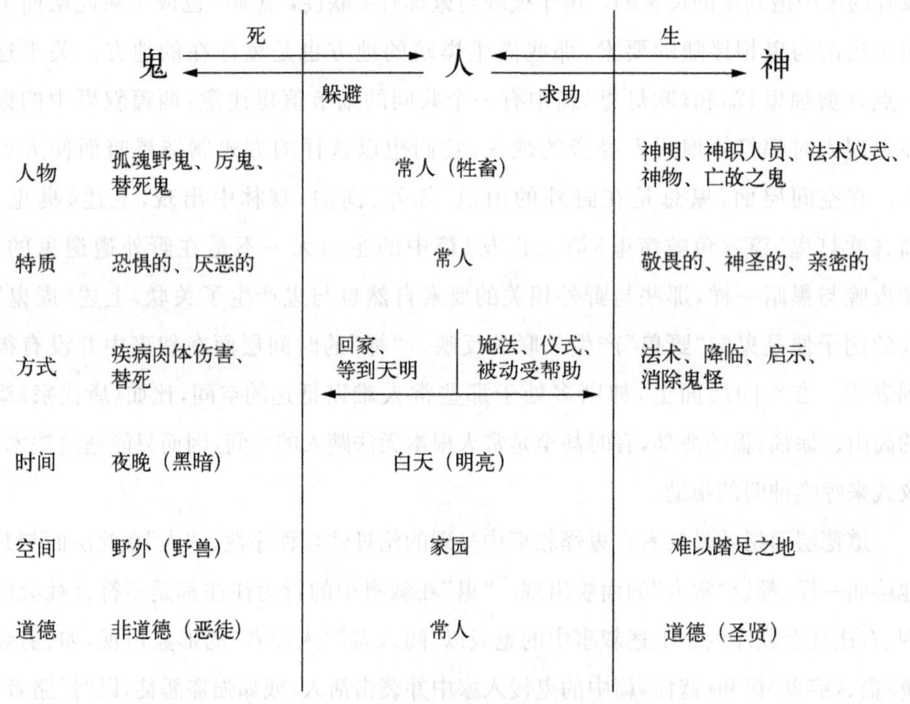

图2　鬼怪叙事的结构关系图

列维-斯特劳斯的结构主义以探索世界观为目标，而本文以"生死"为定位中心得到的结构则以探索生死观为目标。因此，接下来将通过这一整体结构阐释鬼怪叙事中的生死观。

四、鬼怪叙事中的生死观阐释

如前所述,鬼怪叙事中的“鬼”“人”“神”指的是具有结构与功能意义的角色,其中,“鬼”是带来死亡的,“神”是带来生命的,“人”是“鬼”与“神”的作用对象。可以看到,对于“鬼”与“神”的分类实际上以它们对“人”的价值为基础。侵害人的、带来死亡的角色在叙事中被分类为“鬼”,帮助人的、带来生命的角色在叙事中则被分类为“神”,就算这种帮助人的角色是另一个鬼也是如此。如在《亡友》篇中,施祥在途中遇到群鬼侵扰,之后被他亡友之鬼所救。亡友之鬼虽也是鬼,但对于施祥来说它的价值为正,因此可以与那些价值为负的鬼对抗。所以在这则叙事中,侵害主角施祥的群鬼是叙事结构中带来死亡的“鬼”,帮助施祥的亡友之鬼则是叙事结构中带来生命的“神”。再如《太平广记》中的《黑水将军》篇:

> 弋阳郡东南,有黑水河,河溃有黑水将军祠。太和中,薛用弱自仪曹郎出守此郡,为政严而不残。一夕,梦赞者云:“黑水将军至。”延之,乃魁岸丈夫,须目雄杰,介金附鞬。既坐,曰:“某顷溺于兹水,自以秉仁义之心,得展上诉于帝。帝曰:‘尔阴位方崇,遂授此任。’郎中可为立祠河上,当保祐斯民。”言讫而寤。遂命建祠设祭,水旱灾沴,祷之皆应。①

黑水将军在河中溺死成为水鬼,但因其本身品性为善,被封为该河的河神。人们为他设立祠庙,请他诊治水旱灾祸,保佑当地人民,他成为叙事中的“神”。可见叙事中的“鬼”与“神”是一组相对的概念,它们的区别不在于其担任角色自身的属性。只有在基于其对于人的价值进行判断时,“鬼”与“神”的区分才会明确。

因此,叙事中那些对人具有同样价值的事物就容易被与“鬼”或“神”关联起来。叙事中的“鬼”之所以总是与疾病、夜晚、野外、非道德等要素相关联形成一种范畴,是因为这些事物对于人有着相同的价值,即带来死亡。在方式层面上,疾病与死亡的联系自不必说,时代越古老,染上疾病就越与死亡无异,以至于古人常以“傩祭”来保村寨平安。在时间层面上,夜晚是古人距离死亡最近的时段。在古时,微弱的烛火仅能带来微小的安全空间,离开这空间便是无尽的黑暗,无数的未知与危险都潜藏在这黑暗之中,踏入其中与走向死亡无异。目无所见带来的手足无措给予人们对于夜晚和

---

① 李昉等编,华飞等校点:《太平广记:足本(2)》,团结出版社,1994 年,第 1468 页。

黑暗的死亡想象。在空间层面上，野外是古人距离死亡最近的场所。远离家园的郊野、黑暗的森林、有溺亡危险的水河等，这些地方无不充满致命的因素，自然力量、野兽、毒虫、病毒、强盗恶徒等都以这些场所为依靠。在道德层面上，道德的败坏、社会的失序是与死亡最为相关的，夜晚与野外带来的死亡尚且是自然对人类造成的死亡，而非道德与社会失序带来的死亡则是人类对人类造成的死亡。强盗、恶徒等都是非道德与社会失序的代表；历史上昏庸无能且施行暴政的末代君主致使民不聊生，人们向往圣贤的君主；乱世时期尸体随处可见，人命简直不值一提，其一个“乱”字就可以表达出失序、混乱与死亡的关联……当所有这些令人感到恐惧的事物聚在一起时，它们就能共同表达出一种最原始、最简单的令人感到恐惧的原初事物——死亡。

在鬼怪叙事中，这些象征着死亡的事物凝聚在一起，具象化为可以表达其全部抽象意义的“鬼”。这也解释了为什么“鬼”的角色总是由具有令人恐惧与厌恶特质的孤魂野鬼、厉鬼等担任，因为它们是由死亡产生的最为可怕的事物。人们可以通过“鬼”感受到所有这些事物想要表达的共同观念。由此，“鬼”成为一切恐惧与死亡的象征。

所以，“鬼”在叙事中是一切象征恐惧与死亡的事物想要表达的观念的总括，它们都通过“鬼”得到了清晰的展现：可怕的孤魂野鬼与厉鬼是“鬼”的身份，致人死亡的时间与空间是“鬼”出没的时空，让人感到恐惧与厌恶的生理特征是“鬼”的样貌，食人的野兽与“鬼”相伴随，扰乱秩序与败坏道德的恶行是“鬼”的行为，不洁的恶徒是“鬼”的前身，死亡也最终由“鬼”带来。这些要素及它们试图表达的观念全都通过“鬼”展现出来。由此，人们也能够通过“鬼”来把握住这些事物有想要表达的抽象观念，把握住恐惧与死亡，并制定出一系列应对机制。反过来，这些事物也通过具体且能够被把握的“鬼”被赋予了精准的意义，“鬼”进一步成为一种分类范畴，将这些事物归为同一类型，以供人们认识。

同理，叙事中的“神”之所以总是与神明、神职人员、法术仪式、道德、难以到达的高山和海岛等事物相关联并形成一种范畴，也是因为这些事物对于人来说有着相同的价值，即带来生命。神明是受到人们供奉、为人们带来好处的存在，尽管有些神明也是人死后的鬼，但只要它在人们心目中能够帮助人、保村镇平安、保百姓健康，那它就是带来生命的存在。神职人员和法术仪式则与神明联系在一起，人们与神明的互动，常常需要神职人员和法术仪式作为中介。他们共同作用，为人们带来了超越性的祝福。高山与海岛这些超越人世的秘境一般都是神仙的居所，求仙者、求永生者常常探寻这些地方，它们也就成为空间层面上与生命最为相关的场所。道德与非道德的对立，在社会和人类本身层面上与生命最为相关，善人、圣贤都是道德的代表，历史上的明君也能够带来天下太平。这些事物聚在一起表达了同一种事物——生命，而生命在鬼怪叙事中通过“神”得到表达。同理，“神”也是所有与之相关事物的可供人们把握的具象表达，也成为人们认识事物的分类范畴，并与“鬼”的范畴形成对立，而这种认识又始终以人为认识主体。

叙事中的“人”是“鬼”和“神”的作用对象，这对于作为认识主体的人具有相同的价值，即人们在叙事中看到的“人”便是他们自己。人作为贯穿始终的认识主体，生活在日常世界中，日本学者伊藤清司对这个世界有如下论述：“他们活动的全部天地还是由邑和田地组成的狭小空间，这对当时的人们来说，便是他们的小宇宙，是他们熟悉的内部世界。”[①]日常世界是人们熟悉的内部世界，人们在此处生活、劳作，它是平常人生命中的全部。

所以，叙事中的“人”总是与那些常规的、日常的事物关联在一起并形成一种范畴，因为它们对于人有着相同的价值，即反映着日常世界。在人物、特质、道德层面上，叙事中的“人”都与常人无异，因为它诉说的对象就是日常世界中的人。在时间与空间层面上，“人”所属的白天与家园正是日常世界的时空，是平常人生活的世界，因此“人”会以回到自己的世界的方式来躲避鬼。如伊藤清司所说：“对当时的人们来说，从自己生活的‘内部世界’跨出一步，就意味着进入一个充满生命危险的蛮荒野生的空间。”[②]只有生活于日常世界这个属于人的世界才能远离危险，才能使人安心。同时，日常世界之外的世界并不总是危险的，它也存在着能够给人带来祝福的事物。如伊藤清司所说：“同时，善神善鬼，财富资源也藏于其中。这就是说，‘外部世界’混杂着正与负、敌与我两种力量。”[③]因此，有时人们会踏足远地寻求神物，或以法术、仪式的方式祈祷外部力量的祝福。当所有这些要素聚在一起时，也就表达了同一种事物——日常世界，它在叙事中通过“人”得到表达。同理，叙事中的“人”也成为一种分类范畴，将这些要素归为同一类型，以供人们认识。

因此，在鬼怪叙事中实际上存在着一种生死观，这种生死观是人们以生死层面为中心对于世界的认知。人们以自己生活的时空为界限，划定了属于自己的日常世界。人们日常生活中接触的、实践的、思想的一切事物都处于这一世界中。而在此之外还有一个超出日常世界界限的外部世界，它不是人们可以在日常生活中触及的。人们用自己的生命去感受外部世界的事物，并将其分为“带来死亡的事物”与“带来生命的事物”两种类型。日常世界与外部世界虽然有着界限，但并不完全隔绝，它们时常会产生接触。有时人们为了去往另一个处于日常世界界限的村镇而需要跨越处于外部

① 伊藤清司：《〈山海经〉中的鬼神世界》，刘晔原译，中国民间文艺出版社，1990年，第1页。
② 伊藤清司：《〈山海经〉中的鬼神世界》，刘晔原译，中国民间文艺出版社，1990年，第2页。
③ 伊藤清司：《〈山海经〉中的鬼神世界》，刘晔原译，中国民间文艺出版社，1990年，第141页。

世界的野外，也就是在这个时候，人们不得不与外部世界中的事物有了接触，这在鬼怪叙事中就表现为人们在路途中遭遇孤魂野鬼的情形。有时人们也会主动去接触外部世界中的事物以求得它们的帮助，如施行各种法术、仪式以求与神明沟通而保村镇平安，或远行海外、登顶高山寻求仙境，这在鬼怪叙事中就表现为人们为抵御鬼而施行法术仪式的情形。有时外部世界中的事物也会主动来侵犯日常世界中的事物，野兽、强盗常常会侵犯村镇，在鬼怪叙事中就表现为鬼闯入家中致人死亡。由此，世界万物基于人们对于生死的认知而被分为“带来死亡的事物”“带来生命的事物”和“日常事物”三种范畴，并在叙事中通过“鬼”“神”“人”三种角色得到表达。叙事中的“鬼”“人”“神”分别与“带来死亡的事物”“日常事物”“带来生命的事物”相联系，“鬼”“人”“神”实际上分别成为“死亡”“日常生活”“生命”的象征。

由此可见，人们始终以自己为中心，用自己的生命去感受这个世界。人们感受到世界上除了自己生活的时空外，还存在着两类事物，一类是带来死亡的，另一类是带来生命的。人们将世界分为这样的三种范畴，并在鬼怪叙事中以“鬼”“神”“人”的角色将其表现出来，以此作为人们关于生死的表达。

五、结语

本文采用列维-斯特劳斯的结构主义方法，对志怪小说中的鬼怪叙事以“生死”为定位中心得出了一幅整体结构图，并以此整体结构来阐释其中的生死观。结构主义对于叙事的阐释基于其结构，因此，阐释的效度就依赖于结构的效度，这便涉及结构分析的方法与视角。但正如绪论中所说，只要能够在更多的叙事中发现这种反复的结构，那么它就具有阐释性。本文构建的结构虽然也建立在诸多叙事反复出现的关系上，但这一结构仍只是初步的，它的主要作用在于提供一种方法论与参考。而为了更加完全地认识鬼怪叙事中的生死观，必须结合更多的相关叙事，联系更多的相关要素，甚至还需要联系叙事之外的现实中的要素。

Structural Analysis of Ghost Narrative Centered on “Life and Death” in Supernatural Novels

Liu Zirui

Abstract: Ghosts, as highly associated with death, have important value in exploring the concept of life and death, and the ghost narrative in supernatural novels is the source of material for ghosts. This article uses Claude Lévi-Strauss' structuralist approach to conduct a diachronic and synchronic structural analysis of the ghost narrative in supernatural novels, with “life and death” as the positioning center. Finally, the overall structure formed by the combination of diachronic and synchronic structures is used to interpret the concept of life and death in ghost narrative. In terms of diachronic analysis, the story axis formed by the interaction of “ghosts/humans/gods” constitutes the historical structure of ghost narrative; In terms of synchronic analysis, the three categories of “ghost/human/god” are interrelated with other narrative elements in the narrative, forming three categories. The overall structure formed by the combination of diachronic and synchronic elements explains the view of “life and death” in the narrative that all things in the world are divided into three categories based on human perception of life: “things that bring death/everyday things/things that bring life”, and these three categories are expressed through the three roles of “ghosts/humans/gods” in ghost narratives.

Key words: ghost narrative supernatural novels view of life and death structuralism

儒家生命哲学

德性身体：钱德洪的身体思想研究

伍小涛*

摘　要：王阳明学说由两部分组成：一是关于形而上的心的学说，二是关于形而下的身的学说。其中，形而上的心的学说主要由钱德洪、王畿等人继承和发展。由于王阳明的心和良知都是践形的，由钱德洪继承和发展的王阳明的心的学说自然也是践形的。这就是说，钱德洪的思想是践形的身体思想，具体而言，即德性身体下的心体、性体和知体，德性身体下的正心与修身，以及德性身体下的生与死。钱德洪的德性身体思想，对阳明身学的光大有着重大的影响。

关键词：德性身体　钱德洪　身体思想

王阳明学说由两部分组成：一是关于形而上的心的学说，二是关于形而下的身的学说。其中形而上的心的学说主要由钱德洪、王畿等人继承和发展，而形而下的身的学说主要由王艮及其弟子或再传弟子所组成的泰山学派发扬光大。

由于王阳明的心和良知都是践形的，由钱德洪继承和发展的王阳明的心的学说自然也是践形的。这就是说，钱德洪的思想是践形的身体思想，即德性身体。

钱德洪（1496—1574），字德洪，号绪山，浙江余姚人。黄宗羲《明儒学案》载：

> 王文成平濠归越，先王与同邑范引年、管州、郑寅、柴凤、徐珊、吴仁数十人会

* 伍小涛，中共贵州省委党校社会学教研部教授，主要从事政治哲学、中国共产党史、中华人民共和国史研究。

于中天阁，同禀学焉。明年，举于乡。时四方之士来学于越者甚众，先生与龙溪疏通其大旨，而后卒业于文成，一时称为教授师。嘉靖五年举于南宫，不廷试而归。文成征思、田，先生与龙溪居守越中书院。七年，奔文成之丧，至于贵溪，问丧服，邵竹峰曰："昔者孔子殁，子贡若丧父而无服，礼也。"先生曰："吾夫子殁于道路，无主丧者，弟子不可以无服。然某也有父母在，麻衣布绖，弗敢有加焉。"筑室于场，以终心制。十一年，始赴廷试，出为苏学教授。丁内艰。服阕，补国子监丞，寻升刑部主事，稍迁员外郎，署陕西司事。上夜游西山，召武定侯郭勋不至，给事中高时劾之，下勋锦衣狱，转送刑部。勋骄恣不法，举朝恨之，皆欲坐以不轨。先生据法以违敕十罪论死，再上不报。举朝以上之不报，因按轻也，劾先生不明律法。上以先生为故人，故不报，遂因劾下先生于狱。盖上之宠勋未衰，特因事稍折之，与廷臣之意故相左也。先生身婴三木，与侍御杨斛山、都督赵白楼讲《易》不辍。勋死，始得出狱。九庙成，诏复冠带。穆宗朝，进阶朝列大夫，致仕。万历初，复进阶一级。在野三十年，无日不讲学。江、浙、宣、歙、楚、广名区奥地，皆有讲舍。先生与龙溪迭捧珠盘。年七十，作《颐闲疏》告四方，始不出游。二年十月二十六日卒，年七十九。①

钱德洪作为王阳明重要的弟子，承继了王阳明的心学说，并把它上升到一个形而上的身体高度。

张新民教授曾指出：

无论知行合一、默识体认、致良知等，对已经有证悟生命体验的阳明来说，无非从本体开出方法，显示出"道体"流行发用的无限开放性；但与之相对应，从初学者的角度看，则又是从方法证入本体，表现出"道体"等待他人证入的无限可能性。②

王阳明学说具有生命德性。同样，钱德洪学说也具有生命德性。我们可以从天泉证道来看：

丁亥年九月，先生起复征思、田。将命行时，德洪与汝中论学。汝中举先生

① 黄宗羲：《明儒学案》卷十一《浙中王门学案一》。

② 张新民：《德性生命的实践与价值世界的建构——论王阳明良知思想的四重结构》，《王学研究》2018 年第 2 期。

教言，曰："无善无恶是心之体，有善有恶是意之动，知善知恶是良知，为善去恶是格物。"德洪曰："此意如何？"汝中曰："此恐未是究竟话头。若说心体是无善无恶，意亦是无善无恶的意，知亦是无善无恶的知，物亦是无善无恶的物矣。若说意有善恶，毕竟心体还有善恶在。"德洪曰："心体是天命之性，原是无善无恶的。但人有习心，意念上见有善恶在，格致诚正修，此正是复那性体功夫。若原无善恶，功夫亦不消说矣。"是夕侍坐天泉桥各举请正。先生曰："我今将行，正要你们来讲破此意。二君之见正好相资为用，不可各执一边。我这里接人原有此二种。利根之人直从本源上悟入。人心本体原是明莹无滞的，原是个未发之中。利根之人一悟本体，即是功夫，人己内外，一齐俱透了。其次不免有习心在，本体受蔽，故且教在意念上落实为善去恶。功夫熟后，渣滓去得尽时，本体亦明尽了。汝中之见，是我这里接利根人的；德洪之见，是我这里为其次立法的。二君相取为用，则中人上下皆可引入于道。若各执一边，眼前便有失人，便于道体各有未尽。"①

钱德洪的心体是无善无恶的，而无善无恶就是至善，格致诚正就是"复那至善功夫"。从这一点来说，钱德洪的心体就是德性身体。

一、德性身体下的心体、性体和知体

我们先看钱德洪的心体。钱德洪在《复杨斛山书》中说：

> 人之心体一也，指名曰"善"可，曰"至善"可也，曰"至善无恶"亦可也，曰"无善无恶"亦可也。曰"善"，曰"至善"，人皆信而无疑矣，又为"无善无恶"之说者何也？至善之体，恶固非其所有，善亦不得而有也。②

在这里，钱德洪的心体有三，即至善、至善无恶和无善无恶。无论哪一种，都是德性的呈现。

钱德洪又说：

---

① 王阳明：《王阳明全集》卷三《语录三》。

② 钱明编校、整理：《徐爱·钱德洪·董沄集》，凤凰出版社，2007年，第155页。

今之论至善者，乃索之于事事物物之中，先求其所谓定理者，以为应事宰物之则，是虚灵之内先有乎善也。虚灵之内先有乎善，是耳未听而先有乎声，目未视而先有乎色也。塞其聪明之用，而窒其虚灵之体，非至善之谓矣。今人乍见孺子入井，皆有怵惕恻隐之心，怵惕恻隐是谓善矣。然未见孺子之前，先加讲求之功，预有此善以为之则耶？抑虚灵触发，其机自不容已耶？目患不能明，不患有色不能辨；耳患不能聪，不患有声不能闻；心患不能虚，不患有感不能应。虚则灵，灵则因应无方，万感万应，万应俱寂，是无应非善，而实未尝有乎善也。其感也无常形，其应也无定迹，来无所迎，去无所将，不识不知，一顺帝则者，虚灵之极也。赤子匍匐将入井，自圣人与涂人，并而视之，其所谓怵惕恻隐者，圣人不能加而涂人未尝减也。但涂人拟议于乍见之后，已洊入于纳交要誉之私矣。然则乍见之发，岂非生于不识不知之中？而洊入之私，岂非蔽于拟议之后耶？然则涂人之学圣人也，果忧怵惕恻隐之不足耶？抑去其蔽以还其乍见之初心也。……鉴之照物，而天下莫逃以妍媸者，以其至空也。衡之称物，而天下莫欺以轻重者，以其至平也。衡能一天下之轻重，而不可加以铢两之积；鉴能别天下之妍媸，而不可留夫一物之形；心能尽天下之善，而不可先存乎一善之迹。太虚之中，日月星辰，风雨露雷，噎霾细缊，何物不有，而未尝一物为太虚之有。故曰一阖一辟谓之变，往来不穷谓之通。……此心之不可先有乎一善，是至善之极，虽谓之无善亦可也。①

在这段话里，钱德洪表达了两层意蕴：一是心体是虚灵的；二是虚灵之体在用时才呈现善，如“今人乍见孺子入井，皆有怵惕恻隐之心”。此“怵惕恻隐之心”正是孟子“四心”中的一端，而孟子“四心”是践形的。因此，钱德洪的虚灵之体，即心体是践形的。换句话说，钱德洪的心体是德性身体。

同样，钱德洪的性体也是德性身体。按照钱德洪的说法：

至纯而无杂者，性之本体也。兢兢恐恐有事勿忘者，复性之功也。有事勿忘而不见真体之活泼焉，强制之劳也；恍见本体而不加有事之功焉，虚狂之见也。故有事非功也，性之不容自已也；活泼非见也，性之不加一物也。②

① 钱明编校、整理：《徐爱·钱德洪·董沄集》，凤凰出版社，2007年，第155—158页。
② 钱明编校、整理：《徐爱·钱德洪·董沄集》，凤凰出版社，2007年，第123—124页。

性体是一种纯净的存在，而这种存在是自然的流行。他说：

真性流行，莫非自然，稍一起意，即如太虚中忽作云翳。此不起意之教，不为不尽，但质美者，习累未深，一与指示，全体廓然。习累既深之人，不指诚意实功，而一切禁其起意，是又使人以意见承也。①

这一真性，钱德洪又把它叫作"天命之性"，简称"天性"。他说：

以气质言性，非性之真也。性也者，维天之命，人人之所同知而同行者也。其体也虚而寂，而未尝离乎人情庶物之感也；其用也顺而则，而未尝不本于念虑之微也。故自蒸民之不识不知，而帝则昭察焉，故不事契悟而常自明，自孩提之爱亲敬兄，而仁义达之天下焉，故不事操履而常自行，在知性者顺而率之，无间于欲焉已矣。②

在这里，钱德洪认为天性"虚而寂"，它存在于人心中而"常自明"。如"孩提之爱亲敬兄"是一种本心行为。这种本心仁义行为，就是性作为德性身体的一种自然呈现。

他又说：

人只有一道心，天命流行，不动纤毫声臭，是之谓微。才动声臭，便杂以人矣。然其中有多少不安处，故曰危。③

而天命之性是道心的表现形式。在阳明学说里，道心和天命之性都是践形的。王阳明指出：

道心者，率性之谓，而未杂于人。无声无臭，至微而显，诚之源也。人心，则杂于人而危矣，伪之端矣。见孺子之入井而恻隐，率性之道也。④

---

① 钱明编校、整理：《徐爱 · 钱德洪 · 董沄集》，凤凰出版社，2007 年，第 121 页。
② 钱明编校、整理：《徐爱 · 钱德洪 · 董沄集》，凤凰出版社，2007 年，第 160 页。
③ 钱明编校、整理：《徐爱 · 钱德洪 · 董沄集》，凤凰出版社，2007 年，第 123 页。
④ 王阳明著，陈明等注释、审校：《王阳明全集：序记说 · 杂著》，华中科技大学出版社，2016 年，第 80 页。

而这种道心"主于身也"[①]。也就是说，道心和天性一样，只有通过身体才能呈现出来。钱德洪继承了王阳明的道心和天命之性，因此，钱德洪的性体也是践形的，也是一种德性身体。

钱德洪的知体，就是良知的本体，据他所说："良知者，至善之著察也。良知即至善也。"[②]良知的本体就是至善，而"心之本体，纯粹无杂，至善也"[③]。

良知的本体就是心之本体，即无善无恶。这就要回到天泉证道。《天泉证道纪》中记载：

> 阳明夫子之学，以良知为宗，每与门人论学，提四句为教法："无善无恶心之体，有善有恶意之动，知善知恶是良知，为善去恶是格物。"学者循此用功，各有所得。绪山钱子谓："此是师门教人定本，一毫不可更易。"先生谓："夫子立教随时，谓之权法，未可执定。体用显微，只是一机；心意知物，只是一事。若悟得心是无善无恶之心，意即是无善无恶之意，知即是无善无恶之知，物即是无善无恶之物。盖无心之心则藏密，无意之意则应圆，无知之知则体寂，无物之物则用神。天命之性，粹然至善，神感神应，其机自不容已，无善可名。恶固本无，善亦不可得而有也，是谓无善无恶。若有善有恶，则意动于物，非自性之流行，着于有矣。自性流行者，动而无动；着于有者，动而动也。意是心之所发，若是有善有恶之意，则知与物一齐皆有，心亦不可谓之无矣。"绪山子谓："若是，是坏师门教法，非善学也。"
>
> 先生谓："学须自证自悟，不从人脚跟转，若执著师门权法以为定本，未免滞于言诠，亦非善学也。"[④]

钱德洪的良知严格依照了王阳明的"四句教"。尽管他生发了"四有说"，即心、意、知、物皆有善有恶，但钱德洪的"心"是至善。

钱德洪又认为："自身之主宰言，谓之心。"[⑤]这种至善只有通过"身"才能展示出来，即钱德洪的知体是践形的。正如他所说："盖心无体，心之上不可以言功也。"[⑥]由于心体以知为体，所以钱德洪的心体和知体具有强烈的道德价值意蕴。他说："心无

---

① 王阳明著，陈明等注释、审校：《王阳明全集：序记说·杂著》，华中科技大学出版社，2016年，第21页。

② 钱明编校、整理：《徐爱·钱德洪·董沄集》，凤凰出版社，2007年，第124页。

③ 钱明编校、整理：《徐爱·钱德洪·董沄集》，凤凰出版社，2007年，第124页。

④ 王畿：《王龙溪先生全集》卷一《天泉证道纪》。

⑤ 钱明编校、整理：《徐爱·钱德洪·董沄集》，凤凰出版社，2007年，第125页。

⑥ 钱明编校、整理：《徐爱·钱德洪·董沄集》，凤凰出版社，2007年，第123页。

体以知为体，无知即无心也。知无体以感应之是非为体，无是非即无知也。”[①]又说："是知也，虽万感纷纭而是非不昧，虽众欲交错而清明在躬，至变而无方，至神而无迹者，良知之体也。”[②]从这一点来说，钱德洪的知体也是德性身体。

从不同角度来看，钱德洪的知体又是天理。他说：

> 良知天理原非二义，以心之灵虚昭察而言谓之知，以心之文理条析而言谓之理。灵虚昭察，无事学虑，自然而然，故谓之良；文理条析，无事学虑，自然而然，故谓之天；然曰灵虚昭察，则所谓昭察者，即文理条析之谓也，灵虚昭察之中，而条理不著，固非所以为良知；而灵虚昭察之中，复求所谓条理，则亦非所谓天理矣。今曰良知不用天理，则知为空知，是疑以虚元空寂视良知，而又似以袭取外索为天理矣，恐非两家立言之旨也。[③]

在这里，钱德洪虽然辨析了良知与天理的差别，但总的来看，良知就是天理。笔者曾在《中国古代身体思想研究》中指出，天理就是践形的德性身体。这更加证明了钱德洪的知体是德性身体的思想。

二、德性身体下正心与修身

钱德洪曾说：

> 静中收摄精神，勿使游放，则心体湛一，高明广大，可驯致矣。作圣之功，其在此乎！[④]

钱德洪强调正心。他认为人是有欲望的，这种欲望也叫习心或习气，它会遮蔽本性或良知。他说：

> 恶念者，习气也；善念者，本性也；本性为习所胜、气所汩者，志不立也。痛惩

① 钱明编校、整理：《徐爱・钱德洪・董沄集》，凤凰出版社，2007年，第124页。
② 钱明编校、整理：《徐爱・钱德洪・董沄集》，凤凰出版社，2007年，第120页。
③ 钱明编校、整理：《徐爱・钱德洪・董沄集》，凤凰出版社，2007年，第150页。
④ 黄宗羲：《明儒学案》卷九《三原学案》。

其志，使习气消而本性复，学问之功也。[①]

他又以狱中的亲身经历指出欲念对良知的危害：

亲蹈生死真境，身世尽空，独留一念荧魂，耿耿中夜，豁然若省。乃知上天为我设此法象，示我以本来真性，不容丝发挂带。平时一种姑容因循之念，常自以为不足害道，由今观之，一尘可以蒙目，一指可以障天，诚可惧也。噫，古人处动忍而获增益，吾不知增益者何物，减削则已尽矣。[②]

基于这一点，钱德洪提出心"无动说"。他曾与门人有如下问答：

问："胸中扰扰，必猛加澄定，方得渐清。"

曰："此是见上转，有事时，此知着在事上，事过，此知又着在虚上，动静二见，不得成片。若透得此心彻底无欲，虽终日应酬百务，本体上何曾加得一毫？事了即休，一过无迹，本体上又何曾减得一毫？"[③]

换句话来讲，心静，良知才会呈现；心动，良知才会事上精炼。钱德洪指出：

但见得良知头脑明白，更求静处精炼，使全体著察，一滓不留；又在事上精炼，使全体著察，一念不欺。此正见吾体动而无动，静而无静，时动时静，不见其端，为阴为阳，莫知其始：斯之谓动静皆定之学。[④]

因此，他又主张诚意。即正心之功。钱德洪认为：

正心之功不在他求，只在诚意之中，体当本体明彻，止于至善而已矣。[⑤]

具体来说，就是在"意"上"无动"：

---

① 钱明编校、整理：《徐爱·钱德洪·董沄集》，凤凰出版社，2007年，第201页。
② 钱明编校、整理：《徐爱·钱德洪·董沄集》，凤凰出版社，2007年，第152页。
③ 钱明编校、整理：《徐爱·钱德洪·董沄集》，凤凰出版社，2007年，第121页。
④ 钱明编校、整理：《徐爱·钱德洪·董沄集》，凤凰出版社，2007年，第137页。
⑤ 钱明编校、整理：《徐爱·钱德洪·董沄集》，凤凰出版社，2007年，第120页。

> 夫子尝有言矣，曰至善者心之本体，动而后有不善也。吾不能必其无不善，吾无动焉而已。彼所谓意者动也，非是之谓动也；吾所谓动，动于动焉者也。吾惟无动，则在吾者常一矣。①

钱德洪的正心之功静中有动，动中有静。同时，钱德洪主张修身：

> 夫镜，物也，故斑垢驳杂得积于上，而可以先加磨去之功。吾心良知，虚灵也，虚灵非物也，非物则斑垢驳杂停于吾心何所？则磨之之功又于何所乎！今所指吾心之斑垢驳杂者，非以气拘物蔽而言乎？既曰气拘，曰物蔽，则吾心之斑垢驳杂，由人情事物之感而后有也。既由人情事物之感而后有，而今之致知也，则将于未涉人情事物之感之前，而先加致之之功，则夫所谓致之之功者，又将何所施耶？②

这里的"致知之功"就是修身。修身之一是戒惧：

> 戒惧即是良知，觉得多此戒惧，只是工夫生，久则本体工夫自能相忘，不思而得，不勉而中，亦只是一熟耳。③

在良知的范围内不逾矩，即身体行为不违背良知准则。

修身之二是放下：

> 道体自然，无容强索，今欲矜持操执以必得，则本体之上无容有加，加此一念，病于助矣。然欲全体放下，若见自然，久之则又疑于忘焉。今之工夫，既不助又不忘，常见此体参前倚衡，活泼呈露。此正天然自得之机也。④

此即指放下一切欲望，任其自然。他又指出：

> 心之神明，本无方体，欲放则放，欲止则止。⑤

---

① 黄宗羲：《明儒学案》卷十一《浙中王门学案一》。

② 钱明编校、整理：《徐爱·钱德洪·董沄集》，凤凰出版社，2007年，第119页。

③ 钱明编校、整理：《徐爱·钱德洪·董沄集》，凤凰出版社，2007年，第119页。

④ 彭国翔：《钱绪山语录辑逸与校注》，《中国哲学史》2003年第3期。

⑤ 钱明编校、整理：《徐爱·钱德洪·董沄集》，凤凰出版社，2007年，第124页。

钱德洪将“无欲”作为其修身的基础行为，表明他还承继了朱熹“灭人欲，存天理”的思想。

修身之三是格物：

去恶必穷其根，为善不居其有，格物之则也。然非究竟本体，止于至善之学也。善恶之机，纵其生灭相寻于无穷，是藏其根而恶其萌糵之生，浊其源而辨其末流之清也。是以知善知恶为知之极，而不知良知之体本无善恶也；有为有去之为功，而不知究极本体，施功于无为，乃真功也。正念无念，正念之念，本体常寂，才涉私邪，憧憧纷扰矣。①

钱德洪的“格物”像王阳明的“格物”一样，也是指去除身体的欲望。不同之处在于，王阳明是泛指，而钱德洪是特指“去恶存善”。钱德洪的“格物”更具有针对性。

正如黄宗羲所指出的：

龙溪从见在悟其变动不居之体，先生只于事物上实心磨炼，故先生之彻悟不如龙溪，龙溪之修持不如先生。②

在阳明后学中，钱德洪的修身功夫独树一帜。

三、德性身体下的生与死

像王畿一样，对作为身体存在的生与死，钱德洪也表达了自己的看法。而这些看法与他狱中的经历息息相关。

嘉靖二十年(1541)，钱德洪因上疏弹劾翊国公郭勋被下锦衣卫监狱。王畿在《绪山钱君行状》中言：

是冬，严冰坼地，积雪盈圜，君身婴三木，自分必死，独念亲倚庐，无缘面诀，魂飞茕茕，遍照圜宇，乃自叹曰：“吾在柙中，四肢且不能保，思亲数千里外，不亦幻乎？”洒然一空，鼾声彻旦，日与斛山杨侍郎、白楼赵都督读书谈道。③

① 钱明编校、整理：《徐爱·钱德洪·董沄集》，凤凰出版社，2007年，第121页。

② 黄宗羲：《明儒学案》卷十一《浙中王门学案一》。

③ 钱明编校、整理：《徐爱·钱德洪·董沄集》，凤凰出版社，2007年，第410页。

先来看“日与斛山杨侍郎、白楼赵都督读书谈道”谈的是何道。钱德洪在《西台狱怀晴川斛山》中说：

心同道不二，千载还相求，况与子同时，远离胡作忧。愿各崇令德，毋为岁月道。世趋日从下，所障非末流。圣学久无术，谁为至道谋？愤激徒自伤，时运还相道，安知今非昔，此理终不偷。孔颜不改乐，用行舍则休。吾生恐不逮，世趋亦何忧。①

从这首诗来看，钱德洪与斛山杨侍郎、白楼赵都督谈的是阳明圣学：

与斛山辨无善无恶之旨：“人之心体一也，指名曰善可也，曰至善无恶可也，曰无善无恶亦可也；至善之体，本来虚寂，恶固非所有，善亦不得而有也。”②

这里“人之心体一也”中的“一”，按照高亨的研究，“一谓身也”③。

既然心体虚寂，那么身也是虚寂的。因此，他在《狱中寄龙溪》写道：“亲蹈生死真境，身世尽空，独留一年茕魂。”④而且，天地万物对于他来说也是空的。他说：

吾人与万物混处于天地之中，为天地万物之宰者，非吾身乎？其能以宰乎天地万物者，非吾心乎？心何以能宰天地万物也？天地万物有声矣，而为之辨其声者谁欤？天地万物有色矣，而为之辨其色者谁欤？天地万物有味矣，而为之辨其味者谁欤？天地万物有变化矣，而神明其变化者谁欤？是天地万物之声非声也，由吾心听，斯有声也。天地万物之色非色也，由吾心视，斯有色也。天地万物之味非味也，由吾心尝，斯有味也。天地万物之变化非变化也，由吾心神明之，斯有变化也。然则天地万物也，非吾心则弗灵也。吾心之灵毁，则声、色、味、变化不得而见矣。声、色、味、变化不可见，则天地万物亦几乎息矣。故曰：“人者，天地之心，万物之灵也，所以主宰乎天地万物者也。”⑤

因此，生与死也是空的。

---

① 钱明编校、整理：《徐爱·钱德洪·董沄集》，凤凰出版社，2007年，第238页。
② 王畿著，吴震编校、整理：《王畿集》，凤凰出版社，2007年，第586页。
③ 参见伍小涛：《中国古代身体思想研究》，光明日报出版社，2022年，第73页。
④ 钱明编校、整理：《徐爱·钱德洪·董沄集》，凤凰出版社，2007年，第152页。
⑤ 钱明编校、整理：《徐爱·钱德洪·董沄集》，凤凰出版社，2007年，第192页。

在他看来，只有真性才是自足永存的。他说：

洪昔幸侍，未尽请益，继遭罪难，颇觉有所醒悟……洪赋质鲁钝，向来习陋未除，误认意见为本体。意见习累，相为起灭，虽百倍惩克，而于此体终隔程途，无有洒然了彻之期。耽搁岁月，浑不自知。上天为我悯念，设此危机，示我生死真境，始于此体豁然若有脱悟，乃知真性本来自足，不涉安排。[①]

这与余德慧所说的“生命实相有三个位阶：身体实相、自我实相、灵性实相，当身体实相开始毁败，自我实相也开始消融，灵性实相就会开始显现”[②]相恰。

其后，钱德洪又经历了五位亲人去世，这更使他看透了生与死。他说：

五年之内五丧相仍，谁兹卜兆，三丧并举且同穴也。使我以痤老之年临之，将何以为情耶？造化溷茫，无心相值，入我以无何有之乡，示我以未始有生之始，其死若梦，其生若觉，觉梦代禅，昼夜相错，谁毁而成？孰悲而乐？惟吾良知，超生出死，为万物纪，历千载而无今昨，吾又乌能以尔动吾之衷，龊龊索索，为呰为嗜也乎哉！[③]

在他看来，“惟吾良知，超生出死”。这就把良知置于一个重要的主宰位置。他认为：

吾心灵明为天地主宰，天地无吾心，则地不见其博厚矣，天不见其高明矣，古今不见其悠久矣，而天地亦几乎息矣。诸君自尽求诚之功，又何疑于配天配地乎？[④]

良知是天地的主宰，也是生与死的主宰。由此，他要求致良知。郑晓江指出：“儒家在生死问题上一直避免谈死亡，直到阳明之学横空出世，生死之学才大明于天下。”[⑤]

笔者认为，超脱生死一直是儒家重要的生命关怀，并不是直到阳明学出现才生发

① 钱明编校、整理：《徐爱・钱德洪・董沄集》，凤凰出版社，2007年，第158—159页。
② 余德慧：《临终心理与陪伴研究》，心灵工坊文化事业有限公司，2006年，第102页。
③ 钱明编校、整理：《徐爱・钱德洪・董沄集》，凤凰出版社，2007年，第178页。
④ 钱明编校、整理：《徐爱・钱德洪・董沄集》，凤凰出版社，2007年，第128页。
⑤ 郑晓江：《“真人不死”与“出离生死”——李卓吾生死智慧探微》，《中州学刊》2008年第4期。

出生死的超脱。早在先秦时期，孟子就指出：

> 鱼，我所欲也；熊掌，亦我所欲也。二者不可得兼，舍鱼而取熊掌者也。生，亦我所欲也；义，亦我所欲也。二者不可得兼，舍生而取义者也。生亦我所欲，所欲有甚于生者，故不为苟得也；死亦我所恶，所恶有甚于死者，故患有所不辟也。如使人之所欲莫甚于生，则凡可以得生者，何不用也？使人之所恶莫甚于死者，则凡可以辟患者，何不为也？由是则生而有不用也，由是则可以辟患而有不为也。是故所欲有甚于生者，所恶有甚于死者。①

在孟子看来，比生与死更重要的还有仁义。钱德洪承继了孟子的生死观，用良知来超脱生死。这光大了阳明身体思想的应用范围。

四、对钱德洪德性身体的评价

黄宗羲曾说：

> 阳明“致良知”之学，发于晚年。其初以静坐澄心训学者，学者多有喜静恶动之弊，知本流行，故提掇未免过重。然曰：“良知是未发之中。”又曰：“慎独即是致良知。”则亦未尝不以收敛为主也。故乡东廓之戒惧，罗念菴之主静，此真阳明之的传也。先生与龙溪亲炙阳明最久，习闻其过重之言。龙溪谓：“寂者心之本体，寂以照为用，守其空知而遗照，是乖其用也。”先生谓：“未发竟从何处觅？离已发而求未发，必不可得。”是两先生之“良知”，俱以见在知觉而言，于圣贤凝聚处，尽与扫除，在师门之旨，不能无毫厘之差。龙溪从见在悟其变动不居之体，先生只于事物上实心磨炼，故先生之彻悟不如龙溪，龙溪之修持不如先生。乃龙溪竟入于禅，而先生不失儒者之矩矱，何也？龙溪悬崖撒手，非师门宗旨所可系缚，先生则把缆放船，虽无大得亦无大失耳。②

从身体的视野来看，无论是王阳明还是钱德洪、王畿，都把良知当作践形的身体、德性的身体，不同之处在于德性身体的打造上。王畿主张从顿悟入手，自然而然地呈

① 《孟子·告子上》。

② 黄宗羲：《明儒学案》卷十一《浙中王门学案一》。

现良知;钱德洪主张诚意,静动结合来展示和践形德性身体;王阳明则综合二者事上工夫。王畿的德性身体有禅宗修行的影子,钱德洪采用儒家正宗的修行方法。

同时,钱德洪的良知除了德性身体外,还有知觉的意义。他说:

> 意也者,以言乎其感应也;物也者,以言乎其感应之事也;而知则主宰乎事物是非之则也。意有动静,此知之体不因意之动静有明暗也。物有去来,此知之体不因物之去来为有无也。①

这里的"知"有良知和知觉双重意蕴。因此,有学者指出:

> 晚年绪山则更是直取良知之"知",以知体为其言论根基。其缘由,一是为了避免阳明后学只认知之"良",以为良知能够现成自得,便不去踏踏实实地进行格物致知的工夫,最终流于虚无空荡的境地;二是绪山本人的确在狱中体心后,心境有所改变,对良知之虚灵性有了更深刻的把握。②

钱德洪的德性身体思想,对阳明身学的光大有着重大的影响。他积极推介阳明学说,可以说,没有钱德洪的大力讲学与宣传,就没有阳明学"门徒遍天下,流传逾百年"③的状况。正如他自己所说:

> 昔者夫子之始倡是学也,天下非笑诋訾,几不免于陷阱者屡矣。夫子悯人心之不觉也,忘其身之危困,积以诚心,稽以实得,见之行事。故天下之同好者,共起而以身承之,以政明之。④

从这一点来说,钱德洪的德性身体思想价值甚大。

---

① 钱明编校、整理:《徐爱·钱德洪·董沄集》,凤凰出版社,2007年,第124页。

② 王玉明:《钱绪山哲学思想研究》,河北大学硕士学位论文,2021年,第56页。

③《明史·儒林传》。

④ 钱明编校、整理:《徐爱·钱德洪·董沄集》,凤凰出版社,2007年,第174页。

Virtue Body: A Study of Qian Dehong's Philosophy of the Body

Wu Xiaotao

Abstract: Wang Yangming's theory consists of two parts: one is about the metaphysical mind, and the other is about the metaphysical body. The metaphysical theory of the heart was mainly inherited and developed by Qian Dehong, Wang Ji, and others. Due to the fact that Wang Yangming's heart and conscience were both embodied, Qian Dehong's inheritance and development of Wang Yangming's theory of the mind were naturally embodied. That is to say, Qian Dehong's thought is a embodied bodily thought. Specifically, the mind body, sexual body, and cognitive body under the moral body, the righteous mind and self-cultivation under the moral body, and the life and death under the moral body. Qian Dehong's moral body ideology had a significant impact on the development of Yangming's body studies.

Key words: Virtue body　Qian Dehong　philosophy of the body

析林希逸无心论的三重进路

梁富超*

摘　要：林希逸作品中的无容心、无迹、自然、无为、无言、无知，以及无极、太极、天理等概念皆归一于无心，这构成了其无心即道的形而上理论、无心自然的自然观与无心有情的实践方式三重进路。一方面，无心即道、无心自然的理路组成其道学观的精神内核与道德实践追求；另一方面，道家的清淡无为与释家的遁世断情被抛弃，“无心”作为“有情”成为积极入世的手段和智慧。

关键词：林希逸　理学　无心　三教融通

林希逸，字肃翁、渊翁，号竹溪、鬳斋、献机，晚年自号溪干，南宋福建路福清县渔溪人。其学统可见于《宋元学案》卷四十七《艾轩学案》中。《闽南道学源流》亦记载林希逸师从陈藻，陈藻之学出于林亦之，亦之之学出于林光朝，其授受远有原委。[1] 其今存世作品有《老子鬳斋口义》《庄子鬳斋口义》《列子鬳斋口义》（下文分别简称《老义》《庄义》《列义》，总称《三子口义》），另有《竹溪鬳斋十一稿续集》（下文简称《续集》）、《竹溪十一稿诗选》（下文简称《诗选》）、《考工记解》等。其中，《三子口义》是体现其道学观的主要材料。此外，其亦著有《鬳斋前集》六十卷和《易义》《春秋传》，但均已亡佚。[2] 本文主要以林希逸《三子口义》注解中反复出现的无心概念为中心线索，

* 梁富超，新疆师范大学政法学院硕士研究生，主要从事中国哲学史研究。

[1] 杨应诏：《闽南道学源流》，《四库全书存目丛书》史部第九二册，齐鲁书社，1996 年，第 254 页。

[2] 黄宗羲原著，全祖望补修，陈金生、梁运华点校：《宋元学案》第二册《艾轩学案》，中华书局，1986 年，第 1484 页。

理清和呈现其无心论思想，并论证这是有别于庄、老、列诸子的其本人的思想。

一、无心即道的形而上理论

宋代三教归一程度大大提高，三教之隔膜与排斥变小，但理学家仍以儒为宗，以释道之形而上世界观为儒家建立理论支撑，同时又对释道二家思想进行批判攻击。艾轩学派起初亦存在这种倾向，如艾轩认为："儒释之分若青天白昼。"[①]但其学统历经三代传至林希逸后，这种排斥释道的倾向便几近于无，其立场已然转变为"兄老弟佛"[②]。林希逸以儒家自居的同时，又以极其开放的心态吸纳释道思想，注解《三子口义》时多引儒释之言进行比附，形成了其三教思想融合的结晶——无心论。

（一）无心为本

"无心"一词起源于道家学派，最早可见于《老子》一书。王弼本《老子》第四十九章有"圣人无常心，以百姓心为心"之说，林希逸在《老义》中则直接把"无常心"解释为"无心"。恰巧敦煌本《老子》关于这一句的表述为"圣人无心"，帛书乙本则是"圣人恒无心"，据高明先生考证当以帛书乙本为准。[③] 因此"无心"最早当出自《老子》一书，佛教传入中国后则借用无心阐发佛教空理。儒家的无心实际上是"天人合一"，这源于先秦，至宋代乃成为一种理论。最高的"天人合一"颇有主体融入客体、泯除一切显著差别之意，实则近于"无心"，如北宋程颢的《定性书》认为，"夫天地之常，以其心普万物而无心"[④]。牟宗三亦言无心既可通于道家之玄智，亦可通于佛家之般若与禅。[⑤] 因此，林希逸以此融通三教自然无碍。

《三子口义》注解中"无心"一词（含"无容心"）共出现 121 次，其中《老义》19 次，《列义》27 次，《庄义》75 次，若仅论"心"字，《老义》便百余次。林希逸于《老义》中认为："若老子所谓无为而自化，不争而善胜，皆不畔于吾书。"[⑥]其于《庄义》则引先师言曰"佛书最好证吾书"[⑦]，可见其认为儒家思想与释道思想存在诸多联系。需要关注的是，其融摄释道以证吾书的过程是以双向扬弃为立场进行的。因三家思想各有

① 林光朝：《艾轩集》卷六，《景印文渊阁四库全书》1142 册，台湾商务印书馆，1986 年。

② 黄宗羲原著，全祖望补修，陈金生、梁运华点校：《宋元学案》第二册《艾轩学案》，中华书局，1986 年，第 1481 页。

③ 高明：《帛书老子校注》，中华书局，1996 年，第 58 页。

④ 程颢、程颐著，王孝鱼点校：《河南程氏文集》卷二，《二程集》，中华书局，1981 年，第 460 页。

⑤ 牟宗三：《从陆象山到刘蕺山》，《全集》第 8 册，联经出版社，2003 年，第 10 页。

⑥ 林希逸：《老子鬳斋口义》，华东师范大学出版社，2010 年，见《发题》。

⑦ 林希逸著，周启成校注：《庄子鬳斋口义校注》，中华书局，1997 年，第 144 页。

利弊，所以其并未以任何一家的思想为绝对遵循的宗义。

首先，林希逸认为道家并非专主虚无。因《老子》第一章便已指出有与无均同出于众妙之门，所以其认为道家专主虚无之说法为误。况且庄子谈论“有未始有夫未始有始者也”[①]时亦未强调“无”或主张“始”不可知，只是“赞言其妙”。而在《老义》第八章中，其认为“汝惟不争，天下莫与汝争能”亦非主张无为，而是强调有道之士善于入世之能而不自以为能。又如在《庄义·在宥》篇中，其认为“庄子依旧是理会事底人，非止谈说虚无而已”[②]，这都表明其对“有”的看重和关注。

其次，他接纳了释家之“无心”并弃其无情。如《庄义·秋水》篇认为：“此篇河伯海若问答，正好与传灯录忠国师‘无情说法’‘无心成佛’问答同。”[③]在《庄义·知北游》篇中，林希逸则认为庄子提出的道不可致，圣人行不言之教，就是“直指人心，见性成佛”[④]。“见性成佛”实则是“无心成佛”，释氏曰“道不可以有心求”[⑤]便有此意。另外，在《庄义·至乐》篇中，关于庄妻去世之事，大慧禅师曰“子死不哭，是豺狼也”[⑥]，林希逸赞言这一评论极有道理，并指出其他学佛者若回答这一问题必定胡说八道，这体现了其反对释家之无情的态度。无论林希逸是关注道家之“有”，还是抛弃释家之无情，其目的都是使其理论迎合儒家的入世实践。

最后，他对儒家思想也并未一味遵循，这体现在其对道家“批儒之言”的包容及对儒家思想所做的一些反思中。如在《老义》第五章中，其认为“天地不仁”一段该解作“生物仁也，天地虽生物而不以为功，与物相忘也”，不仁只是无心于仁罢了。“刍狗”乃祭祀用之，过后则弃，也是不着意而相忘之意。而在《老义》第十九章中，对于老子的“绝圣弃智”“绝仁弃义”等主张，他也只当其为愤世之言而不作深究（第十八章中亦有近似言论）。又如，他认为庄子并非不尊敬儒家圣人，其对惠子所说“我安得及彼孔子哉！”[⑦]可证。可见，林希逸对道家思想持较为彻底的包容态度，其已然摒弃门户之见与个人的私心、情绪，纯粹站在学理的立场试图融通三教。因此，当儒道两家的某

---

① 林希逸：《老子鬳斋口义》，华东师范大学出版社，2010年，第2页。

② 林希逸著，周启成校注：《庄子鬳斋口义校注》，中华书局，1997年，第179页。

③ 林希逸著，周启成校注：《庄子鬳斋口义校注》，中华书局，1997年，第275页。忠国师问答，《景德传灯录》第二十八：“问：‘无情既有心性，还解说法否？’师（南阳慧忠国师）曰：‘他炽然常说，无有闲歇。’曰：‘某甲为什么不闻？’师曰：‘汝自不闻。’曰：‘谁人得闻？’师曰：‘诸佛得闻。’……‘师既不闻，争知无情解说？’师曰：‘我若得闻，即齐诸佛，汝即不闻我所说法。’……师曰：‘无心可用，即得成佛。’曰：‘无心可用，阿谁成佛？’师曰：‘无心自成，佛亦无心。’”

④ 林希逸著，周启成校注：《庄子鬳斋口义校注》，中华书局，1997年，第329页。

⑤ 林希逸：《列子鬳斋口义》，华东师范大学出版社，1997年，第108页。《宗镜录》原文作：“法无动念，不可以有念求，又非无念，不可以无心得。应可玄会，取其意耳。”

⑥ 林希逸著，周启成校注：《庄子鬳斋口义校注》，中华书局，1997年，第278页。

⑦ 林希逸著，周启成校注：《庄子鬳斋口义校注》，中华书局，1997年，第434页。

些思想观点出现相矛盾时，其对道家立场的偏向是符合情理的。

艾轩学派历来重视文法笔法，林希逸在《庄义·发题》中便认为解庄有五难，“笔端鼓舞变化，皆不可以寻常文字蹊径求之”乃其四(《老义》第四章亦有其重笔法之体现)。现再看其于《列义·杨朱》篇中所言：“利物之道，亦出于自然，岂一人之义所能利之？以一人之私而求忠义之名，名反泯灭，而徒累其身。不若顺其自然，则君臣俱安而物我俱利。此所谓古道也。”[①]据林希逸对文法笔法之重视，可知这一段解《列》文字中反问句句式的使用和肯定句句式的排列所表现出的倾向贵身主义和自然无为的思想必非无意之举，林希逸盖亦赞同之。又如：“德与理，自然者，仁与义，有心以为之，故以为乱于德而悖于理。”[②](另见《庄义》，第329页)这里亦是直抒原文之意，用词决绝，毫不拖泥带水，表达了其对自然之尊崇和对“有心之仁义”的疏远和排斥。

总之，林希逸虽自称儒者，但并未死守儒家之仁义道德，而是表现出对三教思想开放包容的态度。其无心论并非三教思想的粗暴糅合，而是在坚持无心的基础上对三教思想的批判继承。唯有如此，其无心论体系才可能逻辑自洽地建立起来。

(二) 无心即道

道，在林希逸看来，就是无极而太极。《老义》第四十二章说：“一，太极。二，天地。三，三才也。”这里的道即一，一即太极，可知林希逸认为宇宙的本源为道或太极。另外，《老义》中又有“有物混成，道也，无极而太极也”[③]之言，可见道同样可以被认为是无极而太极。关于无极或无极而太极的解释可见于《列义·天瑞》篇。此篇原文曰“太易者，未见气也；太初者，气之始也”，林希逸认为“‘未见气’者，无极而有极也……‘太易’即大造化也”[④]。可见其主张无极而有极就是太易，乃未见气，同时也是一种大造化，含无形而有理之意。接着他又引《庄子·至乐》篇中的“杂乎芒芴之间，变而有气，气变而有形”来解太初之意。由此可见，林希逸认为宇宙是由造化之无形变而有气、有形，无极而太极乃无形而有理之意。其对无极而太极的认识显然与朱熹《太极图说》中一体两面的解释相同，即“非太极之外复有无极也”[⑤]。

这种认识实则与其无心即道的形而上理论存在紧密联系：既然无极或太极只同一个心，就不存在无极与太极之分。其对道与心关系的认识主要见于《老义》第一章：

---

① 林希逸：《列子鬳斋口义》，华东师范大学出版社，1997年，第178页。

② 林希逸著，周启成校注：《庄子鬳斋口义校注》，中华书局，1997年，第164页。

③ 林希逸：《老子鬳斋口义》，华东师范大学出版社，2010年，第27页。

④ 林希逸：《列子鬳斋口义》，华东师范大学出版社，1997年，第13页。

⑤ 周敦颐撰，朱熹解，张旭辉导读：《太极图说》，黄山书社，2021年，第12页。

> 此章居一书之首，一书之大旨皆具于此。其意盖以为道本不容言，凡涉有言，皆是第二义……天地之始，太极未分之时也。其在人心，则寂然不动之地。太极未分，则安有春夏秋冬之名？寂然不动，则安有仁义礼智之名？故曰“无名，天地之始”。其谓之天地者，非专言天地也，所以为此心之喻也。[①]

林希逸认为这是一书之大旨，对道之体悟需要通过心来进行。

首先，他认为道是不变不易的。文中的第二义即“二谛义”中的俗谛，“中道”三层次均有各自的二谛。三论宗大师吉藏认为“中道”非有非无者，但有分别即是片面，也就非第三层次之真谛。林希逸在此引用释家话语，并指出若有仁义礼智之名，那么这将使仁义礼智不能成为限定之外的另一品格。有名乃是对道的偏离和限制，为了接近道甚至体会道的境界，就必须摒弃“名”与言说，以“无心”去接近道、体会道。

其次，他认为寂然不动之心与道合。“寂然不动”最早可见于《周易·系辞上》：“寂然不动，感而遂通天下之故。”[②]这原本是指占卜时的一种心理状态，即只有摒弃一切杂念后方可与天相通，进而预知吉凶。朱熹则将其提升至《易》的体用，他认为“寂然者，感之体。感通者，寂之用”[③]，这就增添了这一范畴的思辨性。此外《礼记·乐记》中亦有“寂然不动”之言，指心无主动欲求之意。由此可见，“寂然不动之心”在秦之前便已受到关注，林希逸则主张“天地之始，太极未分之时”在人心寂然不动之地，这明确体现了其无心即道的理论。

最后，他认为老子所提出的无名并非专指天地之无名，而是“所以为此心之喻也”。大多数人只是从天地上理解这一章，而不知老子的意思“正要就心上理会”[④]。他认为理解道既要以天地为媒介，又要从寂然不动之心去体会。从无心与天地上体会道均可达到近似效果，心与天地成为体道悟道的主体媒介与客体媒介。另外，他又把无心与道和天地同构类推，以表现无心即道的理论。如《列义》认为：“‘生物者不生’，言其不容心于生也。”[⑤]《庄义》则主张“且如一念未起，便是未始有物之时”[⑥]。

林希逸在对儒释道进行批判继承的基础上，以三教所共法的“无心”融通三教，并构建起无心即道的形而上理论。其主张无心即道并论证二者关系，更多的是为了给“无心”的道德实践寻找逻辑自洽的理论依据。如《庄义·大宗师》篇认为：“不以心捐

① 林希逸：《老子鬳斋口义》，华东师范大学出版社，2010年，第1页。
② 朱熹撰，廖名春点校：《周易本义》，中华书局，2010年，第238页。
③ 朱熹撰，廖名春点校：《周易本义》，中华书局，2010年，第238页。
④ 林希逸：《老子鬳斋口义》，华东师范大学出版社，2010年，第3页。
⑤ 林希逸：《列子鬳斋口义》，华东师范大学出版社，1997年，第12页。
⑥ 林希逸著，周启成校注：《庄子鬳斋口义校注》，中华书局，1997年，第29页。

道，即心是道，心外无道也。”[①]不捐者，不可分离之意。他所主张的心道不离、心外无道，实则指明了向内用功的修行理念。“无心”不仅具备道德实践意义，还是一种处世智慧、原则或手段。

二、无心自然的自然观

“自然”是道家的核心概念和范畴，老子认为“道法自然”，庄子则主张“顺物自然”[②]。魏晋时期，道家的自然与儒家的名教发生了一场关于冲突与调和的论争，最终以郭象的“独化论”终结，郭象和向秀的《庄子注》对后世产生了巨大影响。而在《庄义》中林希逸提出“余尝欲为南华老仙洗去郭、向之陋”[③]，可见其并不认同郭向的一些观点。其对《庄子》的独到创见表现为把天理、自然归一于无心的自然观。

（一）天理即自然

结合林希逸著作可知，他认为万物之上存在一个“天理”（又叫道或无极而太极）。关于天理，二程认为“天者，理也”[④]“万物只是一个天理”[⑤]。这里的天理指道体，而“理也，性也，命也，三者未尝有异”[⑥]所指的天理则属性体。牟宗三认为程颢自家体贴出来的天理，不过道体一性体义与万物自然而然之事理情理义，[⑦]又有学者认为天理本来是道家常用语，林希逸虽处于理学的时代背景下，其所认为的天理却未必继承自二程。不过据其论述，其所认为的天理总归是在牟宗三所归纳的天理二义范畴内。现先将《三子口义》中的天理含义略作分析：

（1）与天、道、德同义。“人，人事也；天，天理也”[⑧]“德即道，道即天，……德兼于道，道兼于天。兼者，合二为一之意”[⑨]。

（2）表道体性体义。“至重、至尊者，天理之自然也。”[⑩]这里的“天理”表道体。

---

① 林希逸著，周启成校注：《庄子鬳斋口义校注》，中华书局，1997年，第101页。“即心是道”，景德传灯录卷七：“（大梅法常）初参大寂（马祖道一）问：‘如何是佛？’大寂云：‘即心是佛。’”

② 林希逸著，周启成校注：《庄子鬳斋口义校注》，中华书局，1997年，第126页。

③ 林希逸著，周启成校注：《庄子鬳斋口义校注》，中华书局，1997年，第513页。

④ 程颢、程颐撰，潘富恩导读：《二程遗书》，上海古籍出版社，2000年，第178页。

⑤ 程颢、程颐撰，潘富恩导读：《二程遗书》，上海古籍出版社，2000年，第80页。

⑥ 程颢、程颐撰，潘富恩导读：《二程遗书》，上海古籍出版社，2000年，第329页。

⑦ 牟宗三：《心体与性体（中）》，上海古籍出版社，1999年，第53—76页。

⑧ 林希逸著，周启成校注：《庄子鬳斋口义校注》，中华书局，1997年，第230页。

⑨ 林希逸著，周启成校注：《庄子鬳斋口义校注》，中华书局，1997年，第184页。

⑩ 林希逸著，周启成校注：《庄子鬳斋口义校注》，中华书局，1997年，第461页。

而《列义》认为:"顺,理也。性命在我,即造化之理,故曰'委顺'。"[①]即性命乃是造化之天理委托于人,而并非人本身具备,实际上是"顺"(天理)委,表明天理具备性体义。

(3) 表事理情理义。"此事盖言世事之难易,皆有自然之理"[②]"齿爵亲贤,亦天下自然之理"[③]。

(4) 表自然而然的趋势。"天行,行乎天理之自然也。"[④]这里"自然"作形容词,表天理自然而然的属性趋势。

(5) 表自然。"牧羊本听其自然,若行者在后而不逐其群,则鞭之,此意便谓循天理而行"[⑤]"天也,自然者也"[⑥]。

由上可见,天理既可表道体性体义和事理情理义,亦具备自然而然的属性,不过后者是通过"自然"一词赋予的。天理与自然往往同时出现,这时天理便具备了自然之义并同于自然,但二者又有所侧重和分别。

《三子口义》注解中"天理"一词共出现 57 次,而"自然"一词却出现 384 次;其中《老义》中"天理"一词出现 0 次[⑦],而"自然"出现 33 次;《列义》中"天理"一词出现 3 次,而"自然"却出现了 39 次。从中我们可直观看出"自然"一词在《三子口义》中的重要性。但除"天理"一词外,另有 119 处与天理含义近似的表述,如:自然之理、真实之理、变化之理、浑然之理、成亏之理等。可见天理之重要性亦不可忽视。需要注意的是其中表天理义的"自然之理"一词在《三子口义》中重复出现了 47 次,而当"自然"作名词时(如"至重、至尊者,天理之自然也"[⑧]中的"自然"便充当名词),"自然之理"中的"理"字也就代表对"自然"的规律性的指向和限定,用来说明自然之道的至高无上。

在林希逸那里,将天理与自然比较,终究是自然处于更重要的地位。如在《老义》"道法自然"数句中,林希逸解之曰:"其意但谓道至于自然而极。"[⑨]而河上公认为:"道性自然,无所法也。"[⑩]二者均否认道之上更有一层,但河上公只是以自然规定道性,林希逸则认为自然是对道最好的解释。道(天理)即自然,因此"道至于自然而极"。有学者认为林希逸解《庄》并非对庄子的客观解释,而是其在自身观念主导下进

① 林希逸:《列子鬳斋口义》,华东师范大学出版社,1997 年,第 33 页。
② 林希逸著,周启成校注:《庄子鬳斋口义校注》,中华书局,1997 年,第 51 页。
③ 林希逸著,周启成校注:《庄子鬳斋口义校注》,中华书局,1997 年,第 216 页。
④ 林希逸著,周启成校注:《庄子鬳斋口义校注》,中华书局,1997 年,第 212 页。
⑤ 林希逸著,周启成校注:《庄子鬳斋口义校注》,中华书局,1997 年,第 291 页。
⑥ 林希逸著,周启成校注:《庄子鬳斋口义校注》,中华书局,1997 年,第 191 页。
⑦ 据研究《三子口义》的成书次第是《庄义》《老义》《列义》,因此不存在其作《老义》时无"天理"之用词习惯的可能。《三子口义》中的统计均不含原文。
⑧ 林希逸著,周启成校注:《庄子鬳斋口义校注》,中华书局,1997 年,第 461 页。
⑨ 林希逸:《老子鬳斋口义》,华东师范大学出版社,2010 年,第 28 页。
⑩ 陈鼓应:《老子今注今译》,商务印书馆,2003 年,第 173 页。

行的理学重构工作，此观点本文基本认同；但是其又认为“这就意味着重大的修正以至于扭曲”[①]，这恐怕不当。林希逸实则以自然和无心解《庄》，并不存在对《庄子》的重大扭曲。其认为《庄子》一书的大宗旨只是自然，“此书翻来复去，只说一个自然之理，而撰出许多说话，愈出愈奇，别无第二题目”[②]。

在林希逸那里，天理与自然是相通的，天理之造化即自然，自然之玄理即天理。人心感而遂通即道，而感通的方法就是无心。由于道与无心、天理与自然是互通的，因此自然又是无心。

（二）自然即无心

林希逸对于“心”的注重来自艾轩学派的传统，如艾轩主张“未尝著书，惟口授学者，使之心通理”[③]，网山则提倡“讲学红泉不著书，只将心学授生徒”[④]。此外，林希逸生平与僧人朋友交往甚多，其“无心”思想必定还受到禅宗的影响。据《续集》诗文记载，林希逸与雪岑行海法师、僧宗仁、震上人、玉上人、枯崖和尚、断桥妙伦和尚、介石智朋禅师、剑关子益禅师等均有过交往。而自南宗慧能主张“无心为道”以来，一种以“无心”入禅的方式广为流传，如圆悟克勤禅师便认为：“若能于心无心，于己无己，于彼无彼，于我无我，荡荡廓周沙界，皆非外物纵历，尽乾坤际悉在目前。”[⑤]

“无心”在《三子口义》中出现频次极高，大概与无容心、无迹、自然、无为、无言、无知等同义。其中“无容心”出自《列子·天瑞》篇，在《三子口义》中，“无心”多写作“无容心”。《老义》第三十八章认为：“无以为，是无心而为之也。下德之有以为，则为容心矣。”可见无为即无心，有为即容心矣，“容”乃容许之意，可译为“有”。同时，无迹的出现频率亦极高，盖同于无心，如：“此皆无心无迹之喻。”[⑥]此外，无言、无知又与“无心”同义：“盖无为、无言、无知，皆无容心而已。”[⑦]“无心”又可意为无名，如：“曰‘虚’曰‘静’，则无‘迹’矣，亦无名矣，无名无迹，则得其所居。”[⑧]另外“无心”又与“无容力”同，如：“天地日月，亦自然而已矣，又何容力乎！”[⑨]

虽“无心”（含“无容心”）一词在《三子口义》注解中只出现了 121 次，但其与“天

① 刘思禾：《林希逸解庄论——以自然天理说的辨析为中心》，《古籍整理研究学刊》2012 年第 2 期。
② 林希逸著，周启成校注：《庄子鬳斋口义校注》，中华书局，1997 年，第 225 页。
③ 杨应诏：《闽南道学源流》，《四库全书存目丛书》史部第九二册，齐鲁书社，1996 年，第 75 页。
④ 杨应诏：《闽南道学源流》，《四库全书存目丛书》史部第九二册，齐鲁书社，1996 年，第 104 页。
⑤ 绍隆等编：《圆悟佛果禅师语录》卷四，《大正新修大藏经》第 47 卷，新文丰出版公司，1975 年，第 728 页。
⑥ 林希逸著，周启成校注：《庄子鬳斋口义校注》，中华书局，1997 年，第 64 页。
⑦ 林希逸：《列子鬳斋口义》，华东师范大学出版社，1997 年，第 51 页。
⑧ 林希逸：《列子鬳斋口义》，华东师范大学出版社，1997 年，第 29 页。
⑨ 林希逸著，周启成校注：《庄子鬳斋口义校注》，中华书局，1997 年，第 322 页。

理”一样，有着众多近似的表述方式。林希逸在表达无心时，常只言“容心”“有迹”“无为”“无言”“某某之心”等如何，如无心之心：天地之心、纯一之心、自然之心、无迹之心、无意之心、不辞之心、本然之心等；又如有心之心：执怨之心、害物之心、争竞之心、爵禄之心、善恶之心、利害之心、成佛之心、敬贤之心、救世之心等。若算上这类隐喻表述，则“无心”的出现次数将至少翻上一倍。由上述列举可知，林希逸的无心代表事物未发端时的本然状态，有心则意味着事端发生，一切事端的发生无论好坏皆为有心。

在《三子口义》中自然的含义与天理基本相同，在此不做过多阐述，总的来说，自然亦可表示无心。如《老义》第七章中林希逸认为“天地之生万物，自然而然，无所容心，故千万岁犹一日也”，这一句即表明“自然即无心”。《庄义》则认为“累积以为高，则是容心不自然矣”[①]，“容心不自然”换言之就是无心则自然。此外亦有认为天理与自然、无心可以互通的直接描述，如：“大道，自然也，此盖自然无心之喻。”[②]值得注意的是，这一句又重在“以自然无心喻”，亦即大道只是用来比喻自然与无心，这就把大道与自然无心的地位进行了调换，自然无心的重要性反而在大道之上了。

虽然“自然”在林希逸解《庄》过程中的地位更为凸出，但在自然与无心之间，后者又更像是其本人的核心思想。如在其著作《续集》中“无心”一词共出现7次，“有心”一词共出现6次，“无意”亦出现6次，且“无言”“无知”又各出现2次，由上文可知“无意”“无言”“无知”之类表述可算作“无心”的近义词，而“自然”一词却只有13次，“天理”则有6次。其似乎在有意无意中把无心的地位放到了自然与天理之上。究其情理，大概是唯有“无心”可融通三教，并作为道德修养的主体。若其以自然为本则近于道家之流，而天道玄远，或许只有无心方可企及。

无心既可通于形而上之本体——道与天理的玄妙，亦可下证于自然。在林希逸的自然观中，天理、自然盖归一于无心。但其自然观中的无心所强调的内涵又与形而上思想中的无心有所不同。在自然观中，无心不再是强调“寂然不动”之心，而是主张以自然规律为尊，效法自然。如《列义·仲尼》篇认为：“‘无所用而死’，言无容心于死，而循其自然者，亦谓之道。”[③]可见无心是指顺应自然规律，自然而然，这就为其无心有情的实践方式提供了方向指引。

---

① 林希逸著，周启成校注：《庄子鬳斋口义校注》，中华书局，1997年，第180页。
② 林希逸著，周启成校注：《庄子鬳斋口义校注》，中华书局，1997年，第350页。
③ 林希逸：《列子鬳斋口义》，华东师范大学出版社，1997年，第98页。

三、无心有情的实践方式

林希逸的思想不同于道家的愤世无为与释家的遁世断情。在实践层面上，其一生大多以日用为落脚点，并以无心有情的实践方式从事着积极的入世活动。其在《庄义·在宥》篇引乐轩语曰："儒者悟道，则其心愈细；禅家悟道，则其心愈粗。"[①]艾轩学派的儒者之道必定比禅家之道更为细致，这种"心细"实则体现在儒家的入世情怀和生活实践中，因此，其主张的无心也绝无可能与佛家的虚无空理等同。

（一）以日用为落脚点

林希逸所著的儒书均已亡佚，所幸尚有诗集等文献可供考察其入世思想。他注重日用的思想首先可见于其对艾轩学派的师承。艾轩认为："日用是根株，文字是注脚。须见得日用处，注脚自可晓。"[②]林希逸则主张："老子之学，何尝专尚虚无？"[③]他在发扬道家学派心学意蕴的同时，又极其重视道家的务实思想，而不局限于空谈义理。其认为《周易》之形而上之道须要"举而措之天下之民"[④]才能算是事业。《周易》认为"见乃谓之象，形乃谓之器，制而用之谓之法，利用出入，民咸用之，谓之神"[⑤]，这也是林希逸所赞同的，他认为百姓只有把这些以一定法度制作出来的器物利用起来，才可叫作神（其作《考工记解》便秉承了这一原则）。他把这种日用功夫叫作"精底"，而把形而上之道称为"粗底"。"儒者悟道，则其心愈细"指的就是对日用功夫和现实问题的日益关注和重视。林希逸指出，伊川认为释氏"有上达而无下学"[⑥]这一评论极好，从中也可见其对释家不理会事观念的摒弃。但林希逸认为庄子并非不理会事之人，例如《庄子》中"贱而不可不任者，物也"[⑦]数句，便有近于下学处。据其至交好友刘克庄记载，林希逸赴任为官之初便为学者讲三先生之学，而并非只知闭门做训诂。[⑧] 他还于家乡福建渔溪镇建"三文书院"[⑨]，并聘请好友刘翼运为主席教授生徒，可见其始终坚守着身为儒者的基本原则，以造福百姓为己任。

---

① 林希逸著，周启成校注：《庄子鬳斋口义校注》，中华书局，1997 年，第 182 页。

② 林光朝：《与杨次山》，《艾轩集》卷六，《景印文渊阁四库全书》1142 册，台湾商务印书馆，1986 年。

③ 林希逸：《老子鬳斋口义》，华东师范大学出版社，2010 年，第 2 页。

④ 林希逸著，周启成校注：《庄子鬳斋口义校注》，中华书局，1997 年，第 182 页。

⑤ 林希逸著，周启成校注：《庄子鬳斋口义校注》，中华书局，1997 年，第 182 页。

⑥ 林希逸著，周启成校注：《庄子鬳斋口义校注》，中华书局，1997 年，第 179 页。

⑦ 林希逸著，周启成校注：《庄子鬳斋口义校注》，中华书局，1997 年，第 179 页。

⑧ 刘克庄：《兴化军城山三先生祠堂记》，《艾轩集》卷十，《景印文渊阁四库全书》1142 册，台湾商务印书馆，1986 年。

⑨ 王晚霞：《林希逸文献学研究》，中国社会科学出版社，2018 年，第 121 页。

林希逸对日用的重视又可见于其著作《考工记解》,这是一本记载先秦时期各种手工业生产制作工艺及其所含道理的书。林希逸认为:"以百工与论道同说,则知士农工商皆天地间要职,无贵无贱。"[①]他虽然以无心解《三子口义》,主张无心即道,但又未尝主于虚,反而十分关注日用百技及生活本身,故而作《考工记解》。"方以类聚,物以群分,虽是纷纷不同,而有至理行乎其间……然此等日用即道也。"[②]林希逸认为天下之物类均有其道,并提出了"日用即道"的命题。

林希逸虽在很大程度上吸收了佛道思想,但这并不影响其入世之志。南宋时佛教已然有务实倾向,如大珠慧海禅师主张"饥来吃饭,困来即眠""行住坐卧,无非是道"[③]。可见禅宗的思想已经与百姓的日常生活接轨。此外,禅宗还有"运水搬柴""着衣吃饭""平常心是道"等话头。艾轩亦认为:"圣人一出语,无非日用饮食之事。"[④]林希逸则认为"为道难言不著书,但知日用是根株"[⑤],指出了生活上的"日用"是"为道"的前提和基础。倘若没有日用,无生事端,那么所谓"寂然不动"之心也就成了死寂,有如释家之"枯禅"。因此,"无心即道"也一定是在日用的基础上修无心。对他而言,没有"日用"这一前提,那么"道"或"无心"也就没有了现世基础,便无从谈起。

林希逸在主张"无心即道"的形而上思想的同时,又提出了"日用即道"的命题,因此日用与无心在逻辑上应该是互通的。如前文所言,不能把无心单纯理解为寂然不动之心,还应在从遵从自然和社会规律的层面上进行体会,因此日用和无心并不冲突。如在政治上,林希逸认为:"民之在天下,自生自养,莫不均平……若容心而使,则不得其均平矣。"[⑥]他认为统治者要重视百姓的农业生产(日用),并顺应自然规律和人民意愿,不能施行不合理的政令使得天下财富不均平。在林希逸看来,"无心"即社会自然之规则或天理,因此"容心"实则有违天道自然及社会之理。如在《庄子·人间世》篇中,颜回"将之卫"欲救民于水火,孔子劝之。林希逸认为:"苟有所容心,谓彼既如何,我又如何救之,便是容心,则在我已杂矣。我既不纯一,何能救之!"[⑦]"我已杂矣"指心有欲念则离自然之事理情理远矣,终与目标背道而驰。因此面对一切事情皆不可有心妄为。

综上可知,林希逸注重日用,并主张在实践过程中须顺应自然和社会规律,做到无心而不妄为,以日用作为其社会实践的落脚点。

---

① 林希逸:《考工记解》,文渊阁《四库全书》本,1986年。

② 林希逸:《考工记解》卷上。

③ 普济著,苏渊雷校:《五灯会元》(三),中华书局,1984年,第157页。

④ 林光朝:《与泉州李倅》,《艾轩集》卷六,《景印文渊阁四库全书》1142册,台湾商务印书馆,1986年。

⑤ 林希逸:《艾轩先生》,《竹溪十一稿诗选》,《丛书集成三编》40册,新文丰出版公司,1997年。

⑥ 林希逸:《老子鬳斋口义》,华东师范大学出版社,2010年,第36页。

⑦ 林希逸著,周启成校注:《庄子鬳斋口义校注》,中华书局,1997年,第57页。

（二）无心有情的实践方式

林希逸的无心并没有无情这一含义，即未主张去除人之常情。如《庄义》认为："吾所谓无情，言人不以好恶之情而内伤其身者。"①人能够为好恶情绪伤害身心，是由于不清楚"好恶"其实同出，因此，一味求利反而违背了客观规律，若无心则于己无伤无累矣。正如冯友兰所说，道家常常是"有情无累"②的。

但是，林希逸终究是一位爱国为民、尊师重道之人，无累怕是难以做到。林希逸为官时正值南宋末期，此时"水利长年失修，水旱灾害频频发生"③。农作物一遇旱涝便会导致大批平民难以生存。在《续集》中，其表达悯农的诗多达三十首。如林希逸在题名为《既旱得雨连日不小住》的诗中写道："喜雨还忧雨过多，人生可煞是多魔。事难恰好天谁问，天本无心可奈何。"④那时的百姓不仅要面对天灾，还要忍受被贪官污吏剥削的人祸，如"南郡久闻非旧比，民贫甚矣吏奸深"⑤，可见当时人民生活之艰苦。林希逸老年之时常感叹自身之贫苦，在《续集》里"贫"字一共出现87次，"民"字一共出现148次，其对人民的苦难是感同身受的。张载《正蒙·乾称》篇曰"民吾同胞，物吾与也"⑥，恰似林希逸所思所想。其于《庄义·大宗师》篇亦言"无心则无亲疏，有疏有亲，有心矣，有心则非仁矣"⑦，这里亦有"民吾同胞"之意，足见其身为儒者的仁义之心。

对于师门的恩情，林希逸始终不曾忘怀。据刘克庄《竹溪诗序》记载，艾轩去世时，门人离散，清冷无人，另投他门者有之，只有林希逸、乐轩笃守师道，穷死不悔。⑧ 面对人民的疾苦、师门的冷落，以及生活贫困等人生的不如意，林希逸时而陷入一种追求个人精神的超脱与执著于现实人性情怀的矛盾当中。一方面，"无心即道"的形而上思想给予他放下执念、接受现实的精神指引；另一方面，对人民的悲悯与对人格理想的追求，又使他不愿就这样无所作为地活着。其寂然不动的"无心"与"有情"的主张在社会实践中的真正状况应是表现为一种矛盾共同体，也正因为他矛盾而无偏颇，反而表现出一种强大的生命力与儒者情怀。学界对其是否该被划分为儒家

① 林希逸著，周启成校注：《庄子鬳斋口义校注》，中华书局，1997年，第96页。

② 冯友兰：《中国哲学简史》，涂又光译，北京大学出版社，2013年，第273页。

③ 何忠礼：《南宋政治史》，人民出版社，2008年，第368页。

④ 林希逸：《竹溪鬳斋十一稿续集》卷一，《文渊阁四库全书》1185册，台湾商务印书馆，1986年。

⑤ 林希逸：《送刘漳倅》，《竹溪十一稿诗选》卷三，《丛书集成三编》40册，新文丰出版公司，1997年。

⑥ 张载：《张载集》，中华书局，1978年，第62页。

⑦ 林希逸著，周启成校注：《庄子鬳斋口义校注》，中华书局，1997年，第103页。

⑧ 刘克庄：《竹溪诗序》，《后村先生大全集》卷九十四，国家图书馆藏清抄翁同书校本。

或有争议，如认为林希逸乃“信孔子的庄子”，旁人以为是道家而其主观自诩儒家。[①] 这不无道理，但若以无情有情与出世入世划分，结果是显然的。

其无心有情的实践方式又可从《庄义》推知。如：“盖言无为而为，自然而然，我无容心，故不得以此名之。易曰：‘鼓万物而不与圣人同忧。’亦是此意。”[②]林希逸认同庄子“无为而为，自然而然”之说，认为若做到无心，自然万物便与我为一，似乎是主无情无我。但是，他又认为此意同于“鼓万物而不与圣人同忧”，即大道充盈于万物之中，无私无为、无忧无喜，但其于人间之化身——圣人，却有着“民吾同胞”“无缘大慈、同体大悲”[③]的崇高情怀。在这里其引用《周易》之语，不但强调了天道无心无为无情的属性，亦有归无心、无为、无意、无迹于无己无私之意。做到了这些便是“无心”，这大概就是林希逸所认为的“即道”状态。

虽然林希逸崇尚无心自然，但其儒者人格及理想追求又使得他无法接受无情。正是这样一种“无心有情”的实践方式，使得他同时有着“无心即道”的道德实践追求，以及与天地“鼓万物”的社会实践理想，这种追求与理想又因其无心无私，故而能够上升到“民吾同胞”的全新道德高度。因此，关于林希逸倾向于个体性、精神性、超越性，但在社会性、物质性、现实性方面有所欠缺，最终导致往而不返的观点并不准确。[④] 在林希逸那里，最高存在者——道，与人间之法则存在清晰而可描述的关系，其无心自然之自然观是其“有情”入世的手段和智慧，而无心即道的形而上思想则是其超脱现实困境的精神指引。

林希逸力主无心，大概有南宋末年社会动乱、百姓困苦、精神恐慌无所寄托的原因，这使得其无心论并未陷入寂然无心的枯寂当中。在这种特殊的时代背景下，其援引释道思想并以儒释道三家所共法的无心融通三教，实际上是一种以实现现世精神超脱为目的的积极选择。其无心有情的实践主张，正是对这一动乱时代背景的反映。

四、结语

从无心论的三重进路来看，林希逸思想中的“无心”显然可以构成沟通天理、自然与有情入世的桥梁。无心既可通达形而上之本体——道，亦可用于“有情”的现实社

---

① 程永凯：《自然与心性之间——林希逸哲学思想研究》，山东大学博士学位论文，2022 年。

② 林希逸著，周启成校注：《庄子鬳斋口义校注》，中华书局，1997 年，第 122 页。

③ 罽宾国三藏般若奉诏译：《大乘本生心地观经卷第五》云：“智光比丘汝谛听，出家菩萨所应作，无缘大慈摄众生，犹如一子皆平等。”

④ 刘思禾：《南宋林希逸的理学思想》，《兰州学刊》2013 年第 4 期。

会实践活动。无心在形而上思想中主要表现为寂然不动之心，在自然观中则表现为顺应自然规律的自然而然状态，在社会实践过程中则表现为一种积极的处世智慧和原则。可见林希逸的道学观并不同于程朱理学的天理人欲、道心人心的认识。其无心即道、无心自然的理路，构成了自然无迹、随顺无为的精神内核与道德实践追求。在社会实践上，林希逸又以无心作为“有情”的前提和手段主张积极入世，摒弃道家的清淡无为与释家的遁世断情。如此观之，林希逸以无心论代替了天理禁欲、道心人心，并凸显了无心即道、无心自然、无心有情的主题特色，实现了本体论、自然观、实践观(包含工夫论意蕴)的和谐统一。但是我们也要看到，其思想体系与二程、朱子及后世的王阳明相较略显贫瘠，如在工夫论与实践论层面上较为抽象，缺乏具体的行动方案等。当然，这里亦不排除其学说不受重视及相关著述亡佚的原因。

An Analysis of the Triple Connection of Lin Xiyi's *Wu Xin* Theory

Liang Fuchao

Abstract: Lin Xiyi's concepts forming his metaphysical theory of "*Wu Xin* is the Tao", his natural view of "*Wu Xin* is the nature", and his practical approach of "*Wu Xin* yet emotional" and the concepts of no desire, no trace, nature, inaction, no words, ignorant and *Wu Ji*, *Tai Ji*, and heavenly principles are all normalized to *Wu Xin* in his works. On the one hand, the spiritual core of his Taoist philosophy and the pursuit of moral practice are composed of the principles of "*Wu Xin* is the Tao" and "*Wu Xin* is the nature"; On the other hand, the *Wu Xin* has become a means and wisdom for actively entering the world as "emotional", meanwhile the quite and inaction of Taoism and the seclusion and detachment of Buddhism have been abandoned.

Key words: Lin Xiyi　neo-confucianism　*Wu Xin*　integration of the three teachings

养身养心：王畿的生命安顿工夫

王　娇*

摘　要：作为阳明高足，王畿扩前圣所未发，以良知为引，范围三教，对阳明心学的发展和传播尽心尽力，可谓厥功甚伟。纵观王畿的人生轨迹，他独特的生命体验造就了其极具圆融特色的良知学体系。生命是一种奇妙的存在状态，包含着肉体生命与精神生命两个维度。从王畿致良知的生命指向来看，安顿生命的工夫就关乎如何养护身体、养护心性。做工夫不仅是为了更好地养护肉体生命，更为重要的是修养心性，成就精神生命的超越。其安顿生命的工夫之所以圆融，不仅在于体认良知给出了先天正心与后天诚意这两条皆可成功的路径，也在于他的不同工夫内容中具有可以相互联系、相互包含的平衡点，从而能够达到和谐的境界。

关键词：养身　养心　良知　工夫　生命

"生命"是儒家思想中非常重要的理论指向，诸多早期文献中就频繁以"生"代表生命之义。《说文解字》曰："生，进也。象草木生出土上。"①如同新芽破土而出，"生"是新生命从无到有的过程，生命既成，要不断代地延续下去，就需要做好养育、化育生命的工夫。② 李承贵教授在对"生生"之学的考察中，确立了"生"的本根地位，他指出"'生'是一切的前提，无'生'宇宙荒芜。正是有了生命之后，宇宙才呈现万紫千红、蓬

* 王娇，南开大学中国哲学专业博士研究生，主要从事中国哲学、宋明理学研究。

① 许慎：《说文解字》，中华书局，1996年，第127页。

② 李承贵：《从"生"到"生生"——儒家"生生"之学的雏形》，《周易研究》2020年第3期。

勃生机之气象，所谓'观天地生物气象''万物之生意最可观'"。"生"的开创之意义与"生生"的演化之不息，共同聚焦于两大生命维度：既关注现实生活的改善与重构，又致力于生命境界的安顿、实现与超越。这也是历代儒者为之惦念、念兹在兹、始终高悬的情怀、担当与使命。

生命是一种奇妙的存在状态，包含着肉体生命与精神生命两个维度。肉体生命指向身体的结构功能、生长发育、繁衍环境，精神生命指向人的心性意识、价值创造、人伦关系、理想品格、心灵境界。从这两个生命的维度出发，人类活动指涉的领域包含着身体功用繁衍的爱护、个人心性修养的完善、人伦关系秩序的建构、生死超越问题的思索、万物宇宙境界的探讨，等等。对应这些领域，工夫就可以分为对生命根源的追问、对生命葆养的关切、对生命意义的反思、对生命价值的超越，以及经世致用的生活态度和实践思想。生存于客观的物质世界，要做好生命安顿的工夫，就要做到养身养心、圆融中道，这是致良知工夫的目标导向。

一、养生：身体的葆养

人类有了生命本体的体认与万物同体的定位，一而下贯聚焦到个人的生命，首先关注到的就是肉体生命生成的维系。《易》之乾坤坎离卦象象征生化天地万物，再到咸恒两卦，开始体现"人成"。"乾道成男，坤道成女"[①]"天地絪緼，万物化醇；男女构精，万物化生"[②]，可见其强调的还是天地人万物一体之"生生"的生命意蕴。"生"创生天地、创生人类生命，从宇宙到人世间都是普遍流行，成为世界最根本的特性，成为存在何以可能的依据，从宇宙生命造化万有的活动。男女生生交合而生人，人便有了"命"，人的生身成为存在于这个世界上的独立实体，人便有了展开一切生命活动的物质性基础。依照儒家历来所关切的生命的两个部分——生命的传承与身体的养护，对于这个物质性基础的维系就可以从这两部分着手，做工夫以安顿生命。

（一）生命的传承

儒家历来重视"生命的传承"。在起源时期，周代社会便是以"血缘"为纽带的宗法制社会，维系社会有序、安定需要依靠"血缘"，这也成为划分社会等级、人类亲疏远近的依据。原始儒家立足于周代社会，孔子一生志于恢复周代的礼乐文明，"仁"作为

① 朱熹撰，廖名春点校：《周易本义》，广州出版社，1994年，第190页。
② 朱熹撰，廖名春点校：《周易本义》，广州出版社，1994年，第171页。

其思想统摄性的根据，以亲情为基础得到推广，由血缘关系组成的“家”成为生命维系的基础。罗汝芳说：“盖天命不已，方是生而又生；生而又生，方是父母而己身，己身而子，子而又孙，以至曾而且玄也。故父母兄弟子孙，是替天命生生不已显现个肤皮；天命生生不已是替孝父母、弟兄长、慈子孙，通透个骨髓，直竖起来，便成上下今古，横亘将去，便作家国天下。孔子谓‘仁者人也，亲亲之为大焉’，其将《中庸》《大学》已是一句道尽。”[①]生命的传承通过物质性的“身体”与父传子、子传孙的血缘脉络而生生不已、繁衍不息。《尔雅》释“身”为“亲”，《诗经》中也有“大妊有身”之说。结合现实层面来说，“身”被赋予了能够孕育生命的意涵。生命的孕育传承是最基本的生存论事实，因此，为了使生命不停息、不断代，人对生存的把握并非始于独立的“个体性”，而是从生命的“继承性”开始。《礼记·哀公问》中把“敬身”视为根本，“敬身”在这层意义上也就变成了对生命之源远流长的敬意。

王畿在悼念其妻子张氏一文中，称张氏知晓其淡于欲，但仍出于对生命的敬重，“以成贞顺之化”[②]，为了延续香火利用道家修身之法，以实现自然生命孕育的“氤氲化生之机”从而连举儿子。张氏与其成婚多年一直未有身孕，为其置妾又七八年后仍无“就馆之期”[③]，“安人忧苦，几成郁疾”[④]。有了儿子之后，又“常以未得孙为忧”[⑤]，经年之后，等二儿子终于得子，“当先立继承祧，鼎立门户，以成本愿”[⑥]，张氏才认为终于算是完成了为王畿家族传承香火的俗世“任务”。王畿虽未如张氏一般始终将“繁衍任务”萦绕于心头，但仍将其作为生命绵延的养护来看待。他对其兄之子“抚其子若子”[⑦]，悉心照料先师之子，对自己亲子因材施教、尊重其人生方向的选择，这些都表现出对脉脉亲情与生命延续的重视。

中国人非常重视子孙的传承，夫妇家庭的和谐安定会促使子孙繁茂、家道兴隆。在王畿看来，“夫妇之伦，本原于性”[⑧]，他援引《周易·家人》彖曰：“‘男正乎外，女正乎内。’内外各正，则恩义笃、家道昌。”[⑨]夫妇是人伦大道、乾坤法相、万化之宗，王畿并未把所有的伦理成分完全否定，而是巧妙地改变了概念范围，将伦理夫妇的人伦大道转移到本性自然流行的范围内。在时代的大背景下，他受佛道影响，曾说父子情缘

① 方祖猷、梁一群、李庆龙、潘起造、罗伽禄编校整理：《罗汝芳集》，凤凰出版社，2007年，第233页。
② 吴震编校整理：《亡室纯懿张氏安人哀辞》，《王畿集》卷二十，凤凰出版社，2007年，第648页。
③ 引申为生子之意。
④ 吴震编校：《亡室纯懿张氏安人哀辞》，《王畿集》卷二十，凤凰出版社，2007年，第648页。
⑤ 吴震编校：《亡室纯懿张氏安人哀辞》，《王畿集》卷二十，凤凰出版社，2007年，第650页。
⑥ 吴震编校：《亡室纯懿张氏安人哀辞》，《王畿集》卷二十，凤凰出版社，2007年，第651页。
⑦ 徐阶：《龙溪王先生传》，《王畿集》附录四《传铭祭文》，凤凰出版社，2007年，第827页。
⑧ 吴震编校：《亡室纯懿张氏安人哀辞》，《王畿集》卷二十，凤凰出版社，2007年，第650页。
⑨ 吴震编校：《亡室纯懿张氏安人哀辞》，《王畿集》卷二十，凤凰出版社，2007年，第647页。

不过是一世缘分。从中可以看出王畿试图超越生命局限，实现良知大化的超越性的宇宙生命境界，但是坚定儒者立场的王畿做不到如当时的佛氏一般完全抛弃家庭生命。虽然这看起来是俗世的任务，但是在他看来，生命传承还是源于“性”的，这是出于本性的自然流行，即合乎良知奥义的。“乐是心之本体”[①]，此“乐”即本体的洒脱无碍、自然活泼，“予自遭室人之变，意横境拂，哀情惨惨不舒”[②]，对于妻子逝世的感伤，王畿也认同“感怆悲痛，自不容已，非徒儿女恋恋之情尔也”[③]。此悲怆情感是本体自然而发，可以窥见王畿还是承认合理之欲的，因为这种情感同样出于良知本体的自然发用，是性之自然而然。是故，做好“生命传承”的工夫，就是要正视生命的客观延续基础，正视人伦大道，正视情感的自然流露。人所需要做的即以灵明良知为指引，任本性自然流行，不加矫饰，不做加法，这是其工夫论的一贯宗旨。真实的生命体验是思想建构的来源和工夫所需要付出努力的指向，维护好生命传承的工夫亦是安顿生命的养身面向。

（二）身体的养护

“身体发肤，受之父母，不敢毁伤，孝之始也。”[④]在儒家的观点中，身体是父母赋予的，爱身养身是行孝道的最基本表现，这显示出对身体的重视。关于身体的养护，孟子的养生思想十分具有代表性。“存其心，养其性，所以事天也；夭寿不贰，修身以俟之，所以立命也。”[⑤]修身养性的性命学说，既包含着心性的修养，也包括身体的爱护。在战国动乱不安、饿殍盈野的动荡背景下，孟子十分尊重生命，重视生命的存养。人要想有生活，就首先得“活下去”，对肢体、身体的保护是十分重要的，“人之于身也，兼所爱。兼所爱，则兼所养也。无尺寸之肤不爱焉，则无尺寸之肤不养也”[⑥]。人要爱惜自己的身体，爱惜每一寸肌肤，孟子感伤战争给百姓带来的沉重打击和生命存养的威胁，因此尤其爱惜个体的生命。不过，孟子更为看重的还是身心统一的生命体，它可分为占优先地位的“大体”与占次要地位的“小体”。“小体”即指人的感官及其功能，但因为“小体”天然具有片面性，容易带来危害和障蔽，所以孟子特别强调要以“大体”来规避。王畿也有相似说法，他以“空空”为道体，认为“口惟空，故能辨甘苦；目惟

---

① 吴震编校：《白云山房问答》，《王畿集》卷七，凤凰出版社，2007 年，第 169 页。

② 吴震编校：《白云山房答问纪略》，《王畿集》附录二《龙溪会语》，凤凰出版社，2007 年，第 734 页。

③ 吴震编校：《亡室纯懿张氏安人哀辞》，《王畿集》卷二十，凤凰出版社，2007 年，第 650 页。

④ 阮元校刻：《孝经注疏》卷一《开宗明义章》，《十三经注疏》（清嘉庆刊本），中华书局，2009 年，第 5526 页。

⑤ 阮元校刻：《孟子注疏》卷十三上《尽心章句上》，《十三经注疏》（清嘉庆刊本），中华书局，2009 年，第 6014 页。

⑥ 阮元校刻：《孟子注疏》卷十一下《告子章句上》，《十三经注疏》（清嘉庆刊本），中华书局，2009 年，第 5989 页。

空，故能辨黑白；耳惟空，故能辨清浊；心惟空，故能辨是非”[①]。王畿认为，若要保持好“小体”感官的功能，就要以“道体”为准绳，实质上也就是依灵明良知的虚寂空空本性的自然发用，如同只求“日减”的工夫基调，不给任何感官多加担子。唯有保持其空空本性，才能够辨别甜苦、黑白、清浊、是非。其所说的“做减法”的工夫包含着很多内容，在宋明理学家的修身传统中，“静坐”是很重要的方面。王畿在与聂豹、罗洪先等人的论辩中，一方面不认可“静坐归寂”的主静主张，另一方面以范围三教的立场，以静坐作为证悟的法门，是“定”中之悟，提出了以良知常寂常惺而范围佛道，进而提出以“真息”作为良知的异名，对静坐的具体内容有所补缺。

人之口鼻吞吐吸纳的“气”也被称为“息”，在道教看来，这是后天肉体生命的浑浊之气。内丹学中的“息”基本指此呼吸之气，与之相对的则是“先天清气”的“息”。在坚持良知范围三教的王畿看来，除这两种意义之外，“息”还有“生生之机”的含义，其实也就是“良知”之义。对于此“息”的调养，可作为可操作的养生技法，对人之生命加以涵养。在《调息法》一文中，王畿进行了具体介绍：

> 息有四种相：一风，二喘，三气，四息。前三为不调相，后一为调相。坐时鼻息出入觉有声，是风相也；息虽无声，而出入结滞不通，是喘相也；息虽无声，亦无结滞，而出入不细，是气相也；坐时无声，不结不粗，出入绵绵，若存若亡，神资冲融，情抱悦豫，是息相也。守风则散，守喘则戾，守气则劳，守息则密。前为假息，后为真息。欲习静坐，以调息为入门，使心有所寄，神气相守，亦权法也。调息与数息不同，数为有意，调为无意。委心虚无，不沉不乱。息调则心定，心定则息愈调。真息往来，而呼吸之机自能夺天地之造化。含煦停育，心息相依，是谓息息归根，命之蒂也。一念微明，常惺常寂，范围三教之宗。吾儒谓之“燕息”，佛氏谓之“反息”，老氏谓之“踵息”，造化合辟之玄枢也。以此征学，亦以此卫生，了此便是彻上彻下之道。[②]

通过这段对具体操持方式的描述，明显可以看出王畿对于范围三教的基本立场。虽然王畿以范围三教为合理性，大胆吸纳佛道的养生术法，对其内容多有借鉴、转化，但究其旨归，王畿最终试图到达的境界是不同的。天台宗智顗大师在《修习止观坐禅法要》中从息入，最终要达到“空即假中，假即空中，中即空假”的圆融三观境界；庄子

① 吴震编校：《致知议略》，《王畿集》卷六，凤凰出版社，2007年，第132页。
② 吴震编校：《调息法》，《王畿集》卷十五，凤凰出版社，2007年，第424页。

的心斋坐忘也是一种调息之术，道教的成仙机窍便在于从息炼化。而王畿认为绵绵密密的工夫最终指向、达到的并非仙佛二氏的境界，而是生命的纯真精灵——良知。

静坐是宋明理学家的基本修炼方式，王畿的调息之法可为静坐补足细节规定，指明静坐的合理性。一风，二喘，三气，四息，如同王畿工夫的不同次第，这四种息相分别对应着不同的表现形式。王畿提出吐纳"息"时的不同状态，强调"息"与"定"的关系，意图使学者明白调息是想要到达"一念微明，常惺常寂"的"燕息"，如此便能使身体保持充沛精力。王畿还区分了"调息"与"数息"，这实质上也是一种"有无"的工夫分辨。在之前的讨论中，可以肯定王畿的工夫是一种"无中生有"的工夫，他强调的一直都是自然而然、寡之又寡的日减工夫。因为良知具有无执不滞的品格，先天正心工夫自然也是不拘泥于是非增减的。良知只有是自然的，才能成为道德实践评判的准绳；工夫只有是自然而然的顺化，才是易简直截的真工夫。同理，调息之法只有是若存若亡、无为无欲，不是刻意而为之的"无"，才能真正有所功效，为身体提供充沛动能。而有意为之的"数息"，是着了相，落入了"有"的沼泽，不能作为真正的调息心法。长时间练习此有意之法，对身体并无益处。

"千古圣学存乎真息，良知便是真息灵机。知得致良知，则真息自调，性命自复，原非两事"[①]，真息是圣学法门，良知是真息灵机，调息可以致得良知，而致良知自然涵盖了真息，性命会自觉复归。良知与真息、调息与致良知其实是二而一的，静坐是养生的方法，也应该包含在致良知工夫之内，它同样体现出王畿圆融的工夫特色。王畿曾批判道教中部分执著于身体的养生术，是裂"性命"为二端，还说："若只以调息为事，未免着在气上理会，与圣学戒慎不睹，恐惧不闻，致中和工夫终隔一层。"[②]他以"息""念"为关键，指出"一息之微"属于道教，"一念之微"当属致知工夫，即将性命合一的生命工夫的重点引到了致良知工夫上。通观王畿哲学思想，他的整个工夫论并没有对身体的养护过多着墨，更多论述的还是心性生命的修炼，这也符合心学家的一贯定位。

二、养德：心性的修养

王畿年少时身体羸弱，闻学以来，通过生命安顿的工夫，身体日渐强健，高年时仍能遍访山河美景。他说："予禀受素薄，幼年罹孱弱之疾，几不能起，闻学以来，渐知摄

① 吴震编校：《留都会纪》，《王畿集》卷四，凤凰出版社，2007 年，第 97 页。

② 吴震编校：《留都会纪》，《王畿集》卷四，凤凰出版社，2007 年，第 97 页。

养精神，亦觉渐复渐充。五六十以后，亦觉不减壮时。先正以忘生殉欲为深耻，大抵得于寡欲养心之助，非有异术以佐之也。”[①]能至老年仍不减壮时，王畿认为，这大抵得益于寡欲养心之功。而养德与养生实则是二而一的，“戒慎恐惧则神住，神住则气住精住。虽曰养德，而养生亦在其中”[②]。此处养生即养身，王畿用先师阳明回复桂岩顾子对养生的提问，以此说明对心性的修养并非割裂的，并非只修养精神，其中亦包含着身体面向。身心修养是生命工夫不可肢解的整体：“古今之养生者，不出乎身心两字，心恬身愉，生之基而寿之征也。”[③]身心二字代表了性命合一的修养立场，如同道教的“性命双修”，王畿认为二者是浑然一体、不分彼此的，尽性则命在其中，修命则性在其中。王畿借用道家术语“性命合一”对修养进行了概述：“夫性命本一，下士了命之说，因其贪着，而渐次导之云尔。若上士，则性尽而命实在其中，非有二也。戒慎恐惧，乃是孔门真火候；不睹不闻，乃是先天真药物。先师所谓神住则气住、精住，而仙家所谓长生久视在其中矣。此是性命合一之机，直超精气，当下还虚之秘诀。”[④]“戒慎恐惧”是修炼的真火候，“不睹不闻”则是先天真药物。

（一）戒慎恐惧与不睹不闻

王阳明曾对刘观时“未发之中是如何？”的提问作出回答：“汝但戒慎不睹，恐惧不闻，养得此心纯是天理，便自然见。”观时又请略示气象，王阳明曰：“哑子吃苦瓜，与你说不得。你要知此苦，还须你自吃。”[⑤]可见，戒慎不睹、恐惧不闻是一种微妙难言、切己体会的自身生命工夫，需要“自吃”，即需要主体自己依据良知自然发用，这也就是“自然”的工夫。“学当以自然为宗”[⑥]，即对于一切思维与行动都不应该刻意造作、矫饰，执著于有、执著于无。“戒慎恐惧”正是对“自然”状态的保证，要对心灵时刻保持警醒与提撕，避免非自然的刻意发生。

王畿在《中庸》首章解义中解释道：“‘戒慎乎其所不睹，恐惧乎其所不闻’，不睹不闻，道之本体，所谓视之而不见，听之而不闻，是也。道虚而已，戒慎恐惧，修之之功，无间于动静……莫见莫显即所谓‘体物而不可遗也’。故‘君子必慎其独’者，申言不可不戒惧之意，非加谨也。谨于一念独知之微，正所以奉行天教也。”[⑦]不睹不闻是道

① 吴震编校：《天柱山房会语》，《王畿集》卷五，凤凰出版社，2007 年，第 118 页。
② 吴震编校：《留都会纪》，《王畿集》卷四，凤凰出版社，2007 年，第 95 页。
③ 吴震编校：《西川朱君寿言》，《王畿集》卷十四，凤凰出版社，2007 年，第 403 页。
④ 吴震编校：《示宜中夏生说》，《王畿集》卷十八，凤凰出版社，2007 年，第 510 页。
⑤ 王阳明著，吴光等编校：《传习录上》，《王阳明全集：新编本》卷一，浙江古籍出版社，2010 年，第 40 页。
⑥ 吴震编校：《答季彭山龙境书》，《王畿集》卷九，凤凰出版社，2007 年，第 212 页。
⑦ 吴震编校：《〈中庸〉首章解义》，《王畿集》卷八，凤凰出版社，2007 年，第 179 页。

之本体发用，良知本虚寂无欲，自然不会有恶的发生。在王畿这里，传统儒家既有的戒慎恐惧的修养方法与其良知之学结合起来，成为“戒惧以致良知”的心性修养工夫，通过“戒慎恐惧”的方法以防治、抵御私欲动乱的影响，使良知顺利自然地自我显发。“戒惧”是指时时刻刻保持警惕和敬畏的心态，“良知”是人心中自有的善良和道德判断力的依据，“戒惧”以致“良知”的工夫则是修行和实践的过程。他通过这种心态来提醒自己时刻不忘道德和善良，以此确保自己的行为和思虑都是良知自然而发、合乎中道的。“慎独”作为儒家君子道德修养必修课，是重“修之之功”的，即使在微处也应当如此。“君子必慎其独”，“独”具有三层意义：一是独处，二是独知，三是独体。

一是独处。在独处时，人在精神上可能会有懈怠、涣散的状态，而慎独就是要在人所看不见的地方、人所察觉不到的细微之处仍时时警醒，如《中庸》所解释的：“是以君子之心常存敬畏，虽不见闻，亦不敢忽，所以存天理之本然，而不使离于须臾之顷也。”[①]即使无人监督、无人察觉，主体自身也能保持事事谨慎、时时警惕，可见这是一种切己自得的个人生命工夫。二是独知。王畿对“自诚明，谓之性；自明诚，谓之教”解释说：“一念独知，不容自昧，若天有以启之，故曰：‘天道至教，风雨霜露，无非教也。’”[②]由对王畿工夫论的讨论可知，王畿尤为重视“念”的工夫，也常用“一念独知之微”“一念独知”等围绕“念”的说法论及“独知”。所谓“独知”，即“念”这一心之细微萌动之际，其善恶吾心之良知无有不自知者。王畿在“知识之别”的工夫论实践中，有着泯合能所对待，返归“独知”心体的“转识成知”之说。王畿也常用“几”指称良知心体，在“几”上做工夫就是“研几”。他指出研几工夫“其要存乎一念独知之地”，注重微小、细致的最初一念，是工夫的着力点，戒惧不闻的慎独工夫即强调谨于一念独知，谨于心之本体的最初一念。一念独知是心之萌芽，是圣人理会性情的关键所在。“一念者，寂感之机也，致谨于一念之微，则自无所偏倚，无所乖戾，中和由此而出，中则性定，和则情顺。”[③]一念独知是理顺性情的工夫要诀，致谨于一念独知，可以保持良知心体的中正状态，从一念独知入手的工夫是“端本澄源第一义”的“宗要”。三是独体。独体即中体，王阳明曾说过事变亦只在人情里，其要只是致中和，致中和只是谨独。王畿强调独知工夫可以保持良知心体的中正状态，对于此“中正”状态的理解，可以先从已发未发、动静、显隐这几对范畴入手。

夫未发之中，是太虚本体，随处充满无有内外。发而中节处，即是未发之中。

---

① 朱熹：《四书章句集注》，中华书局，2012年，第17页。

② 吴震编校：《〈中庸〉首章解义》，《王畿集》卷八，凤凰出版社，2007年，第179页。

③ 吴震编校：《书顾海阳卷》，《王畿集》卷十六，凤凰出版社，2007年，第476页。

若有在中之中另为本体，与已发相对，则诚二本矣。①

未发也是寂虚，已发也是惺感，这本就是相即不二、互通互含的。王畿把"未发"安置在"已发"深层，可见其使用的依然是体用一源的视角。秉持这种视角也注定了王畿主张的不是"静态"的工夫，而是生活在当下现实社会中的动静一如。

> 戒惧慎独而中和出焉，是也未发之中非对已发而言，即感即寂，非寂而后生感也。人者，天地之心，万物之宰，致中和则大本立而达道行，为天地立心而天地于此乎位矣，为万物作宰，而万物于此乎育矣，此修道之极功也。②

未发已发的一源实质也是性命合一的展现，修性自然地容纳了命的向度，精神的修养调和会带着身体一起向健康的方向前进，这是致中和的进路。龙溪将存神工夫界定为"戒慎恐惧"——"戒慎不睹，恐惧不闻，则神住；神住则气住、精住，而仙家长生久视之说不外于是"③，修养工夫也就是调神、养神。王畿将戒慎不睹作为"神心"的修养工夫内容，即戒惧的工夫要求常惺惺、常醒觉、常提撕，使良知心体自然发用就是"中和"之位，"中和者，性情之则也"④，那么情感发用自然会中节有度、无过无不及。另外，也要注意不能专注"戒慎恐惧"，如果是为了戒惧而戒惧，则是背道而驰。所以，对于修养工夫的修炼还要讲究自然之则。按照此方法长久修养，保持心灵本体先天的状态，那么无论身还是心都会保持和谐圆满的状态，养生的功效也会日益显著。其实王畿的"三独"指向的还是"戒惧于本体"这一向度，它凸显了良知本体与工夫的圆融与完满，"常存戒慎，正是君子求自得处"⑤。这种本体和实践工夫指向了身心生命的修养，关切于切己自得的生命涵养。

（二）寡欲无欲

孟子曰："养心莫善于寡欲，其为人也寡欲，虽有不存焉者寡矣；其为人也多欲，虽有存焉者寡矣。"⑥"欲"是人的生理本能，而"欲"也有合理与不合理之分。孟子用两种生命修养进路来解释心之本体与欲的关系。一是"求放心"，孟子曰："仁，人心也；

---

① 吴震编校：《答耿楚侗》，《王畿集》卷十，凤凰出版社，2007 年，第 242 页。
② 吴震编校：《〈中庸〉首章解义》，《王畿集》卷八，凤凰出版社，2007 年，第 179 页。
③ 吴震编校：《寿邹东廓翁七袠序》，《王畿集》卷十四，凤凰出版社，2007 年，第 389 页。
④ 吴震编校：《遗徐紫崖语略》，《王畿集》卷十六，凤凰出版社，2007 年，第 461 页。
⑤ 陈荣捷：《传习录详注集评》，华东师范大学出版社，2009 年，第 140 页。
⑥ 朱熹：《四书章句集注》，中华书局，2012 年，第 382 页。

义，人路也。舍其路而弗由，放其心而不知求，哀哉！人有鸡犬放，则知求之；有放心，而不知求。学问之道无他，求其放心而已矣。"[①]人心之本善，本性具有"恻隐""羞恶""是非""辞让"，以成就仁、义、礼、智四德。如果不丢失、不遮蔽本心，则德行无不善。然而，由于人们常常会受到外界物质、利欲的熏染，汲汲于功名利禄，因而往往丧失了本心，导致生命的纠结、曲折。"求放心"即这样一条正己之路，"心之官则思，思则得之，不思则不得"，所以要经过思考、反省，改过迁善，找回本心，保持本心，修养德性。二是养心，若人人都能意识到此天之所与我的先天良体，就会好好地呵护、爱护它，让它自由生长。人们之所以感到不安、焦虑、忧愁，大多是因为过分计较外在得失，功利主义倾向过重。所以就如开头提及的，孟子认为养心最好的方法就是"寡欲"，即抛弃声色利欲的诱惑，减少对外在事物的欲望，寡之又寡，不断培养自己本有的"善性"，培育道德主义人格，实现身心的和谐安宁。儒家历来强调通过"自省"来反思自己行为的正当性，实现身心平衡和谐，"寡欲无欲"的修养方式是历代工夫论的重要环节，与孟子的两条正己之路类似。王畿认为"原议越俗素称雅直，近习侈靡，每事尚奢"[②]，越来越多的人开始崇尚奢靡、追求享受，攀比之风日益蔓延。在这种背景下，王畿认为"求放心之要，在于寡欲"[③]，这更能体现出王畿强调"寡欲"工夫的良苦用心。

> 夫人心本虚，有不虚者，欲累之也。心之有欲，如目之有尘，耳之有楔也。君子寡欲以致虚也，如去尘拔楔而复其聪明之用也。寡欲之功存乎复，观复则天地之心可见，而万物之芸芸者归其根矣。君子之学在于理会性情，致虚所以立本也，是谓喜怒哀乐未发之中。[④]

良知是灵明不昧的先天圣体，良知自然发用则无不善，为了避免后天不正当欲望的干扰，"寡欲"便成为保存善性的前提。既然说到"寡欲"，那么就意味着在一定限度上承认"欲"的存在，对于"欲"的限度或者依靠道德自律，或者依靠制度约束。王畿在工夫论中更偏向第一种路向，他承认合理之欲的存在，认为这是自在天则的流露。而对于如乌云般遮蔽良知本体的私欲，则要涤荡扫除。王畿认为这种"去尘拔楔"的方式是要去除不合理的私欲。

王畿还将寡欲的工夫和格物联系在一起，"寡之又寡，以至于无，是之谓格物，非

---

① 朱熹：《四书章句集注》，中华书局，2012 年，第 340 页。
② 吴震编校：《蓬莱会籍申约》，《王畿集》卷五，凤凰出版社，2007 年，第 104 页。
③ 吴震编校：《子荣惟仁说》，《王畿集》卷十七，凤凰出版社，2007 年，第 508 页。
④ 吴震编校：《虚谷说》，《王畿集》卷十七，凤凰出版社，2007 年，第 497 页。

即以物为欲也"[①]。由此可见，王畿采用了圆融的中道立场，既保留了道德主体自身挺立，与向外索求划清界限，又与事事物物紧密联系，与佛道划清界限。"物"是外界事物与我的互动中的境遇性问题，它使道德主体不能脱离与万物的关系。"人心固有，本无所放，惟动于欲始放。下者溺于嗜好攀缘，高者泥于见闻格套，高下虽殊，其为有心所向则一而已。夫心有所向则为欲，无所向则为存。将有所向，觉之早而亟反之，是为寡欲之功。存之之法，惟能寡欲，以复吾一体之仁，则独来独往，超然自得，天地所不能困，万物所不能挠，而常伸于万物之上。"[②]人心本就与天地万物为一体，人受了后天习气遮蔽，动于欲才有了隔阂，所以这时的修养应该是一种"克己"的方式。"克己"亦是"为己"，即给心灵减担子，恢复良知照彻下本真的自我生命。向里求索的为己既包含了念头上的精神修养，也包含了从躯壳上起念的生命修养，并且与"他学以为己"的学思进路一致。

李丕洋教授曾考察，周敦颐主张圣学之要为："一者，无欲也。无欲则静虚动直。静虚则明，明则通；动直则公，公则溥。明通公溥，庶矣乎！"[③]自周敦颐主张无欲成圣以来，大多宋明理学家都认可此说法，王畿亦是，只不过他所强调的无欲以良知的自然发用为要。这时的"无欲"是指恢复心灵至善的本来面貌，绝非以三纲五常的外在规范作为准则。这既与时代背景有关，也与致为己之学的进路有关。致良知的工夫展开的是一幅反身内求、挺立道德主体的图式，本身就与维护封建王朝统治而作的纲常名教有所不同，所以在面对许多问题时，王畿可能会表现出与理学家不同的思考方式，其对于吸纳其他学派的概念充为己用的态度往往是无所顾忌的，以至于引发了"陷于流弊"的批判。

王畿曾对张元忭说："圣学之要，以无欲为主，寡欲为功，寡之又寡，以至于无，无为而无不为。寂而非静，感而非动，无寂无感，无动无静，明通公溥，而圣可几矣。"[④]"寡之又寡"与道家"损之又损"的日减工夫颇为相似，道家提倡的损之又损到达的是"无为而无不为"的境界，是说不刻意作为而道又无所不为，是一种朴实自然的生命态度。王畿的说法也颇为相似，即良知是无欲，不要对这无欲本体妄加任何杂质，寡欲就是剥落物欲的工夫，借用孟子的话，其要领就在于"无为其所不为，无欲其所不欲，如此而已矣"[⑤]。这其实也是一种"狂狷"的生命状态，即"狂者进取，狷者有

① 吴震编校：《新安斗山书院会语》，《王畿集》卷七，凤凰出版社，2007年，第163页。
② 吴震编校：《子荣惟仁说》，《王畿集》卷十七，凤凰出版社，2007年，第508页。
③ 周敦颐著，陈克明点校：《通书·圣学第二十》，《周敦颐集》卷二，中华书局，2009年，第31页。
④ 吴震编校：《书同心册卷》，《王畿集》卷五，凤凰出版社，2007年，第122页。
⑤ 赵岐注，孙奭疏：《孟子注疏》卷十一上《尽心章句上》，《十三经注疏》（清嘉庆刊本），中华书局，2009年，第6018页。

所不为”。在乡愿与狂狷的人格分判中，王畿是支持狂狷而否定乡愿的。“狂者之意，只是要做圣人。其行有不掩处，虽是受病处，然其心事光明超脱，不作些子盖藏回护，亦便是得力处。若能克念，时时严密得来，即为中行矣。”①这种狂者的姿态最为突出的特点就是“光明超脱”，即都是诉诸良知心体、任其自然发用的表现，这就是“立志”的功效。当然，狂者也有不足之处。王畿认为若肯克念慎终，便可几于中行，始终保持中庸之道，至圣人之境。狂者必期圣人之志，在这种志向的引导下，人便自然不会求之于外，而是求之于自明自我本有的且圆满自足的良知心体。这在人格上就表现为光明廓然、磊落超脱的君子品性，人便自然不会如乡愿一般媚于世俗、处处藏匿。这样一来，人生便有了正确的目标导向，人便能够坚定不移地顺着这条道路自然而然地走下去，不因外在事物的干扰而乱了分寸，也不给自身加担子，而是“以一为要，以无欲为至，以寡欲为功”②。

良知是性命之根，性命则是与必然的道德责任相联系的德性，良知的天然性又构成了德性培养的内在依据。③ 依照良知见在作用的养德工夫，“其机存乎一念之微”，其工夫论要求时时刻刻注意当下发动之一念，强调一念对治省察之重要性，这对于心性的修养至关重要。生命的安顿与廓然需要真机的自然透露，只有将“世情淡的下，则不从躯壳上起念，欲障渐除，真机自然透露。人我两忘，好恶不作，平怀顺应，坦坦荡荡，无入而不自得矣”④，才能到达一种物来顺应的精神境界。生命也不会因一点挫折而苦恼、因一点忧愁而郁结、因一点功绩而傲慢，它将始终保持在一种中和的、无过无不及的尺度中，这体现出王畿工夫论圆融的生命指向。

牟宗三先生曾在考察王阳明的学思历程时说：“阳明的学问与生命是内在统一的，其学问是生命的学问，其生命是学问的生命。”⑤由此来看，生命的学问包含着两个路向：一是主体自身的生命体认、生命葆养，即道德修养、个人精神的塑造和客观身体的存养；二是社会层面的人际互动，即认为家与国的一切事务都属于生命的事务，这展现出儒家经世致用的生命态度。王畿在对《大学》首章进行注释时说：“明德者，心之虚灵，根于天性，明之所以立天地万物一体之体也。欲明明德在于亲民。亲民者，性之同然，虚灵之贯彻，亲之所以达天地万物一体之用也。明德以亲民，其机在于止至善。至善者，心之本体。天命之性粹然无欲，其虚而灵者，皆其至善之发见。所谓体用一源，天然自有之中，是乃明德亲民之极，而不容少有拟议加损于其间也。止

① 吴震编校：《与梅纯甫问答》，《王畿集》卷一，凤凰出版社，2007年，第4—5页。
② 吴震编校：《太极亭记》，《王畿集》卷十七，凤凰出版社，2007年，第482页。
③ 杨国荣：《王学通论：从王阳明到熊十力》，华东师范大学出版社，2018年，第97页。
④ 吴震编校：《与鲁昼堂》，《王畿集》卷十二，凤凰出版社，2007年，第313—314页。
⑤ 牟宗三：《生命的学问》，广西师范大学出版社，2005年，第33—34页。

至善者，止诸此而已矣！少有拟议加损于其间，则是私心小智，而非至善之谓矣。彼二氏之虚罔空寂，骋其私智于过高，而无有乎家国之天下之施。”[①]亲民是本体虚灵的贯彻、发用，至善是心之本体，即良知本就至善。发挥至善本性，自然会亲民，达到与天地万物为一体的体用一源之境，家国天下也都会在其中。王畿的这段表述印证着生命学问的第二个路向，也表现出其非常重视生命的现实安顿问题与同万物一体的通达。“身者，家国天下之本，而心又身之本也。以其虚灵主宰而言，谓之心，以其凝聚运用而言谓之身，心与身一也。”[②]一是虚灵之主宰，一是虚灵的凝聚发用，虽是按体用分为二，但实质上身心仍是二而一的，这种立场注定了王畿的生命工夫采取的是身心兼修的圆融路径。用王畿的工夫论视角来看，致良知的工夫以主体对良知本体的自觉意识为前提，在知行互动的动态统一过程中呈现为持续展开的体认历程。其彻悟也是在事上磨炼的过程中呈现，亦即在生命历程的展开中呈现。

三、结语

一个人思想的形成与其人生经历是分不开的。王畿一生专注阳明“良知”之学，致力于发扬先师圣学，创造性地吸纳佛道为己用，大讲“寂感”“无”。这并非陷入了言之无物的流弊，他的心学思想是由本性自在流行的生命流露凝结而成，无不彰显着他对生命本真的态度、对理想的追求、对身心的葆养。思想与生活紧密相连，成就了他圆融的生命品格。

从王畿的生命指向来看，做工夫不仅是为了更好地养护肉体生命，更是为了修养心性，成就精神生命的超越。因此，对生命的安顿，包含着肉体生命的身体、精神生命的心性两个维度，这两个维度关系到如何养护身体、养护心性，如何安顿心灵并实现心境的自然和乐。另外，任何生命都是内在于现实世界，并以过程性的形式展开的，人生活的环境也成为人生命中不可或缺的一部分。围绕着生活，就有了个人之间的、人与人之间的、人与社会国家之间的相处之道。由此，如何维护好这些关系，从而更好地安顿当下生命，也就是工夫论所指向的方面。并且，“仁”是儒家一以贯之的核心品格，“仁”不仅要求主体个人的自我成就，更因其是一种推己及人、兼济天下的博爱胸怀，自然也要求人实现“成己”并推广到“成就他人”。再者，在儒家的视角中，宇宙世界中不仅仅有人类自身，还有自然环境、草木鸟兽。也就是说，不仅要在修炼个人

① 吴震编校：《〈大学〉首章解义》，《王畿集》卷八，凤凰出版社，2007年，第175页。

② 吴震编校：《〈大学〉首章解义》，《王畿集》卷八，凤凰出版社，2007年，第176页。

身心性命上做工夫，也要在与宇宙万物和谐相处、赞天地万物之化育的超越境界上做工夫。养身养心是王畿工夫的重要部分，身心架构下的生命安顿是生命困顿的疗愈妙方。

"生生"在中国哲学的话语体系中可分为表征性意义上的生化、繁衍之不息和境界性意义上的万物浑然一体的超越。生命指向是本体工夫的延伸，它在形上层面关切"生"的追问、"生生"的相承、"生生不已"的规律和不息，在形下层面贯彻到人，挺立人的主体性，同时注重生命身心的葆有，养生养德。神与气、寡欲之功、动静合一、调息之法、忘心忘我的工夫操持，都是个人主体真实受用的。王畿借用道家言说，通过"以尽性为宗"揭示了性命合一的生命反思，即"故假修命之术以练摄之，使涤除凡心，复还无漏之体，所谓借假修真，修命正所以复性也"①。通过这种性命合一的修命之术，人们不仅能够维护自己的身体精神健康，还可以"涤除凡心，复还无漏之体"。这实际上是在更高的层次上恢复先天原本的性体，作出妥善的生活安排。它既满足对客观物质生存的需要，又建构精神超越维度，在精神或情感上找到安宁和平静，处理内心的不安或焦虑，达到一种内心的平和状态。这实现了养身养心的圆融，成就了人类认识真我、实现自我的生命关怀，实现了生命的安顿。

Cultivating Body and Mind: Wang Ji's Efforts in Settling Life

Wang Jiao

Abstract: As a prominent disciple of Yangming, Wang Ji has made significant contributions to the development and dissemination of Yangming's School of Mind by expanding on the teachings of previous sages and integrating the knowledge of the three teachings (Confucianism, Buddhism, and Taoism), guided by the concept of "conscience" (innate knowledge). Throughout Wang Ji's life trajectory, his unique life experiences have shaped his highly integrated and harmonious system of innate knowledge. Life is a wonderful state of existence, encompassing both physical and spiritual dimensions. From Wang Ji's perspective on achieving innate knowledge, the effort to settle life concerns how to maintain physical well-being and nurture the mind. Cultivating oneself is not only for better physical health but, more importantly, for the cultivation of the mind and the transcendence of spiritual life. The harmony of his

① 吴震编校：《寿史玉阳年兄七十序》，《王畿集》卷十四，凤凰出版社，2007 年，第 390 页。

life-settlement efforts lies not only in the recognition of innate knowledge, which provides two successful paths of innate rectification of the heart and acquired sincerity, but also in the balance points that can be interconnected and inclusive within his different cultivation contents, thus achieving a harmonious state.

Key words: physical health mind cultivation conscience cultivation life

论荀子的人生哲学

黎　哲　黎千驹　项乙朋[*]

摘　要:荀子哲学思想的核心是“性恶论”。荀子认为,人天生就具有好利的本能,顺着这种本能,就必将产生争夺的行为;人天生就具有嫉妒、憎恶的本能,顺着这种本能,就必将产生残害的行为;人天生就具有耳目之欲的本能,顺着这种本能,就必将产生淫乱的行为。因此,人们需要通过老师的教化和礼义的引导来矫正其恶性而培养其善性。荀子将其性恶论引入人们日常的言行举止和修身养性之中,形成了其人生哲学。荀子的人生哲学主要体现在“学以修身”和“重义轻利”两个方面。

关键词:荀子　性恶论　人生哲学

荀子是战国末期的儒学大师,他既继承了孔子的儒家思想,又对儒家学说有所修正和发展;既受到其他学派的影响,又对各种学派的思想有所批判、继承和发展,从而建立了一个新的思想体系。荀子哲学思想的核心是“性恶论”,这是针对孟子的“性善论”提出来的。荀子曰:

> 人之性恶,其善者,伪也。今人之性,生而有好利焉,顺是,故争夺生,而辞让亡焉;生而有疾恶焉,顺是,故残贼生,而忠信亡焉;生而有耳目之欲,有好声色

* 黎哲,湖北师范大学历史文化学院党委副书记,主要从事思想政治教育与中国传统文化研究。黎千驹,成都文理学院文法学院教授,主要从事训诂学与中国古代哲学研究。项乙朋,成都文理学院文法学院讲师,主要从事语言学与中国传统文化研究。

焉,顺是,故淫乱生,而礼义文理亡焉。然则,从人之性,顺人之情,必出于争夺,合于犯分、乱理,而归于暴;故必将有师法之化,礼义之道,然后出于辞让,合于文理,而归于治。用此观之,然则,人之性恶,明矣;其善者,伪也。①

荀子认为,人的本性是恶的,人所表现出的善良则是人为的,即通过矫正其恶性而培养出来的。为什么说"人之性恶"呢?荀子认为,人天生就具有好利的本能,顺着这种本能,争夺的行为就会产生,而辞让之心就会丧失;人天生就具有嫉妒、憎恶的本能,顺着这种本能,残害的行为就会产生,而忠信之心就会丧失;天生就具有耳目之欲,即具有喜欢听悦耳之音和喜欢看悦目之色的本能,顺着这种本能,淫乱的行为就会产生,而礼义之心就会丧失。那么,顺着人的本性和情欲,必然会产生争夺,与违反本分、混乱礼义相合,而最终导致凶暴。因此,就需要老师的教化和礼义的引导,使人产生辞让之心,使其行为合于礼仪,而最终使国家得到治理。这正如荀子所说:"今人之性恶,必将待师法然后正,得礼义然后治。今人无师法,则偏险而不正;无礼义,则悖乱而不治。古者圣王以人之性恶,以为偏险而不正,悖乱而不治,是以为之起礼义、制法度,以矫饰人之情性而正之,以扰化人之情性而导之也。"②

荀子将其性恶论引入人们日常的言行举止和修身养性之中,形成了其人生哲学。他最为关注的问题是如何矫正人与生俱来的恶性而使人成为君子或尧、禹那样的圣人。他的人生哲学包含众多方面的内容,我们主要从"学以修身"和"重义轻利"两个方面来探讨。

一、学以修身

既然人之性恶,那么人可以弃恶从善吗?荀子认为这是完全可以的。弃恶从善有许多方法,其中最重要的是学习。荀子曰:

君子曰:学不可以已。青取于蓝,而青于蓝;冰生于水,而寒于水。木直中绳,輮以为轮,其曲中规,虽有槁暴,不复挺者,輮使之然也。故木受绳则直,金就砺则利;君子博学而日参省乎己,则知明而行无过矣。③

---

① 杨柳桥:《荀子诂译》,齐鲁书社,1985年,第647页。
② 杨柳桥:《荀子诂译》,齐鲁书社,1985年,第647页。
③ 杨柳桥:《荀子诂译》,齐鲁书社,1985年,第1页。

荀子认为，学习是不可以停止的。靛青是从蓼蓝草中提炼出来的，却比蓼蓝草青；冰是由水凝固而生成的，可是比水寒。木材笔直得符合墨线的标准，如果用火烤并把它弯曲成车轮，使它的弯曲度符合圆规的标准，那么即使再经过火烤日晒，它也不会重新伸直，这是因为火烤加工使得它弯曲成这样。因此，木材经过墨线矫正就会变直，刀具经过磨刀石磨砺就会锋利，君子广博地学习并且每天自我反省，就会智慧高明而行为不会犯错。这就表明，人之性恶，可以通过学习来矫正；人之美德，可以通过学习来成就。换言之，学习就是为了修身；而欲修身，则必须学习。这就是荀子所倡导的"学以修身"观。荀子曰：

君子之学也，入乎耳，箸乎心，布乎四体，形乎动静。端而言，蠕而动，一可以为法则。小人之学也，入乎耳，出乎口。口耳之间则四寸耳，曷足以美七尺之躯哉？古之学者为己，今之学者为人。君子之学也，以美其身；小人之学也，以为禽犊。①

荀子认为，君子学习，进入耳朵，记在心里，遍布全身，表现在行为举止上。端庄地说话，和缓地行动，都可以成为别人效仿的准则。小人学习，刚从耳朵进入，就从口里说出。口耳之间只不过四寸距离，怎么能够用来美化这七尺之躯呢？古代的学者学习是为了自己，即为了美化自己的身心；现在的学者学习是为了做给别人看，而并非像君子那样为美其身而学。"心无所得，故不足美其身，亦终于为禽犊而已"，因为"荀子言学，以礼为先，人无礼则禽犊矣"②。既然"古之学者为己""君子之学也，以美其身"，那么只要自己品德修养提高了，就不在乎能否出仕，荀子曰："学者非必为仕，而仕者必如学。"③这样一来，也不在乎别人不赏识自己的德才而不任用自己，荀子曰：

君子能为可贵，不能使人必贵己；能为可信，不能使人必信己；能为可用，不能使人必用己。故君子耻不修，不耻见污；耻不信，不耻不见信；耻不能，不耻不见用。是以不诱于誉，不恐于诽，率道而行，端然正己，不为物倾侧，夫是之谓诚君子。④

① 杨柳桥：《荀子诂译》，齐鲁书社，1985年，第15页。
② 王先谦：《荀子集解》，中华书局，1988年，第13页。
③ 杨柳桥：《荀子诂译》，齐鲁书社，1985年，第787页。
④ 杨柳桥：《荀子诂译》，齐鲁书社，1985年，第132页。

荀子认为，君子能够做到值得被尊重，但不能使人一定尊重自己；能够做到值得被信任，但不能使人一定信任自己；能够做到值得被任用，但不能使人一定任用自己。因此，君子以不修养品德为耻，不以被侮辱为耻；以无信用为耻，不以不被信任为耻；以无才能为耻，不以不被任用为耻。不迷惑于赞誉，不恐惧于诽谤，遵循道义而行动，端正自己，不因外物影响而动摇，这才称得上是真正的君子。由此可见，君子看重的是自己的"修""信""能"，即"美其身"，而不在意别人是否"贵己""信己"与"用己"。这与孔子所云"人不知而不愠，不亦君子乎"[①]的精神一脉相承。

既然学习对于修身如此重要，那么应该学什么呢？应该通过什么方式来获得学问呢？荀子认为，可以诵经以修身，从师以修身，践行礼以修身。学以修身的最高境界是成为圣人，而成为圣人的重要途径是锲而不舍与积善。

（一）诵经以修身

学什么？从何学？荀子曰：

> 学恶乎始？恶乎终？曰：其数则始乎诵《书》，终乎读《礼》。[②]

荀子认为，要学习儒家经典，可以从书本上去学。按照学习的顺序，应该从学习《尚书》开始，然后学习《诗经》《乐经》《春秋》等经书，最后以学习《礼经》结束。其中，读《礼》最为重要，荀子曰：

> 仁、义、礼、善之于人也，辟之若货财、粟米之于家也；多有之者富，少有之者贫，至无有者穷。故大者不能，小者不为，是弃国捐身之道也。[③]

荀子认为，仁、义、礼、善对于人来说，就像财物、粮食对于家庭一样，拥有得多的就富裕，拥有得少的就贫乏，若没有就穷困。

> 故绳者，直之至；衡者，平之至；规矩者，方圆之至；礼者，人道之极也。[④]

---

① 黎千驹：《论语导读》，社会科学文献出版社，2016 年，第 1 页。
② 杨柳桥：《荀子诂译》，齐鲁书社，1985 年，第 13 页。
③ 杨柳桥：《荀子诂译》，齐鲁书社，1985 年，第 798 页。
④ 杨柳桥：《荀子诂译》，齐鲁书社，1985 年，第 520 页。

人无礼义则乱，不知礼义则悖。[①]

荀子认为，墨线是取直的标准，秤杆是取平的标准，规矩是取方圆的标准，礼是人道的准则。人如果没有礼义，秩序就会混乱，不懂得礼仪就会违背事理。礼不仅是修身的准则，也是处理人际关系的准则。荀子曰：

请问为人君。曰：以礼分施，均遍而不偏。请问为人臣。曰：以礼待君，忠顺而不懈。请问为人父。曰：宽惠而有礼。请问为人子。曰：敬爱而致恭。请问为人兄。曰：慈爱而见友。请问为人弟。曰：敬诎而不苟。请问为人夫。曰：致功而不流，致临而有别。请问为人妻。曰：夫有礼则柔从听侍，夫无礼则恐惧而自竦也。[②]

少事长，贱事贵，不肖事贤，是天下之通义也。[③]

礼之于正国家也，如权衡之于轻重也，如绳墨之于曲直也。故人无礼不生，事无礼不成，国家无礼不宁。君臣不得不尊，父子不得不亲，兄弟不得不顺，夫妇不得不欢。[④]

荀子认为，就君臣、父子、兄弟、夫妻、少长、贵贱、贤与不肖等关系而言，他们之间皆有差等，并且皆存在如何相互对待的问题，而相互对待的准则就是礼。君要根据礼来施恩惠于百姓，周遍而不偏私；臣要以礼事君，忠顺而不懈怠；作为父亲，要对子女宽惠而有礼节；作为子女，要对父母敬爱而恭谨；作为兄长，要对弟弟慈爱而友好；作为弟弟，要对兄长恭敬卑屈而不随便；作为丈夫，要致力于事务而不淫邪，尽量接近妻子而夫妻有别；作为妻子，如果丈夫有礼节，就要对他柔顺、听从、侍奉，如果丈夫无礼节，就要表示惶恐而自己戒惧。总之，年少的侍奉年长的，地位卑贱的侍奉地位尊贵的，无才的侍奉贤能的，这是天下通行的礼义。以礼相待，则人际关系和谐且社会安定。否则，人无礼就不能生存，事无礼就不能成功，国家无礼就不会安宁。人违背礼，则势必不祥。荀子曰：

---

① 杨柳桥：《荀子诂译》，齐鲁书社，1985 年，第 654 页。
② 杨柳桥：《荀子诂译》，齐鲁书社，1985 年，第 320 页。
③ 杨柳桥：《荀子诂译》，齐鲁书社，1985 年，第 147 页。
④ 杨柳桥：《荀子诂译》，齐鲁书社，1985 年，第 752 页。

人有三不祥：幼而不肯事长，贱而不肯事贵，不肖而不肯事贤，是人之三不祥也。人有三必穷：为上则不能爱下，为下则好非其上，是人之一必穷也；乡则不若，背则谩之，是人之二必穷也；知行浅薄，曲直有以相县矣，然而仁人不能推，知士不能明，是人之三必穷也。人有此数行者，以为上则必危，为下则必灭。①

荀子所谓“三不祥”和“三必穷”，皆是指不循礼的行为，荀子断言，有这几种行为的人，如果做君主，则势必危险；如果做臣下，则势必灭亡。因此，荀子告诫人们：“故言有招祸也，行有招辱也，君子慎其所立乎！”②君子要慎重选择其立身的原则，这个原则就是礼。这正如孔子所说：“不知礼，无以立也。”③《礼记》亦云：“道德仁义，非礼不成。”④这些皆说明礼是立身之本。

（二）从师以修身

荀子认为，不仅要通过诵经来修身，还要通过从师来修身。荀子曰：

学莫便乎近其人。《礼》《乐》法而不说，《诗》《书》故而不切，《春秋》约而不速。方其人之习君子之说，则尊以遍矣，周于世矣。⑤

礼者，所以正身也，师者，所以正礼也。无礼何以正身？无师吾安知礼之为是也？礼然而然，则是情安礼也；师云而云，则是知若师也。情安礼，知若师，则是圣人也。⑥

夫人虽有性质美，而心辩知，必将求贤师而事之，择良友而友之。得贤师而事之，则所闻者尧、舜、禹、汤之道也；得良友而友之，则所见者忠、信、敬、让之行也。身日进于仁义而不自知者，靡使然也。⑦

荀子主张通过诵经尤其是通过读《礼》来修身，然而经典并非一般人所能读懂，例

① 杨柳桥：《荀子诂译》，齐鲁书社，1985年，第100—101页。
② 杨柳桥：《荀子诂译》，齐鲁书社，1985年，第5页。
③ 黎千驹：《论语导读》，社会科学文献出版社，2016年，第452页。
④ 钱玄等注译：《礼记注译》，岳麓书社，2001年，第3页。
⑤ 杨柳桥：《荀子诂译》，齐鲁书社，1985年，第17页。
⑥ 杨柳桥：《荀子诂译》，齐鲁书社，1985年，第40页。
⑦ 杨柳桥：《荀子诂译》，齐鲁书社，1985年，第671页。

如《礼》《乐》记载法度而不详加解释,《诗经》《尚书》记载旧典而不切近,《春秋》简约而不详尽。这就需要接受老师的教育,因此学习没有比接受老师的教育更为便利的。效仿老师来学习君子的学说,就会道德高尚、知识渊博,并且通晓世事。礼是用来端正身心的,而老师是用来正确阐释礼的。没有礼,凭什么来端正身心?没有老师,怎么知道礼是正确的呢?即使本质美好,并且心能够明辨知晓,也必将求得贤师而事奉他,选择良友而友爱他。求得贤师而事奉他,那么所听到的都是尧、舜、禹、汤之道;选择良友而友爱他,那么所见到的都是忠、信、敬、让的行为。这就使得自己一天天进入仁义却不自知,这是耳濡目染的结果。

(三)践行礼以修身

综上所述,荀子主张通过诵经和从师来修身,从而达到"化性起伪"而去恶从善之目的。然而真正要达到"化性起伪"的目的,更重要的是要学以致用而践行礼以修身。荀子曰:

> 礼者,人道之极也。然而不法礼,不足礼,谓之无方之民;法礼、足礼,谓之有方之士。[①]

> 礼者,人之所履也。失所履,必颠蹶陷溺。[②]

荀子的这两段论述继承了孔子的学说,孔子曰:"克己复礼为仁。"[③]所谓"克己",就是克制自己的私欲;所谓"复礼",就是践行礼的要求,使自己的言行皆符合礼。荀子所谓"礼者,人之所履也",相当于孔子所谓"复礼",是说礼是人们践行的依据,学礼是为了修身,是为了使行为有依据;效法礼,重视礼,叫作有行为准则之士。如果失掉了践行的准则,必将跌倒或陷溺;不效法礼,轻视礼,叫作没有行为准则之民。这又与孔子所说的"君子博学于文,约之以礼,亦可以弗畔矣夫!"[④]大致相当,只不过孔子是从正面来说明"约之以礼"则"亦可以弗畔矣夫",而荀子是从反面来说明"失所履,必颠蹶陷溺""不法礼,不足礼,谓之无方之民"。荀子特别注重知与行相结合。

---

① 杨柳桥:《荀子诂译》,齐鲁书社,1985年,第520页。
② 杨柳桥:《荀子诂译》,齐鲁书社,1985年,第752页。
③ 黎千驹:《论语导读》,社会科学文献出版社,2016年,第250页。
④ 黎千驹:《论语导读》,社会科学文献出版社,2016年,第131页。

不闻不若闻之,闻之不若见之,见之不若知之,知之不若行之。学至于行之而止矣。行之,明也;明之为圣人。圣人也者,本仁义,当是非,齐言行,不失豪厘,无它道焉,已乎行之矣。[①]

荀子认为,学习到了实行才可以停止,实行就会通明事理,而通明事理就可以成为圣人。圣人能够以仁义为本,辨正是非,统一言行,而不犯丝毫错误,这并没有别的方法,只是将其所学落实在行动上。

综上所述,孔子和荀子皆意在说明学习,尤其是学礼,贵在践行,要以礼作为修身的准则。所谓践行礼以修身,主要体现在正反两个方面。从正面来说,是根据礼的要求而明确该做什么,例如,“子见齐衰者、冕衣裳者与瞽者,见之,虽少,必作;过之,必趋”[②]。哀悼有丧者,同情残疾人,这是“仁”的体现;尊重卿大夫,尊卑有序,这是“礼”的规定。因此,孔子与穿丧服的人、戴礼帽穿礼服的人,以及盲人相见时,即使他们年轻,也一定站起来;经过时,一定快步走。荀子曰:“夫行也者,行礼之谓也。礼也者,贵者敬焉,老者孝焉,长者弟焉,幼者慈焉,贱者惠焉。”[③]荀子认为,应对尊贵者恭敬,对老者孝顺,对长者敬爱,对幼者慈爱,对卑贱者施恩惠。这些皆是礼的规定,人们应依礼而行。从反面来说,是根据礼的要求而明确不该做什么,例如,孔子曰:“非礼勿视,非礼勿听,非礼勿言,非礼勿动。”[④]荀子曰:“使目非是无欲见也,使耳非是无欲闻也,使口非是无欲言也,使心非是无欲虑也。”[⑤]

(四) 学为圣人

荀子认为,通过学习,人们可以达到修身的三重境界,即成为士、君子和圣人。荀子曰:

学恶乎始?恶乎终?曰:其数则始乎诵《书》,终乎读《礼》;其义则始乎为士,终乎为圣人。[⑥]

荀子认为,按照学习的顺序来说,应该从学习《尚书》开始,然后学习《诗经》《乐

① 杨柳桥:《荀子诂译》,齐鲁书社,1985 年,第 183 页。
② 黎千驹:《论语导读》,社会科学文献出版社,2016 年,第 187 页。
③ 杨柳桥:《荀子诂译》,齐鲁书社,1985 年,第 736 页。
④ 黎千驹:《论语导读》,社会科学文献出版社,2016 年,第 250 页。
⑤ 杨柳桥:《荀子诂译》,齐鲁书社,1985 年,第 22 页。
⑥ 杨柳桥:《荀子诂译》,齐鲁书社,1985 年,第 13 页。

经》《春秋》等经书，最后到学习《礼经》而结束。如果按照学习的意义来说，学习就是从成为士人开始，到成为圣人结束。通过学习而成为士和成为圣人之间，是成为君子。荀子曰：

我欲贱而贵，愚而智，贫而富，可乎？曰：其唯学乎！彼学者，行之，曰士也；敦慕焉，君子也；知之，圣人也。上为圣人，下为士君子，孰禁我哉！[①]

由此可见，荀子认为，一般人通过学习皆可以逐步达到修身的三重境界：能行之则成为士，能努力行之则成为君子，达到学问通彻的境界则成为圣人。成为圣人是学以修身的最高境界。荀子曰：

礼之中焉能思索，谓之能虑；礼之中焉能勿易，谓之能固。能虑、能固，加好之者焉，斯圣人矣。故天者，高之极也；地者，下之极也；无穷者，广之极也；圣人者，道之极也。故学者，固学为圣人也，非特学无方之民也。[②]

荀子认为，学习符合礼而能思索，叫作善于思考；符合礼而能不改变，叫作善于固守。善于思考，善于固守，加上喜好礼，就可以成为圣人了。“学为圣人”是学以修身的最高境界。

（五）锲而不舍与积善

学以修身的最高境界是成为圣人，而成为圣人的重要途径是锲而不舍与积善。第一，锲而不舍。荀子曰：

故不积跬步，无以至千里；不积小流，无以成江海。骐骥一跃，不能十步；驽马十驾，功在不舍。锲而舍之，朽木不折；锲而不舍，金石可镂。[③]

真积力久则入，学至乎没而后止也。故学数有终，若其义则不可须臾舍也。为之，人也；舍之，禽兽也。[④]

---

① 杨柳桥：《荀子诂译》，齐鲁书社，1985 年，第 162 页。
② 杨柳桥：《荀子诂译》，齐鲁书社，1985 年，第 520—521 页。
③ 杨柳桥：《荀子诂译》，齐鲁书社，1985 年，第 9 页。
④ 杨柳桥：《荀子诂译》，齐鲁书社，1985 年，第 13 页。

荀子认为，虽然通过学习可以成为士、君子和圣人，但是并非人人皆能够达到这三重境界。这是因为学习贵在锲而不舍。如果雕刻一下就停止，即使是朽木也刻不断；如果雕刻而不停止，即使是金属和石头也能雕刻成功。学习只有真诚积累，功夫持久，才能深入进去。学习只有到死才能停止。学习从《尚书》开始，然后学习《诗经》《乐经》《春秋》等经书，最后到学习《礼经》而结束。从顺序来说，学习有终结的时候；如果从学习的意义来看，则是一刻也不能停止的。坚持学习的，就可成为人；放弃学习的，就会变成禽兽，更不要说成为士、君子和圣人了。这是告诫人们，要想使自己成为真正的人，就得注重持之以恒地学习。

第二，积善。

积土成山，风雨兴焉；积水成渊，蛟龙生焉；积善成德，而神明自得，圣心备焉。①

荀子认为，从学习的意义来说，学习是为了修身，从而使自己成为士、君子和圣人。然而这是一个循序渐进的过程，是一个不断积累的过程。正如积累泥土成为高山，风雨就会从那里兴起；汇集水流成为深渊，蛟龙就会在那里生长；只要积累善行成就美德，并且获得最高的智慧，就会具备圣人的思想境界。这也表明，圣人并非高不可攀，一般人也可以成为圣人。荀子曰：

故积土而为山，积水而为海，旦暮积谓之岁，至高谓之天，至下谓之地，宇中六指谓之极，涂之人百姓，积善而全尽谓之圣人。彼求之而后得，为之而后成，积之而后高，尽之而后圣。故圣人也者，人之所积也。②

荀子认为，就像积土成山、积水成海、积昼夜成年一样，一般人全面而穷尽地积累善行就叫作圣人。善行，是求之然后得到，行之然后养成，积累它然后崇高，全面而穷尽它然后就成为圣人。因此所谓圣人，就是一般人通过不断地积累善行而成为的。这就是"圣人可积而至"③的道理之所在。这是告诫人们，要想使自己具备圣心，成为圣人，就得注重在平时积累善行。

有人问道："'涂之人可以为禹。'曷谓也？"荀子回答道：

---

① 杨柳桥：《荀子诂译》，齐鲁书社，1985年，第9页。
② 杨柳桥：《荀子诂译》，齐鲁书社，1985年，第184页。
③ 杨柳桥：《荀子诂译》，齐鲁书社，1985年，第664页。

凡禹之所以为禹者，以其为仁义法正也。然则仁义法正有可知可能之理。然而涂之人也，皆有可以知仁义法正之质，皆有可以能仁义法正之具。然则其可以为禹明矣。①

今使涂之人伏术为学，专心一志，思索孰察，加日县久，积善而不息，则通于神明，参于天地矣。故圣人者，人之所积而致矣。②

荀子认为，禹之所以成为禹，是因为他实行仁义和法度。这就是说，仁义和法度都具有可以懂得、可以做到的特点。如此看来，一般人都具有可以懂得仁义和法度的资质，都具有可以做到仁义和法度的能力。如果使一般人事道治学，专心一志，深思熟虑，累日而持久，积累善行而不停止，就可与神明相通，与天地并列了。这就是“涂之人可以为禹”的道理之所在。

二、重义轻利

荀子曰：

好荣恶辱，好利恶害，是君子小人之所同也。③

凡人有所一同：饥而欲食，寒而欲暖，劳而欲息，好利而恶害，是人之所生而有也，是无待而然者也，是禹、桀之所同也。④

荀子认为，无论是君子还是小人，即使是圣人禹和暴君桀，都“好利恶害”。虽然“好利恶害”是人与生俱来的本性，但是当人们面对“利”或“害”之时，又不能一味地“好利恶害”。那么，该如何来正确对待“好利恶害”呢？荀子认为，应该权衡利弊，据礼义取舍。

① 杨柳桥：《荀子诂译》，齐鲁书社，1985 年，第 663 页。
② 杨柳桥：《荀子诂译》，齐鲁书社，1985 年，第 664 页。
③ 杨柳桥：《荀子诂译》，齐鲁书社，1985 年，第 78 页。
④ 杨柳桥：《荀子诂译》，齐鲁书社，1985 年，第 81 页。

(一) 权衡利弊

> 欲恶、取舍之权:见其可欲也,则必前后虑其可恶也者;见其可利也,则必前后虑其可害也者;而兼权之,孰计之,然后定其欲恶、取舍。如是,则常不失陷矣。凡人之患,偏伤之也。见其可欲也,则不虑其可恶也者;见其可利也,则不虑其可害也者;是以动则必陷,为则必辱。是偏伤之患也。①

荀子认为,对于欲求与厌恶、求取与舍弃的准则是:看到事物可取的一面,就必须全面考虑它可恶的一面;看到事物有利的一面,就必须全面考虑它有害的一面;要权衡两个方面的利弊,深思熟虑,然后再决定是得到它还是厌恶它,是求取还是舍弃它。这样,就可常立于不败之地。然而,人们的祸患就在于偏向一个方面:看到事物可取的一面,就不再考虑它可恶的一面;看到事物有利的一面,就不再考虑它有害的一面。所以动辄得咎,行则受辱。荀子的这种观点充满着辩证法。他告诫人们,任何事物都包含正反两个方面的因素,有利亦有弊。如果仅仅看见其正面因素而忽视其负面因素,则必将导致失败和受辱。

(二) 据礼义取舍

荀子曰:“欲利而不为所非。”②君子希望获得利,然而不做自己认为是错误的事情。那么,怎样才能判断此事“所非”而“不为”呢?荀子曰:

> 故人苟生之为见,若者必死;苟利之为见,若者必害;苟怠惰偷懦之为安,若者必危;苟情说之为乐,若者必灭。故人一之于礼义,则两得之矣;一之于情性,则两丧之矣。③

> 古之贤人,贱为布衣,贫为匹夫,食则饘粥不足,衣则竖褐不完;然而非礼不进,非义不受,安取此。④

> 子夏家贫,衣若县鹑。人曰:“子何不仕?”曰:“诸侯之骄我者,吾不为臣;大

① 杨柳桥:《荀子诂译》,齐鲁书社,1985年,第63页。
② 杨柳桥:《荀子诂译》,齐鲁书社,1985年,第47页。
③ 杨柳桥:《荀子诂译》,齐鲁书社,1985年,第509页。
④ 杨柳桥:《荀子诂译》,齐鲁书社,1985年,第794页。

夫之骄我者，吾不复见。”①

荀子认为，虽然“好利恶害”是人与生俱来的本性，然而人如果只看见生存，必将遭遇死亡；如果只看见利益，必将遇到祸害；如果只安于懒惰，必将遭遇危险；如果只乐于纵情愉快，必将灭亡。这是因为他们皆只注重性情而不遵循礼义。因此，如果人们用礼义来统一自己的欲望，礼义和性情就都可以获得了；如果用性情来统一自己的欲望，礼义和性情就会丧失。古代的贤人就是以礼义作为价值评判与选择的标准的。虽然他们是地位卑贱的百姓、生活贫穷的匹夫，吃稀粥都吃不饱，穿着的粗布衣裳都是破烂的，但如果不以礼对待他们，他们就宁肯不出来做官从而改变卑贱的地位；如果不合义而赐予他们衣食，他们宁肯“食则饘粥不足，衣则竖褐不完”也不会接受。譬如，子夏家贫，穿着的破烂衣服就像挂着的鹌鹑一样，有人问他：“你为什么不出来做官呢？”子夏说：“诸侯对我傲慢的，我不出来做官；大夫对我傲慢的，我不再见他。”这正如孔子所云：“饭疏食，饮水，曲肱而枕之，乐亦在其中矣。不义而富且贵，于我如浮云。”②

如果以礼义作为“好利恶害”的准则，那么区分君子与小人的一项重要标准，就是看他们如何对待义与利。荀子曰：

身劳而心安，为之；利少而义多，为之。③

君子之求利也略，其远害也早。④

言无常信，行无常贞，唯利所在，无所不倾，若是则可谓小人矣。⑤

荀子认为，如果是身体劳累而内心安适的事情，就去做；如果是利益少而道义多的事情，就去做。君子追求利益之心应少，而远离祸害之心则应早早准备好。小人则是说话经常没有信用、行为经常不端正的人，只要是利益所在，就想方设法求之。这正如孔子所云：“君子喻于义，小人喻于利。”⑥是重义轻利，还是唯利是图，这不仅是

① 杨柳桥：《荀子诂译》，齐鲁书社，1985年，第795页。
② 黎千驹：《论语导读》，社会科学文献出版社，2016年，第146页。
③ 杨柳桥：《荀子诂译》，齐鲁书社，1985年，第32页。
④ 杨柳桥：《荀子诂译》，齐鲁书社，1985年，第43页。
⑤ 杨柳桥：《荀子诂译》，齐鲁书社，1985年，第61页。
⑥ 黎千驹：《论语导读》，社会科学文献出版社，2016年，第79页。

区分君子与小人的一项重要标准，也是导致君子与小人不同结局的缘由。荀子曰：

> 荣辱之大分，安危利害之常体：先义而后利者荣，先利而后义者辱；荣者常通，辱者常穷；通者常制人，穷者常制于人：是荣辱之大分也。①

荀子认为，事物往往充满着辩证法，先考虑义然后考虑利的人荣耀，先考虑利然后考虑义的人受辱。荣耀的人常常显达，受辱的人常常不得志。显达的人常常统治人，不得志的人常常被人统治。这就是荣与辱的大致区别。

三、余论

从表面上看，荀子的性恶论与孟子的性善论似乎针锋相对且水火不容，然而，当他们分别将其哲学思想引入其人生哲学中时，二者的伦理价值取向则是相同的，或者说，二者具有殊途同归之妙。

孟子认为，虽然人皆有恻隐之心、羞恶之心、辞让之心和是非之心这四种"善端"，但这并不等于人人皆会行善，甚至还会出现不善之人和发生不善的行为。这是为什么呢？孟子曰：

> 仁，人心也；义，人路也。舍其路而弗由，放其心而不知求，哀哉！人有鸡犬放，则知求之；有放心而不知求。学问之道无他，求其放心而已矣。②

孟子认为，仁是人的本心，义是人所应遵循的正路。放弃最正确的道路不去走，丧失了良心而不知寻找回来，可悲啊！人们的鸡犬丢失了，尚且知道要寻找回来；丢失了良心，却不知道要寻找回来。学问之道没有别的，只是寻找回丧失的良心而已。由此可见，孟子所谓"失其本心"，是指人丧失了天赋的恻隐之心、羞恶之心、辞让之心和是非之心，即仁义礼智的四种善端。因此孟子希望人们"求其放心"，即把丧失的善端给找回来，从而恢复其良知良能；更重要的是要"存心养性"，即保存本心，养育正性。孟子曰：

---

① 杨柳桥：《荀子诂译》，齐鲁书社，1985年，第75页。

② 杨伯峻译注：《孟子译注》，中华书局，1960年，第267页。

尽其心者，知其性也。知其性，则知天矣。存其心，养其性，所以事天也。[①]

孟子认为，那些能够“存心养性”并且能对这四种善端“扩而充之”[②]的人，就是君子，此可谓“人皆可以为尧舜”[③]。而那些丧失了本性的人，孟子斥之为“非人也”[④]。

荀子认为，虽然人的本性是恶的，然而这不等于人人皆会干坏事。这是为什么呢？荀子曰：

古者圣王，以人之性恶，以为偏险而不正，悖乱而不治，是以为之起礼义，制法度，以矫饰人之情性而正之，以扰化人之情性而导之也，始皆出于治，合于道者也。今人之化师法，积文学，而道礼义者，为君子；纵性情，安恣睢，而违礼义者，为小人。[⑤]

荀子认为，古代的圣王鉴于人性恶而导致行为偏险而不端正，悖乱而不修治，因此就为人们制定礼义、法度来矫正、修饰、驯服人的性情而使他们端正自己的行为。那些能够接受师法的教化，博学经籍，遵循礼义、法度的人，就成为君子，此可谓“涂之人可以为禹”[⑥]；而那些放纵性情、安于为非作歹而违背礼义的人，就成为小人。有鉴于此，荀子希望人们能通过学习来抑制和矫正人与生俱来的恶性，以增进道德修养。

综上所述，从伦理价值取向方面来看，孟子主张性善论，侧重于“存心养性”，目的是要人们保持这与生俱来的善端，并进行扩充，使自己成为像尧那样的君子。此种修身之法可谓“尊德性”。荀子主张性恶论，侧重于“化性起伪”，目的是要人们通过学习和遵循礼义、法度等来矫正与生俱来的恶，使自己成为像禹那样的君子。此种修身之法可谓“道学问”。二者可谓殊途同归，皆具有使人向善的积极意义。[⑦]

---

① 杨伯峻译注：《孟子译注》，中华书局，1960 年，第 301 页。
② 杨伯峻译注：《孟子译注》，中华书局，1960 年，第 80 页。
③ 杨伯峻译注：《孟子译注》，中华书局，1960 年，第 276 页。
④ 杨伯峻译注：《孟子译注》，中华书局，1960 年，第 80 页。
⑤ 杨柳桥：《荀子诂译》，齐鲁书社，1985 年，第 647 页。
⑥ 杨柳桥：《荀子诂译》，齐鲁书社，1985 年，第 663 页。
⑦ 黎千驹：《性善论与性恶论之比较研究——以孟子、荀子和韩非子为中心》，《武陵学刊》2021 年第 3 期。

On Xunzi's Philosophy of Life

Li Zhe　Li Qianju　Xiang Yipeng

Abstract: The core of Xunzi's philosophical thought is "the theory of evil in nature". Xunzi believes that human beings are born with the instinct of good profit, and following this instinct, there will be the behavior of competition. Human beings are born with the instinct of envy and hatred, and following this instinct will inevitably produce acts of mutilation. Human beings are born with the instinct of the desire to see and hear, and following this instinct will inevitably lead to sexual immorality. Therefore, people need to correct their wickedness and cultivate their goodness through the teacher's education and the guidance of rites and righteousness. Xunzi introduced his theory of evil nature into people's daily behavior and self-cultivation, which formed his philosophy of life. Xunzi's philosophy of life is mainly embodied in the two aspects of "learning to cultivate oneself" and "valuing righteousness over profit".

Key words: Xunzi　theory of evil nature　philosophy of life

汉初思想的混杂状态与汉王朝祭祀之间的互动关系

马兰花*

摘　要:汉初盛行的各种思想,不仅代表着从汉初至孝武帝时期统治阶级的思想意识,也代表着此时期祭祀形成发展的思想来源。所以"黄老之术、天人感应、天人合一、阴阳五行、求仙长生"等思想,影响着与政治相关的国家祭祀的发展态势。如"天人感应、天人合一"思想将以往以歌赞先祖、祈福的祭祀目的,改变成倾向于颂扬帝王、宣扬国威的祭祀目的;"阴阳五行"思想加强了祭祀与政治、神学之间的紧密联系;"求仙长生"思想表达出人们对于生命意识的感怀。因此,汉初思想的混杂状态与汉王朝宗庙祭祀相互联系、相互影响。

关键词:汉初思想　祭祀活动　互动关系

拥有着几千年历史的祭祀文化,是由不同王朝在继承以往祭祀形式的基础上,融入本时代特殊的发展因素积淀而成的。汉代以前,祭祀主要以祭祀天神地祇、宗庙祭祖的形式,达到向神灵、先祖祈福的目的。到了西汉前期,"黄老思想、天人感应、天人合一、阴阳五行、求仙长生"等思想盛行发展,对此时期的祭祀活动产生了深远影响。如祭祀内容中所展现出来的歌赞帝王、宣扬国威、政权与神权的一统性、对于生命意识的感怀以及享乐意识等,都是这一历史背景下被注入的新内容。而自汉初高祖至孝武帝时期,汉人受楚地特殊祭祀文化的影响,巫鬼好祀之风尤甚,此时期的祭祀文

* 马兰花,陕西师范大学文学院博士研究生,主要从事唐宋文学研究。

化自然受这一文化氛围影响。所以，汉初盛行的思想与祭祀文化，不仅受到中国上古以来业已积淀形成的祭祀文化与宗教传统的影响，更极大地受到西汉前期盛行思想的直接影响，从而形成了与之前的祭祀截然不同的特点。因而，汉初流行的各种混杂思想的状态，不仅影响了汉王朝祭祀形式的确立，如天人感应、天人合一思想促成祭祀目的的重新确立，而且使得阴阳五行观念强化了祭祀的政治化与神学化色彩，还使求仙长生思想增添了祭祀中对于生命意识的感怀。而汉王朝祭祀活动又对汉初思想的变化有引领与推动的作用，所以，汉初盛行的各种混杂思想与汉王朝祭祀之间存在着相互影响、相互促进的关系。

一、天人感应、天人合一思想促成祭祀目的重新确立

在传统的祭祀礼仪中，先民们将天神尊为至高无上的神灵，认为天神与人之间存在着无法触及的距离，认为这种距离是难以跨越的，只有通过祭祀天神、先祖来向之祈福，才能得到心灵的慰藉。这便是汉之前先民们祭祀的简单目的。与传统的祭祀目的相较而言，汉代的祭祀增加了歌赞帝王、宣扬国威的祭祀目的，这是汉代祭祀重新确立的内容。而这些祭祀目的的形成是这一时期盛行的思想影响所致。作为西汉祭祀活动形成与发展的思想渊源，董仲舒提出的“天人感应、天人合一”思想，是为了进一步说明“君权神授、大一统”政权的合理性，从而更好地维护统治阶级的权力与地位。这些思想的盛行发展是通过祭祀的形式得以体现的，所以西汉祭祀活动的产生与发展受这一时期所盛行的社会思潮影响，且与政治之间的关系越发紧密，进而在继承传统祭祀的基础上展现出此时代独具特色的祭祀形式。“天人感应、天人合一”思想在武帝时期的盛行发展状况，通过祭祀活动得以显见，且在此思想的基础上发展演变而来的“灾异与祥瑞”之象，使得国家祭祀能更好地为统一帝国、歌赞帝王、宣扬国威的目的服务。“汉代帝王如此重视和制造符瑞，是因为符瑞现象十分有利于宣扬帝王身份的高贵及其统治的权威性。……汉代符瑞思想的出现与汉代的政治有很大的关联，符瑞为政治服务，同时符瑞又反作用于汉代的政治。”[①]汉天子明白要想取得民众内心的认可，就必须在宗教思想上加以教化与渲染。君权神授、天人感应思想的彰示便是为了向汉代民众宣扬天子身份的高贵与权力的至高无上性，告知天下天子的政权仅来自天神独一的授予。统治者是天神之子，无比高尚与神圣，而这样的思想表现在祭祀中便是对君王无上的赞扬与崇拜。将这些思想融入西汉前期的祭祀活动

① 张影：《符瑞思想对汉代政治及祭祀文化的影响》，《合肥工业大学学报（社会科学版）》2012年第6期。

中，既体现了此时期盛行思想的发展态势，也凸显出这一时期祭祀目的的新变之路。

各种思想在汉代前期的兴盛发展更加凸显出祭祀活动的政治目的。由于汉王朝从战乱中建立起来，加之新思想在汉代的实施，在汉代民众的心里，上天之神与天子之间的关系更加紧密。他们甚至在心里将上天之神进行人格化，使得天神与人之间的距离不再那么遥不可及。所以，汉代的祭祀活动不再歌赞先祖的丰功伟绩，而是转向突出强调此时代帝王的圣德；改变了祈福的目的而转向宣扬本朝国威的政治目的。作为人皇的最高统治者是上天之子，代表着上天的唯一旨意，而上天的旨意还需加上祥兆之象才更能具有说服力。"符瑞被赋予一定的政治意义，以利于汉代统治者维护其权威地位。汉代人尚天，认为天是百神之君，同时上天对皇帝的行为具有监督的作用，当皇帝的行为和德行顺应民意，天下太平的时候，或有贤主明君出现的时候上天就会降符瑞，给以启示和赞扬。所以汉代统治者很会利用符瑞现象，达成其一定的政治目的，宣扬其政治的合法性。"①每当符瑞出现之时，人们就将其看作是预示着上天降下符瑞来昭示帝王的功德。这样符瑞也就被赋予了加强帝王君权、维护统治的意义，进而加强了君王权利的合理性。所以，符瑞之兆是加强帝王统治地位的一种手段，利用自然现象中所出现的不寻常的好的征兆为依据，借上天对君主功德的表彰来达到其宣扬政权合理性的目的。最高统治阶级也都信奉灾异之说，将灾异与祭祀结合在一起，灾异之象出现必然引起统治者的反省与积极举办祭祀典礼的行为，也进一步促进了汉代对于祭祀活动的重视。如《史记·封禅书》中就记载："古之封禅，鄗上之黍，北里之禾，所以为盛，江淮之间，一茅三脊，所以为藉也。东海致比目之鱼，西海致比翼之鸟，然后物有不召而自至者十有五焉。今凤皇麒麟不来，嘉谷不生，而蓬蒿藜莠茂，鸱枭数至，而欲封禅，毋乃不可乎？"②祭祀时符瑞现象的助推作用显得举足轻重，同时这一思想形式也被用来达到巩固君权、歌赞统治者的最终目的。汉代统治者顺势利用上天之神赋予人王的这一神圣权力，通过举行祭天、庙祀以及封禅等祭祀活动，来宣扬国威、统一思想以及维护其统治地位的无上性。这种"天人合一、天人感应"思想的宣扬为"君权神授、大一统"思想提供了有力证明，且"灾异与符瑞"思想被统治阶级很好地利用在祭祀活动之中，借祭祀典礼的宗教活动来巩固其政权统治，也促成汉代祭祀目的的重新确立。

① 张影：《两汉祭祀文化与文学》，中国社会科学出版社，2017年，第41页。

② 司马迁撰，裴骃集解，司马贞索引，张守节正义：《史记》，中华书局，2001年，第1264页。

二、阴阳五行观念强化了祭祀的政治化与神学化色彩

阴阳五行思想的盛行更进一步将汉代的祭祀文化引入政治化与神学化层面的高深领域。阴阳五行之说所倡导的哲学思想要义是通过掌握天地之间的运行规律来探索世间万物，突出强调这一思想关乎一个国家的江山社稷和政权统治的稳固。将政治与这一思想的关系进一步加深，目的是把国家的政权统治地位与神秘高深的天道相联结，促使阴阳五行的神学之道为大一统的汉代政权服务。它的盛行影响了汉代祭祀活动的思想倾向，使得这一时期的祭祀活动在原始宗教祭祀的基础上进一步增添了政治化与神学化的色彩。《淮南子・天文训》曰："道始于一，一而不生，故分为阴阳，阴阳合而万物生。……天地三月而为一时，故祭祀三饭以为礼，丧纪三踊以为节，兵重三罕以为制。"①这正符合徐克谦先生的言论："阴阳五行思想是当时人们的一种普遍的宇宙观，是中国古人用来解释和说明宇宙自然乃至社会人生的一套普遍运用的符号系统。……在祭祀、丧葬、占卜、风水等各种民间宗教的实践中，……构成了一个最基本的理论基础。"②以阴阳五行的思想去追求人与自然、社会的和谐相处，进而将此思想作用在天子权威的至高无上性之时，必然使得天子加强对祭祀活动的重视，尤其是对郊祀祭天之礼的重视。武帝时期所推崇的"阴阳学说"的核心是"天人合一"思想，强调"五行"与社会政治之间的联系。并且将"五德始终"，即"土、木、金、火、水"的学说与"天人感应"思想相应衬，目的就是把政治与"天道"相联系，使"天道"为汉一统政治服务。这种意识深得武帝赞赏，并将此思想通过祭祀的形式来深化与展现，进而使这一时期的祭祀活动在神秘化氛围中凸显其神学色彩，在阴阳五行观念中进一步强化政权。

"汉人的思想骨干，是阴阳五行。无论在宗教上，在政治上，在学术上，没有不用这套方式的。"③这不仅表明，阴阳五行之说在西汉前期具有举足轻重的政治地位，也展现了其思想主张对于汉代社会民众的渗透作用。这不仅影响着汉代民众在祭祀活动中的思想倾向，使得汉代的祭祀活动突出与政治的关系，而且在原始宗教祭祀的基础上添加了神秘化与神学色彩。"汉代社会，始终弥漫着浓厚的神学氛围，思想文化领域内的神学思潮也很盛行。这里面既有对宗教神学的历史继承，又有因时代变迁

---

① 陈广忠译注：《淮南子》，中华书局，2012年，第152页。

② 徐克谦：《阴阳五行学说：中国古代的宇宙解释系统》，《南京理工大学学报（社会科学版）》1999年第4期。

③ 顾颉刚：《秦汉的方士与儒生》，上海古籍出版社，2005年，第1页。

而呈现的新的特点;既有理论上的阴阳灾异,天人感应之类的造神新说,又有帝王对神学的大力倡导和疯狂追求。”①当人们用阴阳五行观念解释宇宙万物运行的时候,阴阳观念自然也就与祭祀活动紧密相连。被董仲舒加以吸收利用的阴阳五行思想在武帝时期的盛行,是改变汉代社会发展现状的思想来源之一。它对汉代的政治与祭祀都产生了重要影响,不仅增加了祭祀的形式内容,也使汉代民众的社会生活方面增添了神学化、神秘化的色彩,不仅如此,它也对汉代的政治、经学、祭祀礼仪以及文化习俗等方面都带来了深远影响。“有阴阳之说以统辖天地、昼夜、男女等自然现象,以及尊卑、动静、刚柔等抽象观念;有五行之说,以木、火、土、金、水五种物质与其作用统辖时令、方向、神灵、音律、肤色、食物、臭味、道德等,以至于帝王的系统和国家制度。”②可以说,汉代的阴阳五行之说为此时代的思想发展倾向和祭祀活动的实践上都提供了不可或缺的理论依据,也对这一时期祭祀活动的思想倾向与形式产生了深远影响。

三、求仙长生思想增添了祭祀中对于生命意识的感怀

从周秦之际至汉代,以巫道神仙之术为生的方士始终留存于世,他们以占卜、命相为主。孝武帝执政的这一历史阶段,“孝武皇帝初即位,尤敬鬼神之祀”③。加之武帝时期社会经济发展的鼎盛态势所提供的丰厚物质基础,“武帝至昭帝、宣帝时代,上流社会贵族阶级生活的腐化,必然导致精神上的空虚”④。武帝本人好宣扬政绩,尤好阴阳五行的神学之术,造就了以武帝为代表的上层统治阶级,产生了求仙长生以及奢淫享乐等追求。因而,在丰沛的物质资源达到满足之后,在自身权力达到鼎盛之时,想要用求仙长生之术来达到自身对于生命长久的渴望,不足为奇。方士们抓住统治阶级这一心理需求,大力宣扬长生不老的神仙思想,使得求仙长生、追求长寿的生命意识风靡于汉初,尤其盛行于武帝时期。“至汉武淫祀,好言神仙事,遍祀天神、地祇、人鬼,封禅泰山,服药长生,于是巫风转炽,且寓教于祀,祀神复为国之大事。”⑤武帝对于求仙长生思想的追求,确实风靡了一个时代,使得祭祀活动中增添了求仙长生的神学思想。这影响着人们对于生命意识的感怀,进而开启了后代祭祀的新发展之路。这种对于羽化登仙的追求与对生命长久的渴望,尤其表现在武帝时期应召而制

① 吴贤哲:《汉代神学思潮与汉乐府郊庙、游仙诗》,《西南民族大学学报(人文社科版)》2003年第6期。
② 顾颉刚:《秦汉的方士与儒生》,上海古籍出版社,2005年,第1页。
③ 司马迁撰,裴骃集解,司马贞索引,张守节正义:《史记》,中华书局,2001年,第381页。
④ 王永:《盐铁论研究》,宁夏人民出版社,2009年,第209—210页。
⑤ 王媛:《汉〈郊庙歌辞〉初探》,华南师范大学硕士学位论文,2005年。

的《郊祀歌》之中。《郊祀歌》十九章的内容分为祭神乐与歌赞祥瑞，歌赞祥瑞的诗歌篇幅就凸显出武帝想要求仙长生的愿望与对生命短暂而逝的感怀。如《齐房》歌咏芝生甘泉齐房之祥瑞，诗曰：

齐房产草，九茎连叶。宫童效异，披图案谍。玄气之精，回复此都。蔓蔓日茂，芝成灵华。①

这首诗歌写的就是元封二年芝草生于甘泉齐房之作，郭茂倩《乐府诗集》有言："一曰《芝房歌》。《汉书·武帝记》曰：'元封二年夏六月，甘泉宫内之中产芝草，九茎连页，便作《芝房之歌》'。"②通过九茎连叶的灵草在甘泉中长于齐房的祥瑞之事，来刻画灵草的玄气之精，以表达出其灵华日茂之状，进而歌赞灵草的灵气与长久之貌。颜师古曰："蔓蔓，言其长久，曰以茂盛也。"③灵草这一形象寓意着生命长久之状，灵物的祥瑞之状进而表达出武帝时期人们想要通过美好的事物起兴的愿望，进而凸显出人们对于生命长久的歌赞与追求。反过来说，当人们面对自身生命的短暂易逝时，就会更加想要通过生命长久的美好事物来追求生命的长久不衰，也因此会展现出对生命短暂的感慨与伤怀。

又如《象载瑜》歌赞行幸东海获赤雁之祥兆，歌曰：

象载瑜，白集西，食甘露，饮荣泉。赤雁集，六纷员。殊翁杂，五采文。神所见，施祉福。登蓬莱，结无极。④

关于这首诗歌，郭茂倩《乐府诗集》中说："一曰《赤雁歌》。《汉书·礼乐志》曰：'太始三年，行幸东海，获赤雁作。'"⑤从其解释可以看出，这是一首歌赞获赤雁之祥瑞的诗歌。颜师古曰："言六者，所获赤雁之数也。纷员，多貌也。言西获象舆，东获赤雁，祥瑞多也。"⑥再加之颜师古曰："蓬莱，神仙也，在海中。结，成也。"⑦诗歌通过"赤雁""蓬莱"等象征长久的意象，来表达出"神所见，施祉福。登蓬莱，结无极"的愿

① 班固撰，颜师古注：《汉书》，中华书局，1962年，第1066页。
② 郭茂倩编：《乐府诗集》，中华书局，2017年，第9页。
③ 班固撰，颜师古注：《汉书》，中华书局，1962年，第1065页。
④ 班固撰，颜师古注：《汉书》，中华书局，1962年，第1069页。
⑤ 郭茂倩编：《乐府诗集》，中华书局，2017年，第11页。
⑥ 班固撰，颜师古注：《汉书》，中华书局，1962年，第1069页。
⑦ 班固撰，颜师古注：《汉书》，中华书局，1962年，第1069页。

望。诗中也通过对于祥瑞的歌赞，进一步表达想要追求如蓬莱、赤雁一般神灵之象的愿望，最终回归于对生命长久的愿望与羽化登仙的追求。

再如《赤蛟》歌咏海底巨鱼之祥瑞，诗曰：

赤蛟绥，黄华盖，露夜零，昼晻濭。百君礼，六龙位，勺椒浆，灵已醉。灵既享，锡吉祥，芒芒极，降嘉觞。灵殷殷，烂扬光，延寿命，永未央。杳冥冥，塞六合，泽汪濊，辑万国。灵禗禗，象舆轙，票然逝，旗逶蛇。礼乐成，灵将归，托玄德，长无衰。①

从上述论述可得，这首诗歌为《郊祀歌》的最后一首，是歌赞武帝射蛟江中之祥瑞。由于对死亡的恐惧与敬畏，人们有了祈盼长生不死的愿望，这尤其体现在统治阶层中。他们通过炼丹、求仙、祭祀活动的形式希望求得长生不死。武帝时期，颇效秦始皇求长生不老，封禅泰山后，就一直心怀神仙，庶岁遇之。其于江中射蛟，自是效始皇故事，以蛟为破坏善神交通的恶神而除之。后来宣帝褒扬武帝，极力赞美他的丰功伟业时，也就夸江为海，将射蛟江中表为海效巨鱼之瑞了。且颜师古曰："言托恃天德，冀获长生，无衰竭也。"②所以，这首诗歌在歌咏武帝射蛟江中之事时，更加想要表达武帝效仿秦始皇求得长生不老的愿望。

虽然这种对于生命的敬畏、长生的愿望是美好的，但随着社会的进步发展，人们对于自然万物本身新陈代谢规律的掌握，求仙长生的思想也就自然成为唯物论者批判的对象。不管被批判与否，不可否认的是，这一思想在西汉前期的存在与发展，实实在在地影响着汉代民众生活的方方面面。如，从墓葬文化角度来看，"两汉墓葬中，经常可以看到反映墓主人成仙愿望的壁画……墓中壁画绘有墓主人在持节仙人引导下，随在双龙、白虎、朱雀等仙禽神兽之后，乘龙凤升天的图像"③。汉代的民众，自上而下受这一思想的影响，将其应用在生前或死后，无限寻求生命长久永恒的愿望，进而引发着人们在追求长生的思想中突出对于生命或长或短的思考。再从居延汉简中的史料记载来看，"当时的人名、地名都反映着对长生、不死和成仙的强烈渴望。……居延汉简中的人名、地名中有大量长寿类用语，'延寿''长寿''益寿''延年''长生'等诸如此类的名称，在居延汉简中很常见，这是仙说渗透社会的标志"④。在这一神学

① 班固撰，颜师古注：《汉书》，中华书局，1962年，第1069—1070页。
② 班固撰，颜师古注：《汉书》，中华书局，1962年，第1070页。
③ 杜德新：《汉武帝崇奉鬼神问题研究》，西北大学硕士学位论文，2009年。
④ 杜德新：《汉武帝崇奉鬼神问题研究》，西北大学硕士学位论文，2009年。

思想与神秘文化的影响下，求仙长生思想弥漫在汉代的社会之中，这使得汉代的民众在追求长生不死、羽化登仙的愿望中，进一步凸显出对于有限生命的感慨与思考。

四、汉王朝祭祀活动对汉初思想变化的引领与推动

汉初盛行的各种思想对祭祀活动产生了非常重要的影响，如同上述内容所述一般。可以说，汉初各种思想文化的盛行，既推动着汉代祭祀活动的进程，也影响着其诗歌的形式特点，同时对汉代社会的发展造成了潜移默化的影响，且对这一时期的经济、政治、思想、社会以及祭祀文化等都产生了影响。同样，汉初祭祀活动的开展也推动着汉初各种思想的盛行发展，且通过祭祀的形式进行宣传与发展，汉代的思想逐渐深入民间、民心。也因为祭祀活动的开展，汉代的思想在壮大发展的过程中，整体展现出纷繁复杂的发展态势。

一个时代的国家祭祀礼仪代表着统治阶级的宗教祭祀观，而其中所展现的思想也是统治者的统治思想。从汉初黄老之学为显兼之百家思想的存在发展的局面，到武帝时期以"独尊儒术"为基本指导思想，兼收道家、法家、阴阳家等学说形成了汉代独具特色的思想文化发展之路。虽然从表面看这一时期的宗教思想集中且统一，但实际上其背后有着纷繁复杂的思想发展态势。"西汉初年崇尚黄老哲学……但汉代对道家学说的全面崇尚，却大致是开始于文帝时代，而终止于武帝时期。……发生在景帝三年(前154年)的吴楚七国之乱，很快便'促使统治阶级认识到，有必要在意识形态领域重新寻求更有效的理论作为封建统治的指导思想。这时法家的暴力统治已被秦末农民起义所否定，黄老的'无为'思想也表现得十分软弱无力，于是封建统治阶级就把这时的儒家学说当作得力的思想武器，利用它宣扬的'君权神授''大一统'等思想来加强封建专制统治。'"①这总结出了从西汉初"黄老思想"的盛行至武帝时期"独尊儒术"的思想发展进程。"即便是在武帝实施'罢黜百家'之后，'不惟黄老阴阳与儒家并行，乃至申韩之刑名，苏张之纵横，亦皆传习不绝。'"②"汉自孝武表章六经之后，师儒虽甚，而大义未明。"③"武帝、宣帝皆好刑名，不专重儒。盖宽饶谓以法律为《诗》《书》，不尽用经术也。元、成以后，刑名渐废。上无异教，下无异学。皇帝诏书，群臣奏议，莫不援引经义，以为据依。"④"汉代前期出现的《淮南子》《春秋繁

---

① 王永：《盐铁论研究》，宁夏人民出版社，2009年，第64页。

② 转引自王永：《盐铁论研究》，宁夏人民出版社，2009年，第88页。

③ 顾炎武著，黄汝成集释，栾保群、吕宗力校点：《日知录集释》，上海古籍出版社，2014年，第296页。

④ 皮锡瑞：《经学历史》，中华书局，1959年，第103页。

露》《盐铁论》等著作，就其基本思想倾向而言，都体现出了一种对百家思想的汲取、改造、集结、折中的兼收并取特色，从而也都具有了某种‘杂家’著作的性质。所不同的是，《淮南子》的杂取百家是以道家为宗，这是汉代前期黄老之学盛行的必然产物；《春秋繁露》的杂取百家是以儒家为体，以道家与阴阳家方法论为用，这是武帝时期提倡儒学的必然结果；《盐铁论》的杂取百家，则是以更为积极的态度张显儒家学术，这是汉代复兴儒学近百年之后，学术思想持续积淀的必然结果。”①一个时代的文学作品是这个时代特征的印证，这些不同的著作中所体现出的不同思想，杂取百家且以一家为宗的思想倾向是由汉代社会不同阶段盛行的不同主流思想所决定的。所以，不管从政治、经济、文化还是从文学发展角度来说，西汉所盛行的诸多宗教思想都影响着其时代发展特征，也影响着这一时代文学的发展之路。

唐朝诗人白居易在论及祭祀的意义时说道：“祭祀之义，大率有三，禋于天地，所以示人报本也；祠于圣贤，所以训人崇德也；享于祖考，所以教人追孝也。三者行于天下，则万人顺、百神和。此先王所以重祭祀者也。”②西汉郊庙歌的存在，为汉代社会增添了祭祀文化的伦理教化意蕴，同时也进一步维护了统治阶级政权的合理性与统一性，最终奠定且增强了这一时代祭祀文化的政治与哲学基础，反映了汉朝君主的宗教思想观以及礼乐文化观。与此同时，《安世房中歌》与《郊祀歌》作为西汉前期郊庙歌的代表，促进了其祭祀内容与风格的新发展，也为后代帝王的祭祀与礼仪准则指引了新方向。

五、结语

从经济、政治、文化、思想以及宗教等方面来看，汉初的社会发展面貌呈现出纷繁复杂的发展态势。由于各种因素贯穿于西汉前期的社会发展之中，这一时期的社会背景十分独特，其中产生的社会思潮、祭祀文化以及祭祀诗歌之间存在着相互促进、相互影响的关系，且都为国家政权服务，代表的是统治阶级的利益与思想。所以，在这样的社会背景下，汉王朝祭祀活动自然会受其影响，且与国家政治之间存在着不可分割的联系。它的存在很大程度上展现着统治阶级的思想意识，映照着此时代的社会发展面貌。总体来看，汉王朝祭祀活动是在楚文化与儒家传统礼教文化的基础上发展而来的，加之汉代独特的思想文化特点，有其自身发展的独特性与创新性。因

① 王永：《盐铁论研究》，宁夏人民出版社，2009 年，第 71—72 页。

② 顾学颉校点：《白居易集》，中华书局，1979 年，第 1366 页。

此，梳理清楚汉初思想的混杂状态与汉王朝祭祀之间的互动关系，有利于我们更加全面地了解汉初思想的混杂状态，以及它与汉王朝祭祀之间的互动关系。

The Interactive Relationship between the Mixed State of Thoughts in the Early Han Dynasty and the Sacrifice in the Han Dynasty

Ma Lanhua

Abstract: The various ideas prevailing in the early Han Dynasty not only represented the ideology of the ruling class from the early Han Dynasty to the period of filial piety and Emperor Wu, but also represented the ideological source of the formation and development of sacrifice in this period. Therefore, the thought of Huang-Lao, the induction between heaven and man, the unity of heaven and man, Yin-Yang and the Five Elements, and the pursuit of immortality have influenced the development trend of national sacrifices related to politics. For example, the thought of "the connection between heaven and man, the unity of heaven and man" changed the previous sacrificial purpose of praising ancestors and praying for blessings into the sacrificial purpose of praising emperors and promoting national prestige; the thought of "Yin-Yang and the Five Elements" strengthens the close relationship between sacrifice and politics and theology. The idea of "seeking immortality" expresses people's feelings about life consciousness. Therefore, the mixed state of thoughts in the early Han Dynasty and the worship of ancestral temples in the Han Dynasty were interrelated and influenced each other.

Key words: thought in the early Han Dynasty　sacrificial activities　interactive relationship

王艮“明哲保身”思想与“成己成物”之学的会通

李　俊*

摘　要:“明哲保身”的思想可以说是王艮对儒学传统与阳明心学的继承与发展,是其哲学思想的基石与核心,也是其对整个中国哲学的反思与发展。在王艮看来,身体不仅是心灵的载体,更是道德实践的根基。这一思想不仅在个人道德修养、物质与精神的平衡方面具有指导意义,也为现代社会治理与公共责任的履行提供了有益的启示。本文以《明哲保身论》为中心,分析王艮如何通过“保身”论述其独特的心学思想,进一步探索其对身体与心性、身体与道德之间关系的理解。

关键词:儒学　明哲保身　仁　成己成物

中国文化的身体哲学传统在儒释道三家中均有展现,尤其体现在对身心关系的阐释上。李约瑟指出,“中国人典型的世界观的一个最大特点就是根本不打算将物质与精神相分离”①。诚如此言,在中国哲学中,身体(body)、心灵(mind)和灵性(spirit)是作为一个有机体整合在一起的,不可绝对地予以分割。中国最早明确定义身心关系的记载在《墨子》,《墨子·经上》言:“生,形与知处也。”这是说人的生命是形体与心知处于一个统一体中。而《管子·心术上》则论心与身,特别是与耳目等器官的关系:“心之在体,君子之位也;九窍之有职,官之分也。心处其道,九窍循理;嗜欲充盈,目

* 李俊,云南大学政府管理学院硕士研究生,主要从事中国哲学研究。

① 约翰·默逊编:《中国的文化和科学》,庄锡昌、冒景琬译,浙江人民出版社,1988年,第23页。

不见色，耳不闻声。”这里并没有把心与身作为两个实体来分判，而是视身心为一个实体的两种要素：身心本为一体，能复返本体便入圣人之境。王阳明也认为“身心”是同一的关系，“无身则无心”。

> 耳目口鼻四肢，身也，非心安能视听言动？心欲视听言动，无耳目口鼻四肢亦不能，故无心则无身，无身则无心。[①]

王艮（号心斋，1483—1541）为阳明门人。据《年谱》载，王艮《明哲保身论》作于嘉靖五年十月。结合王艮生平来看，此文撰述时间较早，属于王艮的早期著作。王艮之子王一庵曾评此篇为“修身止善之则也”。关于此文的缘起，《年谱》亦有详细记载：“时同志在宦途，或以谏死，或谴逐远方。先生以为身且不保，何能为天地万物主？因瑶湖[②]北上，作此赠之。”[③]由此特殊背景，便可见此文主旨在于“保身”二字，这与王艮思想体系“格物论”中的“安身”“爱身”“尊身”的主张是相互印证的。在王一庵看来，“保身”即为“修身之则”，属于心斋格物论的一部分，因此，我们完全有理由将此看作反映王艮思想之要领的一篇代表性文章。在王艮看来，“明哲保身”并非自私自利、仅顾自身利益的“保全”，而是一种内外兼修的过程，旨在达成道德与行为层面的和谐。本文探讨的核心问题为如何深入理解其思想，并实现现代性转化。

为解决这一问题，首先，本文将对王艮“明哲保身”思想作深入分析，并探讨其如何能够在儒学传统中构建身心关系的完整性；其次，探索其思想在当代社会中的应用潜力，特别是在当代伦理和道德实践中的具体体现；最后，讨论实现身心合一的道德实践路径，分析这一传统哲学如何为当代人提供指导与启示。通过这三方面的深入探讨，本文力求为理解王艮的思想及其现代性转化提供全面的视角。

一、明哲即良知

“明哲保身”四字出于《诗经·大雅·烝民》“既明且哲，以保其身”，王艮对此做出了自己独特的解释：“明哲者，良知也。明哲保身者，良知良能也，所谓不虑而知，不学

① 王守仁：《王阳明全集》，上海古籍出版社，2011年，第85页。

② 瑶湖即王臣（生卒年不详），字公弼，号瑶湖，江西南昌人，阳明门人，为嘉靖二年进士。《新修南昌府志》载：“（王瑶湖）南昌人，自幼颖异，从王文成公学，精思默证，一洗支离旧习。由进士任泰州。作《论民录》……令诸士师王心斋，一时江北淮南仰泰州为山斗。”参见《新修南昌府志》卷一九《人物》，第45页上下。

③ 王艮著，陈祝生等校点：《王心斋全集》，江苏教育出版社，2001年，第72页。

而能者也，人皆有之，圣人与我同也。”[①]在王艮看来，“明哲保身”是“良知良能”，是每个人生来便有的。时人对王艮这一说法提出疑问，认为如果是这样的话，那怎么去解释孔孟说的“杀身成仁”“舍生取义”之言呢？王艮回答：“应变之权固有之，非教人家法也。”[②]而王艮讲“明哲”等同于“良知”也大有其深意，此需溯源问端，回到心学传统来看。王艮作为泰州学派的祖师爷，其思想主张首先接续阳明心学而来。阳明心学以“心”立说，但王阳明在“龙场悟道”后以“良知”释“心”，故阳明心学实为“良知学”。王阳明曾说：“吾良知二字，自龙场以后，便已不出此意，只是点此二字不出。”[③]又言：“吾平生讲学，只是‘致良知’三字。”[④]“良知之外，别无知矣，故‘致良知’是学问大头脑，是圣人教人第一义。”[⑤]王阳明继承了传统儒家“成圣”的价值取向，并以“立志成圣”作为心学，为学、为道的第一义：

> 四方朋友来去无定，中间不无切磋砥砺之益，但真有力量能担荷得，亦自少见。大抵近世学者，只是无有必为圣人之志。[⑥]
>
> 问“为学功夫”。先生曰：“要立志。”友曰：“立何志？”先生曰：“立必为圣人之志。圣人欲明明德于天下，吾亦欲明明德于天下。如此发愿，方是立圣人之志。此志一真一切，是非毁誉都不在念，故曰‘匹夫不可夺志’也。不可夺，见志真，匹夫而为百世师，见志立。”[⑦]

“圣人之境”在这里指的是一种将个体的现实存在与内在的切身体验相关联的理想之境。追求“成圣”便是成就自己的内在德性以立乎其大，达至圣人之境。“成圣”便是“成己”，这便是“为己之学”。若非如此，停留于口耳之间，便是有“务外近名之病”[⑧]，是为“口耳之学”。“世之讲学者有二：有讲之以身心者，有讲之以口耳者。讲之以口耳，揣摸测度，求之影响者也。讲之以身心，行著习察，实有诸己者也。”[⑨]“吾契但著实就身心上体履，当下便自知得。今却从言语文义上窥测，所以牵制支离，转

① 王艮著，陈祝生等校点：《王心斋全集》，江苏教育出版社，2001 年，第 29 页。
② 王艮著，陈祝生等校点：《王心斋全集》，江苏教育出版社，2001 年，第 14 页。
③ 王守仁：《王阳明全集》，上海古籍出版社，2011 年，第 1170 页。
④ 王守仁：《王阳明全集》，上海古籍出版社，2011 年，第 990 页。
⑤ 王守仁：《王阳明全集》，上海古籍出版社，2011 年，第 71 页。
⑥ 王守仁：《王阳明全集》，上海古籍出版社，2011 年，第 178 页。
⑦ 焦竑：《明德堂答问》，《澹园集》卷 47，中华书局，1999 年，第 742 页。
⑧ 王守仁：《王阳明全集》，上海古籍出版社，2011 年，第 1001 页。
⑨ 王守仁：《王阳明全集》，上海古籍出版社，2011 年，第 75 页。

说转糊涂。"[①]在王阳明看来,"讲之以口耳"所导向的终点必是"牵制支离",而"讲之以身心"指向的实践路径则是"著实就身心上体履"。以此看来,王阳明实际上充分肯定了"身心之学"。如杨国荣所指出的,在王阳明的思想体系中,"从内涵上看,所谓'身心之学'包含相互联系的两个方面。其一,与入乎耳出乎口不同,它以身体力行为自悟的前提,将心体之悟,理解为实践过程中的体认(表现为'体'与'履'的统一);其二,'体'与'履'的目标,是化本体(心体)为内在的人格,并使之与个体的存在合而为一"[②]。

在王阳明看来,"道体"不可言说:"道一而已","万物一体"。他之所以在龙场悟道后力倡"知行合一",就是因为"知行合一"是典型的"身心之学"的要求,"路歧之险夷,必待身亲履历而后知,岂有不待身亲履历而已先知路之险夷者邪"[③]。既然是"身亲履历"才可"知",那么"身"的重要性在这里也得到了显豁。首先是身体存在,才谈得上"行"与"知"。事实上,王阳明虽然以"心"为本体,并在此基础上建立体系,但他仍然是重视"身"并主张回到"身"的。"无身则无心。"[④]在中国哲学的语境中,"身"与"己"二字是互通的,身心为一体,才成完整的自我。《尔雅·释诂下》言"身,我也","朕、余、躬,身也",也正是此意。

《论语·宪问》载:

> 子路问君子,子曰:"修己以敬。"曰:"如斯而已乎?"曰:"修己以安人。"曰:"如斯而已乎?"曰:"修己以安百姓。修己以安百姓,尧、舜其犹病诸!"

《孟子·尽心上》载:

> 孟子曰:"尽其心者,知其性也。知其性,则知天矣。存其心,养其性,所以事天也。夭寿不贰,修身以俟之,所以立命也。"

可以看到,在儒家那里,"修身"与"修己"是同义语,二者都以人身的存在为前提,并在此基础上推己及人,成己成物。王艮正是接续了此前提,并以此为基础阐发"明哲保身"之义。他的"明哲保身"并不是单纯的自我保护,而是通过"爱人"来保全自己:

---

① 王守仁:《王阳明全集》,上海古籍出版社,2011年,第208—209页。

② 杨国荣:《心学之思——王阳明哲学的阐释》,生活·读书·新知三联书店,1997年,第215页。

③ 王守仁:《王阳明全集》,上海古籍出版社,2011年,第42页。

④ 王守仁:《王阳明全集》,上海古籍出版社,2011年,第143页。

知保身者，则必爱身如宝。能爱身则不敢不爱人，能爱人则人必爱我，人爱我则吾身保矣。能爱人则不敢恶人，不恶人则人不恶我，人不恶我则吾身保矣。能爱身则必敬身如宝，能敬身则不敢不敬人，能敬人则人必敬我，人敬我则吾身保矣。能敬身则不敢慢人，不慢人则人不慢我，人不慢我则吾身保矣。①

从“保身”的角度来看，只有珍视自身并关爱他人，才能真正达到个人的保全；只有不伤害他人，个人才能避免来自他人的恶意。这个道德原则并不仅仅是一种防御性的策略，也是一种积极的道德关怀——王艮虽然强调保身尊身，但他并没有忘记天下国家。他曾自述其志云：“夫仁者以天地万物为一体。一物之不获其所，即己之不获其所也，务使获所而后已。是故人人君子，比屋可封，天地位而万物育，此予之志也。”②也就是说，仁爱不仅是保全个人的关键，也是建立和谐社会的重要手段：

知保身而不知爱人，必至于适己自便，利己害人。人将报我，则吾身不能保矣。吾身不能保，又何以保天下国家哉？此自私之辈不知本末一贯者也。③

《周易·系辞下》言：“身安而天下国家可保也。”这种“爱人”思想的核心，是以“仁”为道德准则而将个体与他人紧密联系在一起的。通过个人的仁爱行为，社会成员之间形成一种“互爱”的伦理关系，最终每个人的安全和利益都能在这种关系中得到保障。“能敬身，则不敢不敬人。能敬人，则人必敬我。人敬我，则吾身保矣。”④“敬”同样是一种道德扩展的方式，“爱人直到人亦爱，敬人直到人亦敬，信人直到人亦信，方是‘学无止’法”⑤。通过尊敬他人，个人能获得来自他人的尊重，这种尊重也使得个体的“保身”更为稳当。何为“本末一贯”？王艮言：

不知安身便去干天下国家事，是之谓“失本”也。就此失脚，将或烹身、割股、饿死、结缨，且执以为是矣。不知身不能保，又何以保天下国家哉？⑥

---

① 王艮著，陈祝生等校点：《王心斋全集》，江苏教育出版社，2001年，第29页。
② 王艮著，陈祝生等校点：《王心斋全集》，江苏教育出版社，2001年，第30页。
③ 王艮著，陈祝生等校点：《王心斋全集》，江苏教育出版社，2001年，第29页。
④ 王艮著，陈祝生等校点：《王心斋全集》，江苏教育出版社，2001年，第29页。
⑤ 王艮著，陈祝生等校点：《王心斋全集》，江苏教育出版社，2001年，第29页。
⑥ 王艮著，陈祝生等校点：《王心斋全集》，江苏教育出版社，2001年，第34页。

> 危其身于天地万物者，谓之“失本”，洁其身于天地万物者，谓之“遗末”。[1]

欲“保天下国家者”必先“安身”，而“安身”的前提便是“保身”。“知保身而不知爱人”一句便道出自爱是所有他爱的基础，唯有通过自爱，利他之爱才成为可能。那么“保身”何以为“良知”？阳明言：

> 却是须有这诚孝的心，然后有这条件发出来。譬之树木，这诚孝的心便是根。许多条件便枝叶。须先有根，然后有枝叶。不是先寻了枝叶，然后去种根。礼记言“孝子之有深爱者，必有和气。有和气者，必有欲愉色。有愉色者，必有婉容”，须是有个深爱做根，便自然如此。

阳明强调“深爱做根”“却是须有这诚孝的心，然后有这条件发出来”。孝顺父母必须先有一颗真诚的孝心，然后才会有行为的表现。从这单一对象推展开来，个体面对每个单独的个人时，便是“能爱人则不敢恶人，不恶人则人不恶我，人不恶我则吾身保矣”。儿女先有“孝心”，然后才有“成孝”的行为；个体须心中有爱，才能够“爱人”以达到“保身”。这便是为什么王艮在《明哲保身论》开篇便言“明哲者，良知也”，把“明哲”和“良知”等同起来。王艮言“所谓不虑而知，不学而能者也”[2]，意欲阐释本体上的本然和普遍性上的先天的“能知”，而这种依存本然的先验性的“能知”，因为“人之所以不能者，为气禀物欲之偏；气禀物欲之偏，所以与圣人异也”[3]，而分化出不同的“所知”。“良知者，不虑而知，不学而能”[4]，与王阳明的“良知者……不待虑而知，不待学而能”[5]，孟子的“人之所不学而能者，其良能也；所不虑而知者，其良知也”[6]相比较，可以看出“良知”“良能”在王艮那里都属于“良知”的领域。王艮在这里强调的是，“人之所以不能者”上“不学而能”的“能知”具体实践在我们的“所知”上，而这种“能知”也是王艮着重阐释的“保身”。在王艮的哲学视野中，真正的自我保护源于对他人的关爱与尊重，个体的道德成长与社会和谐是相辅相成的，是一种双向的道德互动。

---

① 王艮著，陈祝生等校点：《王心斋全集》，江苏教育出版社，2001年，第104页。
② 王艮著，陈祝生等校点：《王心斋全集》，江苏教育出版社，2001年，第29页。
③ 王艮著，陈祝生等校点：《王心斋全集》，江苏教育出版社，2001年，第29页。
④ 王艮著，陈祝生等校点：《王心斋全集》，江苏教育出版社，2001年，第29页。
⑤ 王守仁：《王阳明全集》，上海古籍出版社，2011年，第967—974页。
⑥ 方勇：《孟子译注》，中华书局，2015年，第264页。

二、保身与成物

在中国哲学中，“物”可以解释为“事”。如郑玄所训，“物，犹事也”。当“物”指向“事”时，“成物”便具有了“成事”的含义。“事”的范围十分广泛，从日常的洒扫应对到齐家治国平天下，都是“事”，因此“成事”是“成物”的一个重要方面。而在最广泛的意义上，“物”还包括人，因此“成物”也可以涵盖“成人”的层面。杨国荣指出：“‘成物’在广义上不仅指成就他人，还涉及促进天地的化育，两者的前提是尽人之性与尽物之性。”①“成人”作为“成物”的一部分，是不可或缺的。根据儒家“己欲立而立人，己欲达而达人”的原则，如果“成己”是必要的，那么成就他人，即“成人”，同样不可或缺。此外，“成人”意义上的“成物”也是可行的。儒家主张通过自身德行的示范来引导他人，通过德行示范来实现“成人”意义上的“成物”。

“此仁也，万物一体之道也。以之齐家，则能爱一家矣。能爱一家，则一家者必爱我矣。一家者爱我，则吾身保矣。”②王艮通过对“爱人”概念的逐步扩展，建立起一个从自我到家庭，再到国家、天下的道德体系。那么，既然仁有如此之妙用，人们为什么不能实行这个“一贯之道”呢？王艮认为，这是由于“气禀物欲之偏”而不能明此保身之理。这体现在两个方面：其一，“不知本末一贯”的“自私之辈”，“知保身而不知爱人，必至于适己自便，利己害人，人将报我，则吾身不能保矣。吾身不能保，又何以保天下国家?”其二，“忘本逐末之徒”，“知爱人而不知爱身，必至于烹身割股，舍生杀身，则吾身不能保矣。吾身不能保，又何以保君父哉?”在这个体系中，个人的道德修养不仅仅停留在自我保护的层面，还能进一步推动家庭和国家的和谐与发展。通过对个人良知的自觉，个体可以在家庭中展现出爱与尊敬，并通过这种行为影响整个家庭的道德氛围：“吾身保，然后能保一家矣。”这种道德责任不仅是一种个人修养，也是一种社会责任。他的这一思想反映了儒家传统中人与社会、人与自然和谐统一的观念。个人的道德修养与社会的整体和谐紧密相连，只有通过对家庭、国家乃至天下的爱，才能真正实现个人的保身：“以之平天下，则能爱天下矣。能爱天下，则天下凡有血气者，莫不尊亲。莫不尊亲，则吾身保矣。”③在这里，王艮提出了一个更为广阔的道德愿景，即通过个人的仁爱实践，最终实现天下的太平与和谐。在王艮看来，不但要“保身”，更要“尊身”，像“尊道”一样地“尊身”，因为“道”是体现在人身上的，离开人也就

① 杨国荣：《成己与成物：意义世界的生成》，北京大学出版社，2011 年，第 39 页。
② 王艮著，陈祝生等校点：《王心斋全集》，江苏教育出版社，2001 年，第 29 页。
③ 王艮著，陈祝生等校点：《王心斋全集》，江苏教育出版社，2001 年，第 29 页。

无所谓"道"了。他说:"身与道原是一件,至尊者此道,至尊者此身。尊身不尊道,不谓之尊身,尊道不尊身,不谓之尊道,须是道尊身尊才是至善。"[①]人身本应受尊,孔子言"人能弘道,非道弘人",若人身不存,又何以谈"弘道"? 事实上,儒者从不反对保全身命,只是不赞同世人将身命看得过重。阳明曾言,"人于生死念头,本从生身命根上带来,故不易去"。王艮言"应变之权固有之,非教人家法也"之意正如张星所言,"勘破生死实为工夫境界的最后大关,实践起来谈何容易,非但难以此指点学者工夫,而实不必以此指点工夫"[②]。

王艮对个人道德修养的具体实践也进行了深入讨论,尤其是对"忠恕之道"进行了阐释:

> 故君子之学,以己度人。己之所欲,则知人之所欲;己之所恶,则能知人之所恶。故曰有诸己而后求诸人,无诸己而后非诸人,必至于内不失己、外不失人,成己成物而后已。此恕也,所谓致曲也,忠恕之道也。故孔子曰"敬身为大",孟子曰"守身为大",曾子启手启足,皆此意也。[③]

这里的"以己度人"体现了儒家的恕道,强调通过自身的感受来推己及人,从而实现内外和谐。"子曰:'参乎! 吾道一以贯之。'曾子曰:'唯。'子出,门人问曰:'何谓也?'曾子曰:'夫子之道,忠恕而已矣。'"[④]在王阳明那里,"忠恕"是"主一"的表现形式之一;在王艮这里,"忠恕"体现为个体的道德修养不仅在于自我约束,还必须在与他人的互动中展现尊重与关爱。"有诸己而后求诸人,无诸己而后非诸人。"[⑤]个体首先要内在地成就自我,然后才能对他人有所要求或批评。这种内外兼顾的道德观念,强调的是个体在社会责任与自我完善之间的平衡。

如何能为"平衡"? 必要"成己成物"。王艮《泥鳅赋》言:

> 吾与同类并育于天地之间,得非若鳅鳝之同育于此缸乎? 吾闻大丈夫以天地万物为一体,为天地立心,为生民立命,几不在兹乎?

王艮在这里用了张载《西铭》中著名的"横渠四句",并且在前面加上了"吾闻大丈

① 王艮著,陈祝生等校点:《王心斋全集》,江苏教育出版社,2001年,第37页。

② 张星:《安身与安心——王心斋"安身论"的理论与工夫意义》,《朱子学研究》2020年第1期。

③ 王艮著,陈祝生等校点:《王心斋全集》,江苏教育出版社,2001年,第29页。

④《论语·里仁》。

⑤《礼记·大学》。

夫以天地万物为一体”的前提。何谓“大丈夫”？大丈夫有所为，有所不为。《孟子·滕文公下》言：“富贵不能淫，贫贱不能移，威武不能屈，此之谓大丈夫。”这是有所为。《中庸》言：“君子和而不流，强哉矫！中立而不倚，强哉矫！国有道，不变塞焉，强哉矫！国无道，至死不变，强哉矫！”这是有所不为。“必至于内不失己，外不失人，成己成物而后已”一句道出了王艮的道德理想，即通过自我道德的修炼，不仅成就自身，还在社会中促成他者的发展与完善：

问：“反己”是“格物”否？子曰：“物格知至，‘知本’也。‘诚意、正心、修身’，‘立本’也。本末一贯，是故爱人、治人、礼人也，格物也。不亲、不治、不敬，是谓行有不得于心，然后反己也。格物然后知反己，反己是格物的工夫。反之如何？正己而已矣。反其‘仁’‘治’‘敬’，正己也。‘其身正而天下归之’，此‘正己而物正’也，然后‘身安’也。”①

这种“成己成物”的思想，与子思所说的“成己，仁也；成物，知也”相呼应。在湖北郭店楚墓出土的竹简中，“仁”全部被写作“从身从心”的结构，这与人们熟知的“仁”的“从人从二”结构是完全不同的面向。因为在古汉语中，“身”为己身，“从身从心”而为“仁”首先表达的是“对己身的爱”，而不是由“从人从心”演绎而来的对他人的爱。因为只有心中有“己身”，且能爱惜一己之身，并在这个向度上修己、成己、正身，才能推己及人，立己立人，推己而达人。故王艮言：

此仁也，所谓至诚不息也，一贯之道也。人之所以不能者，为气禀物欲之偏。气禀物欲之偏，所以与圣人异也。与圣人异，然后有学也。学知如何？明哲保身而已矣。②

这种推己及人、由己而他的成仁路径虽然在形式上不如“仁者爱人”来得简单直接，但是符合儒家伦理传统的一贯模式。在王艮看来，普通人与圣人之间的区别在于普通人受制于“气禀物欲之偏”，也就是为物欲所遮蔽，失去了对道的感知和实践。因此，保身不仅是为了自我保护，更是要通过去除物欲的干扰，恢复本心，确保内在的道德信念不被污染。这与《孟子》中“存其心，养其性”的思想是相通的，两者皆强调保全

① 王艮著，陈祝生等校点：《王心斋全集》，江苏教育出版社，2001年，第35页。
② 王艮著，陈祝生等校点：《王心斋全集》，江苏教育出版社，2001年，第29页。

心性的重要性。"保身"不仅是肉体的保存，更是一种个体在社会中完善自我道德的过程；"明哲保身"是一种"至诚不息"的修养路径，贯通了人与天道的关系。这也意味着保身不是为了苟且偷生，而是为了通过自我修养达到与天道相一致的状态，"知修身是天下国家之本，则以天地万物依于己，不以己依于天地万物"①，最终使自己处于一种道德完满的境界。

而关于"仁"，程颢在《识仁篇》中云："仁者，与天地万物一体。"王阳明有过类似阐述："大人者，以天地万物为一体也，其视天下犹一家，中国犹一人焉。"②此观点同样在王艮那里得到了承继与显豁：

> 周茂叔窗前草不除，仁也。明道有觉，亦曰"自此不好猎矣"。此意不失，乃得满腔子恻隐之心。故其言曰："学者须先识仁，仁者浑然与物同体。"
>
> 乍见孺子入井而恻隐者，众人之仁也；无求生以害仁，有杀身以成仁，贤人之仁也；吾未见蹈仁而死者矣，圣人之仁也。

在王艮那里，"仁"与"物"同体是求仁的基本立场与出发点。王阳明言："仁者与天地万物为一体，使有一物所失，便是吾仁有未尽处。"这或说是一种"一体之仁"下的"正己正物"之发微。王艮讲"大人"：

> 大人者，正己而物正者也。故立吾身以为天下国家之本，则位育有不袭时位者。③

"大人"是"正己而物正者"，而就君子而言，是"君子之学，以己度人"。也就是说，君子尚在"正己""正物"之间，而"大人之事毕矣"。王艮取孟子言："孟子曰：惟大人为能格君心之非。"大人在此境的圆满，实得本然的正确性的价值观，所以"能格君心之非"。其又言："知得身是天下国家之本，则以天地万物依于己，不以己依于天地万物。"也就是说，在对待"物与我"的关系上，王艮更加倾向由己出发。这种由己出发，不是为了强调"己"和"万物"的地位差别，不是唯"我"独尊，导向以自我为中心的状态；而是在对个体间的关系进行言释，是为了克服己与物的分离，更是为了搭建人与己之间的紧密联系。

---

① 王艮著，陈祝生等校点：《王心斋全集》，江苏教育出版社，2001年，第97页。
② 王阳明：《王阳明集》，王晓昕、赵平略点校，中华书局，2016年，第224页。
③ 王艮著，陈祝生等校点：《王心斋全集》，江苏教育出版社，2001年，第97页。

三、合内外之道

王艮的“明哲保身”思想与“成己成物”的理念深度相通，即通过内在良知的觉悟与外在行为的统一，实现个人的道德完善（成己）和对社会及万物的积极影响（成物）。他强调“必至于内不失己，外不失人，成己成物而后已”，意在揭示儒家传统中“修身齐家治国平天下”的道德一体性。王艮对“合内外之道”也下了明确的定义：

> 夫仁者爱人，信者信人，此“合内外之道”也。于此观之，不爱人，不仁可知矣；不信人，不信可知矣，故爱人者人恒爱之，信人者人恒信之，此“感应之道”也。①

王艮将“仁者爱人，信者信人”归为“感应之道”，这与《老子》“善者吾善之，不善者吾亦善之，得善”之义相通。“絜度于本末之间，行有不得者，皆反求诸己，反身而诚，乐莫大焉。”②而在现代社会中，外部环境瞬息万变，个体需要具备敏锐的观察力和适应能力。“夫事之变化，犹水之泛滥，非有根本之固者，岂能长久？”“良知”是个体内在的道德法则，是不依赖外部环境的内在驱动力。“成己”指的是个体通过内在良知的觉醒与道德修养的提升达到自我完善，个体要通过良知而获得内在的智慧。良知是天赋之道，是“所谓不虑而知，不学而能者也，人皆有之，圣人与我同也”之根。在此基础上，个体通过明哲保身，保持自身道德上的觉悟，并不断修正行为，从而成就自身的德行。

个体“良知”的修养是“成己”的根本，但这不能只局限于自我保全，还应通过与他人和社会的互动来实现“成物”。“知保身者，则必爱身如宝。能爱身，则不敢不爱人。”这种自我与他人之间的相互关联正体现了儒家伦理中“己欲立而立人，己欲达而达人”的原则。通过对自身的观照，个体可以影响他人乃至整个社会，实现“成物”的目标。所谓“能爱人，则人必爱我。人爱我，则吾身保矣”，说明了个体与外在世界互动的反馈机制。个体在关怀他人的同时，既能成就自己的道德修养，也能促进他人良好品德的达成。

此外，“成物”不仅指对他人、社会的影响，更是一种扩展到天地万物的仁爱精神。

① 王艮著，陈祝生等校点：《王心斋全集》，江苏教育出版社，2001年，第30页。

② 王艮著，陈祝生等校点：《王心斋全集》，江苏教育出版社，2001年，第95页。

"此仁也，万物一体之道也"，个体通过自身的修养和对他人的关爱，能逐渐达成对整个社会和自然万物的关怀。这种仁爱之道不仅使个体在道德上自我完善，也能够推动社会的进步与稳定。"以之齐家，则能爱一家矣……以之治国，则能爱一国矣……以之平天下，则能爱天下矣。"个体的道德实践要由个人推及家庭、社会，并最终扩展到天下，从而成就更广泛的和谐。真正的"成物"不仅是对自身的尊重与修炼，也包含了"达人"的儒家思想应有之义。个体通过自我修养加之与他者的互动，从而形成了一个更为广泛的伦理共同体。"使天下明此学，则天下治矣。是故出不为帝者师，是漫然苟出，反累其身，则失其本矣；处不为天下万世师，是独善其身。而不讲明此学，则遗其末矣。皆小成也。故'本末一贯'，'合内外之道'也。"①

在"成己"与"成物"之间，王艮注重的是一种内外相合的统一性。这种合一并非将自我与他人、自然对立，而是通过对内在良知的认识与修炼来影响外部世界，实现自我与外部的协调。王艮特别强调"有诸己而后求诸人，无诸己而后非诸人"，即个体在要求他人之前，必须先自我反省、修身，只有通过内在的成就，才能在外部世界中"成物"。这是对个体道德修养的要求，也是对其社会责任担当的整体体现。

"合内外之道"的关键在于通过内在良知的觉悟与外在仁爱的实践，个体成就自身的道德修养，同时成就外在世界的秩序与和谐，最终实现"成己成物"的儒家理想。"此仁也，所谓至诚不息也，一贯之道也。"通过致其"良知"的实践，个体在内外合一中先保全自身，而后从自身出发，推己及人，从而推动社会的进步，以达成万物和谐的一体境界。王艮的这一思想是对儒家"修身齐家治国平天下"理想的深化。内在的良知与外在的实践相结合，个体不仅能实现自身道德上的完善，还能对外部世界产生积极的影响，这也体现了儒家心学中对个体与社会关系的深刻理解。

四、结语

通过对王艮"明哲保身"的由来和其现代化转化的分析，可以看到，其思想的现实意义不仅体现在个体的道德修养与自我完善上，还在于如何通过个体修养来实现社会和谐。王艮的思想为现代社会中的道德困境、社会责任缺失，以及物质与精神的平衡问题提供了深刻的启示。严复将《自由论》翻译为《群己权界论》，意为自由是需要界线的，这个界线屹立于"群""己"权利之间，即"人""我"权利之间。在王艮的哲学视野中，个体的道德修养并非孤立的行为，而是与他人、家庭乃至社会整体的和谐息息

① 王艮著，陈祝生等校点：《王心斋全集》，江苏教育出版社，2001年，第21页。

相关。只有通过对自身的珍视与对他人的关爱,个人才能实现真正的“保身”。基于“爱人—人爱我”的因果模式,有利于在保障主体身心自由的基础上促进社会的良性互助。在当前社会多元与复杂的背景下,王艮的思想依然具有重要的现实意义,值得我们深入思考与践行。

The Integration of Wang Gen's Thought of *Mingzhe Baoshen* and His Doctrine of *Chengji Chengwu*

Li Jun

Abstract: The idea of *Mingzhe Baoshen* can be said to be Wang Gen's inheritance and development of the Confucian tradition and Yangming's philosophy of mind. It is the cornerstone and core of his philosophical thought, and also his reflection and development of the entire Chinese philosophy. In Wang Gen's view, the body is not only the carrier of the mind, but also the foundation of moral practice. This idea is not only instructive in terms of personal moral cultivation and the balance between material and spiritual, but also provides useful inspiration for modern social governance and the fulfillment of public responsibilities. This article focuses on *Mingzhe Baoshen* to analyze how Wang Gen expounds his unique philosophy of mind through *Mingzhe Baoshen*, and further explores his understanding of the relationship between body and mind, and between body and morality.

Key words: confucianism *Mingzhe Baoshen* benevolence *Chengji Chengwu*

历史视域下顾炎武的政道与治道

——以成己、成人、成物为中心的解读

殷亭亭*

摘　要:晚明社会巨变,顾炎武身处时局,其学术倾向以经世之务为重,其著述针砭时弊,以复"内圣外王"之道为志。在历史视域中考察顾炎武的政道与治道,方能接近并展现顾炎武政治思想的本来面目与价值。对顾炎武的政道与治道思想的考察可从三个主要方面进行:首先,对天道的正当性进行讨论。天道是顾炎武政道合法性的依据,天道的主宰流行在政治上的体现即为政道。其次,政道又落实为主体与道体,因此引入顾炎武对"内圣外王"这一儒者理想的思考,并最终在为己与为人两个维度进行呈现。为己的终极依据是道体至诚,为人则是经由治道而使政道完满实现。最后,处理天下领域尤为突出的问题,即成人与成物。这一立体的"众人与物"的关系包括君臣、民众以及两者的互动关系。在二者的张力中,成人、成物的理想状态与现实状态得以实现。

关键词:政道　治道　成己　成人　成物

"内圣外王"是儒者的理想状态,他们将此理想状态寄托于三代之治上,顾炎武也不例外。顾炎武身处巨变时局,其政治理念既深受儒家传统"内圣外王"观念的影响,又有对明末清初社会现实的深刻反思。顾炎武政治理念的正当性来源于天道的主宰流行,而政道即为天道的体现,儒家政治伦理的根本原则便在于此。在此原则下,"政

* 殷亭亭,四川大学哲学系博士研究生,主要从事明清儒学、生命哲学研究。

治的各类关联勾结遂以得到逐步开展”[①]，顾炎武的政治理念从天道处给予支撑，最后落实在厚生为本，二者互为观照，天道不致悬浮，政道不致空疏。政道的施行是治道的目标，治道乃作为通达政道的工夫而进行。治道工夫能否落实，在于人能否秉政道而行，也即能否将天道实现出来，这又涉及本体呈现及成人层面的意涵。

一、天道与政道的辨析与落实

政道的正当性来源于天道的主宰流行，对政道的合理呈现则是治道的工夫施行，也即“政道涉及政治的正当性问题，而治道关涉的则是治理术”[②]。要对顾炎武的政治理念进行讨论，就要着眼于历史视域中天道与政道、政道与治道的关系。殷朝以帝言天，周朝以天代帝，二者都削弱了天的人格化倾向而强化了天的超越性力量。后世儒家将天与德联系在一起，天具天道，天道本身具有德性，天道流行，则德性又有了普遍性。而从德性方面看人，因人禀天道而生，且德性亦是人的本性，则天道与人道在德性方面是贯通的。因此顾炎武说：

> 君子所以事天者如之何？亦曰“仪刑文王”而已。其“仪刑文王”也如之何？“为人君止于仁，为人臣至于敬，为人子至于孝，为人父至于慈，与国人交至于信”而已。[③]

天道、人道一以贯之，但仍得区分两个维度，天道下贯人道乃道体维度，而人道上达天道乃主体维度。道体维度是就天道能呈现其自身而言的，主体维度乃就人心之扩充而言的。但心体扩充的最终境界在于使己心与道体合一，而道体亦在心体的扩充过程中呈现出来。但若将心体之扩充与道体之呈现在“内圣外王”这一宏大目标下进行讨论，则会产生不同的侧重点。将心体与道体在“内圣”范围内进行关联，则是儒家所讲的格物致知的范畴，是心性层面的考察；将心体与道体在“外王”范围内进行关联，则是儒家所讲的齐家、治国、平天下的范畴，是治道层面的考察。

顾炎武的天道观念乃儒家传统天道观的流变，他对心与性的阐释亦是对儒家性善论的继承。因此，他的政治理念自然也致力于对儒家天道观的实现。顾炎武在《日知录》中讲：

---

① 朱光磊：《回到黄宗羲：道体的整全展开》，苏州大学出版社，2013年，第238页。

② 陈赟：《天下或天地之间：中国思想的古典视域》，上海书店出版社，2007年，第5页。

③ 顾炎武著，陈垣校注：《日知录校注》，安徽大学出版社，2007年，第143页。

“维天之命，于穆不已”，继之者善也。“天下雷行，物与无妄”，成之者性也。是故“天有四时，春夏秋冬，风雨霜露，无非教也。地载神气，神气风霆，风霆流形，庶物露生，无非教也”。“天地氤氲，万物化醇。”善之为言，犹醇也。曰：何以谓之善也。曰：“诚者，天之道也。”岂非善乎？①

然则子之孝，臣之忠，夫之贞，妇之信，此天之所命，而人受之为性者也。故曰“天命之谓性”。求命于冥冥之表，则离而二之矣。②

“诚者”是天道的下贯，“诚之者”是人道的上达，主客体维度在天道与人道的张力中愈加明晰。但在治道施行的过程中，如何把握天道与人道的主客体维度又是另一层面的问题。从主体维度来看，人作为有限的个体致力于呈现无限的道体，人即能通达无限的有限者。但这显然是人在主体维度下对理想状态的追求，毕竟人有万殊之别，过程中的现实情境之别所导向的状态亦有各种区别，当然亦会导致对道体的认识及对理想状态的呈现的区别。基于此主体维度所产生的问题，顾炎武亦坚守儒家天道论的立场，从现实情境及性与情的区别中对性体进行贞定：

人固有为不善之才，而非其性也。性者，天之命也；才者，亦天降之。是以禽兽之人，谓之未尝有才。③

孟子论性，专以其发见乎情者言之，且如见孺子入井，亦有不怜者，嗟蹴之食，有笑而受之者，此人情之变也。若反从而喜之，吾之其无是人也。④

另外，考虑到治道的具体施行，就主体维度而言，还会产生各主体能否均得到道体呈现的完满状态的问题。此道体呈现的完满状态不是整齐划一、没有区别的完满，而是各主体均能有自己的生命个性，在道体呈现中各正性命、各有主宰的完满。因为，若每个人均能通过有限而达至无限，那么不仅人道将臻于完满，天道的流行主宰亦将是完满状态。但考虑到种种现实情境，他人自我主宰的自行呈现最终在于他人的自我实现，因此主体维度上的治道并不能带有强制力的指导倾向。因此，对于治道

① 顾炎武著，陈垣校注：《日知录校注》，安徽大学出版社，2007年，第41—42页。
② 顾炎武著，陈垣校注：《日知录校注》，安徽大学出版社，2007年，第357页。
③ 顾炎武著，陈垣校注：《日知录校注》，安徽大学出版社，2007年，第421页。
④ 顾炎武著，陈垣校注：《日知录校注》，安徽大学出版社，2007年，第399页。

还需从道体维度进行分析，主体维度从个体而上达至整体，道体维度则从整体而下贯至个体。在“内圣”领域中考察主体维度与道体维度，是“诚者”与“诚之者”的范畴，并不涉及他者，更多的是主体本身与道体的两种贯通路径。但若从“外王”的领域进行思考，主体维度需要处理个体与天地万物之间的关系，保证自身能够让道体主宰流行；道体维度需要处理道与天地万物的关系，让万物能够成其自己。

治道由上位者所施行，若此治道本仁义而行，一切均为道体的生意所发，那么此治道即为王道；若此治道本功利而行，则为霸道。王道之治亦成为儒者追求的理想目标，王道之治在于王者之心，此心即仁义之心，仁义之心通达天道，扩充而至万民。顾炎武在《鬼神》一文中写道：

> 王道之大，始于闺门。妻子合，兄弟和，而父母顺，道之迩也卑也。郊焉而天神假，庙焉而人鬼飨，道之远也高也。“先王事父孝，故事天明；事母孝，故事地察。”修之为经，布之为政，本于天，崤于地，列于鬼神，达于丧祭，射御冠冕朝聘，而天下国家可得而正也。若舜、若文武周公，所谓庸德之行，而人伦之至者也。故曰：“君子之道，造端乎夫妇，及其至也，察乎天地。”[①]

王道之大始于明德、始于齐家，然后扩充四海而皆准。这不仅是从主体维度的“内圣”至主体维度的“外王”，即主体能“庸德庸行”，乃人伦之大者，以感化他者；亦是道体维度的“内圣”主宰流行至道体维度的“外王”，使天下国家皆能得正。当个体希冀他人能够达到相应于自己的主体维度时，就导向了道体维度。儒者“内圣”范围，个体由主体维度而追求道体维度，是为成己；由“内圣”而扩充，使每一有限个体均能通达无限，是为成人。成己、成人不仅是天道的彻底呈现，亦是对治道的挑战，这一过程并非一朝一夕即可达成。顾炎武有鉴于此过程的艰难，动乱时局下成己、成人的现实困境不可避免，有感于教化之必要：

> 目击世趋，方知治乱之关，必在人心风俗，而所以转移人心、整顿风俗，则教化纲纪为不可关矣。百年必世养之而不足，一朝一夕败之而有余。[②]

政道与治道的完满呈现更像是一种现实憧憬，政道为天道流行主宰的本体，治道

① 顾炎武著，陈垣校注：《日知录校注》，安徽大学出版社，2007 年，第 363 页。
② 顾炎武：《顾炎武全集》(21 册)，上海古籍出版社，2011 年，第 141—142 页。

为促成此天道本体的工夫。政道如何在治道中具体实施，便是顾炎武结合现实情境重点思考的问题。顾炎武为避免治道的工夫流于空疏，提出诸多切实可行的主张。他深谙空谈心性的弊端，从“行己有耻”出发，提出基本的道德底线：“人之不廉而至于悖礼犯义，其原皆生于无耻也。”①但顾炎武又对完满的天下本体世界充满憧憬，认为“圣人之心无时不在中国也”②，因此，将不完满的现实经验世界转变为完满的天下本体世界，是顾炎武政治观念的奋斗目标。

二、为己与为人的维度与呈现

政道与治道的呈现最终落实在了为己与为人的具体规划中，顾炎武在《与友人论学书》一文中阐发了王道的实现在于仁道的施行。然而，现实中人多空谈心性，仁道并没有落实之地：

> 窃叹夫百余年以来为学者，往往言心言性，而茫乎不得其解也。命与仁，夫子之所罕言也；性与天道，子贡之所未得闻也。性命之理，著之《易传》，未尝数以语人。其答问士也，则曰“行己有耻”；其为学，则曰“好古敏求”；其与门弟子言，举尧、舜相传所谓惟危精一之说一切不道，而但曰：“允执其中，四海穷困，天禄永终。”……以伊尹之元圣，尧、舜其君其民之盛德大功，而其本乃在乎驷一介之不视不取。伯夷、伊尹之不同于孔子也，而其同者，则以“行一不义，杀一不辜，而得天下不为”。③

顾炎武在《与友人论学书》中指出治学与治德的重要性，同时将仁作为伊尹、尧、舜等圣人的最高德性。顾炎武说孔子罕言“惟精惟一”，多发“允执其中”的具体内涵，是因为天道高远不好体贴，而圣人之言行举止则是可以模仿的，这是圣人的用心之处。顾炎武认为，明儒空谈心性对于治德一事并无助益，天理具于人心，但是须得在事物上检证。人贤明与否、做事有无得失、国家治理是否得当，均是对人德性的重要考察标准。顾炎武批评明儒讲谈的心学更近于禅学，独论人心、道心，更有甚者只讲道心，以求“即心是道”。顾炎武引述朱子之言“古之圣人将以天下与人，未尝不以治

① 顾炎武著，陈垣校注：《日知录校注》，安徽大学出版社，2007年，第739页。

② 顾炎武著，陈垣校注：《日知录校注》，安徽大学出版社，2007年，第190页。

③ 顾炎武著，华忱之点校：《顾亭林诗文集》，中华书局，1983年，第40页。

之之法而并传之"[①]，主张治事、治人、治德均是圣人的传承范畴，"内圣外王"的整体意涵亦在于此。顾炎武论及人性，讲性为天命所受，盈天地之间皆气，气化流行为神，人之心即气之神：

> 盈天地之间者，气也。气之盛者为神，神者，天地之气而人之心也，故曰："视之而弗见，听之而弗闻，体物而不可遗，使天下之人，齐明盛服以承祭祀，洋洋乎如在其上，如在其左右。"圣人所以知鬼神之情状如此。[②]

天地之气与人之心均幽微而不可见，但天地之气却是万物得以形成的来源，人之心则用以体贴万物。人亦是气化流行的存在，而在现实的经验世界中，人皆能显示出流行状态，但又因人是秉性与天道而生，同时又具有潜在的自我主宰性，所以在生命实践中突破一己之局限，既是对天道的呈现，亦是对自己生命的主宰。而为己只是天道呈现的一个维度，为人则是人皆能自我实现、自作主宰，由为己到为人是儒家推己及人的忠恕之道。就成人而言，顾炎武将成人的基本定为"知耻"。他认为，先贤之所以不谈性命而言具体之德性操作，是因为他们从实践处着手，若日常行为能够符合中庸之道，便能够反身而诚、体认天道：

> 愚所谓圣人之道如之何？曰"博学于文"，曰"行己有耻"。自一身以至于天下国家，皆学之事也；自子臣弟友以至于出入、往来、辞受、取与之间，皆有耻之事也。耻之于人大矣！不耻恶衣恶食，而耻匹夫匹妇之不被其泽，故曰："万物皆备于我矣，反身而诚。"呜呼！士而不先言耻，则为无本之人；非好古而多闻，则为空虚之学。以无本之人，而讲空虚之学，吾见其日从事于圣人而去之弥远也。[③]

顾炎武在如何为人上将好学与知耻相结合，知耻为知其他德性的前提，亦是做事的前提。若能"行己有耻"，在顾炎武看来即是知本，那么对于天道性命的体认亦有所落实处。在如何为人上，顾炎武主要就公与私进行讨论，并在肯定人之私欲的基础上为民众生活辩护。他指出："天下之人各怀其家，各私其子，其常情也。为天子为百姓之心，必不如其自为，此在三代以上已然矣。圣人者因而用之，用天下之私，以成一人

---

① 顾炎武著，陈垣校注：《日知录校注》，安徽大学出版社，2007年，第1014页。

② 顾炎武著，陈垣校注：《日知录校注》，安徽大学出版社，2007年，第40页。

③ 顾炎武著，华忱之点校：《顾亭林诗文集》，中华书局，1983年，第40—41页。

之公而天下治。”[①]公与私一直是儒者多有关注的话题，并且他们以公能胜私为可夸耀之事。先圣讲公私之辨的初衷是教化世人，以成就人人有礼有节的社会和谐，但在后世的僵化教条下，这反而成了以理杀人的道德束缚，最终自然产生了不重视个人利益，并在集体利益面前无底线损害个人利益的消极影响。并且，顾炎武身处明末清初这一动乱时局之中，君主专制制度的负面影响已全面呈现，特权阶级对天下之民予取予夺，漠视民众的生活状况。顾炎武对官吏及君主进行了批判，并将矛头直指造成这一切乱象的专制君主。他将人置于平等的地位，对君主的神圣性与尊贵性进行祛魅，致力于还原君主及官吏设立的初衷。他在《周室班爵禄》一文中指出：

> 为民而立之君，故班爵之意，天子与公侯伯子男一也，而非绝世之贵。代耕而赋之禄，故班禄之意，君卿大夫与庶人在官一也，而非无事之食。是故知天子一位之义，则不敢肆于民上以自尊。知禄以代耕之义，则不敢厚取于民以自奉。不明乎此，而侮夺人之君，常多于三代以下矣。[②]

君主设立的原因在于对人民进行管理，君主以下的管理者亦是如此。他们的俸禄即是对其工作的回报，其身份并不具有先天性和尊贵性，既不代表某种特权，亦不是不劳而获的理由。因此，君主既不能认为自己身份尊贵而凌驾于万民之上，也不能对人民予取予夺来满足自己的私欲。顾炎武将尧、舜、禹三代圣王视为君主的模范，认为正是他们敢为天下先的奉献精神，为后世君主治理国家提供了参照。三代圣王在此不仅是为己，即内圣的典范，亦是为人，即外王的典范。因此，顾炎武在对三代之治进行分析时，不仅重在先王之德，亦在先王之治。先王的治道之所以能够令天下万民信服，单说先王之德性感召仍是将先王之治圈定在内圣范围。因此，顾炎武分析先王之治道在于先王能够推己及人，这就涉及由私而公的层面。顾炎武将“私”区分为两种形态，一为人情之私，一为人情之欲。人情之私是人的合理欲望，个体之私是保证生命存在及生命实践活动的基本条件之一，只有合理满足人情之私，天下之公才成其可能；人情之欲是人的贪欲、争心，争心主宰下的个体无视他人的生存境况只为满足自己的物质欲望。从为己层面看二者，顾炎武肯定人的合理欲求，将其定义为人之“常情”，更是一种自然人性论的一环；从为人层面看二者，尊重他人权利即推己及人的表现，即不以自己的私欲而妨害别人的正当权益。顾炎武虽肯定人情之私，但他亦

① 顾炎武著，华忱之点校：《顾亭林诗文集》，中华书局，1983年，第14页。
② 顾炎武著，陈垣校注：《日知录校注》，安徽大学出版社，2007年，第417页。

希望人皆能突破自身之局限，将自然人性复归为天道之性，也即人皆能成为圣贤，这亦是儒家的理想状态。顾炎武道：

> 民之所以不安，以其有贫有富。贫者至于不能自存，而富者常恐人之有求，而多为吝啬之计，于是乎有争心矣。①

> 为子姓，则必爱之而勿伤；为田畴，则必治之而勿弃；为藩垣囷窌，则必缮之而勿损。自令言之，私也，自天子言之，所求乎治天下者，如是焉止矣……故天下之私，天子之公也。公则说，信则人任焉。此三代之治可以庶几，而况汉、唐之盛，不难致也。②

当然，顾炎武对君主提出了更高的要求，君主治理天下要考虑到天下之人的人情之私，天下之人均能在合理范围内得到满足，即成就了天下之公，内圣外王在君主身上即天道与政道的统一。

三、成人与成物的布局与实践

顾炎武的政道与治道思想得以施行的根基在于天道之仁，他的治道思想即令天下之人均能得到其潜在的自我呈现。但由于天道将以主体维度为主的内圣领域扩展到兼具主体维度、道体维度的天下领域，因此治道的工夫变得比成己的内圣工夫更为复杂。但治道工夫仍有两条路径可供实践：一是继续做内圣工夫，维持天道本体的呈现，此呈现亦分上贯与下达两个方面，这即是“诚者”与“诚之者”的区别，对于此内圣工夫前文已作论述；二是对成人与成物这一领域进行分析。成人即是对人与人之间的关系进行处理，成物则是对人与人之间的物质权益进行分配。从成人与成物的角度来看，顾炎武以君民关系来分析成人中的现实状态与理想状态，又以权益关系来讨论成物中的理想状态与现实状态。在天下视域中，最为基础的人与人之间的关系是君臣、民众及二者的互动关系。人与物之间的关系增加了人与人之间的维度，因此其关键点在于每一个体开物成务的自我呈现。这便涉及物质利益的分配，要以此为前提去促成每个人权益的实现，并以此确立人与人的权益关系。可以看到，顾炎武对以

① 顾炎武著，陈垣校注：《日知录校注》，安徽大学出版社，2007年，第344页。
② 顾炎武著，华忱之点校：《顾亭林诗文集》，中华书局，1983年，第14—15页。

上两种关系从以下四个方面进行了分析。

（一）古之君主和今之君主

明代废除了自秦以来的丞相制度，使君主权威达到前所未有的高度。明清之际的著名思想家（如黄宗羲、唐甄等人）清楚地看到君主专制的弊端，并各自著书立说，进行批判。在顾炎武看来，君权的合法性来自君主的德性：

> 享天下之福者，必先天下之大劳；宅天下之至贵者，必执天下之至贱。殷王小乙使其子武丁旧劳于外，知小人之依。而周之后妃亦必服瀚濯之衣，修烦缛之事。及周公遭变，陈后稷先公王业之所由者，则皆农夫女工衣食之务也。古先王之教，能事人而后能使人。其心不敢失于一物之细，而后可以胜天下之大。舜之圣也而饭糗茹草，禹之圣也而手足胼胝，面目黧黑，此其所以道济天下，而为万世帝王之祖也，况乎其不如舜、禹者乎？[①]

> 自古帝王相传之统，至秦而大变。然而秦之所以亡，汉之所以兴，则亦不待谶纬之矣。不任而得天下，谓之有也，此百世可知者也。保民而王，莫之能御也，此百姓可知者也。[②]

天下作为一个完整的概念而存在，君主亦是天下的一部分。顾炎武认为，古代先王之所以能够使万民信服，是因为君主能够身先示范，做出符合君主职责的行为，如此便能天下和谐，而天道亦得以呈现。在此过程中，君主乃天道呈现过程的辅助。但今之君主将天下看作一家之私有，以一己之私欲取天下之资材来为己所用。成人与成物，今之君主难以实现，天道也难以完满呈现。

（二）天下之法和一家之法

天下之法为古之圣王施行的法治制度，一家之法是今之君主施行的法治制度。顾炎武考稽古之圣王治理下的社会风气，对比明末的现实境遇，认为法治不仅有必要，且要以教化为根本；法治不在繁多，但不能省略：

---

① 顾炎武著，陈垣校注：《日知录校注》，安徽大学出版社，2007年，第424—425页。

② 顾炎武著，陈垣校注：《日知录校注》，安徽大学出版社，2007年，第375页。

法治禁令，王者之所以不废，而非所以为治也，其本在正人心、厚风俗而已。故曰居敬而行简，以临其民。周公作《立政》之书曰："文王罔攸兼于庶言庶狱庶慎。"又曰："庶狱庶慎，文王罔敢知于兹。"其丁宁后人之意，可谓至矣。①

自万历以上，法令繁而辅之以教化，故其治犹为小康。万历以后，法令存而教化亡，于是机变日增而才能日减。其君子工于绝缨而不能获敌之首，其小人善于盗马而不肯救君之患……又如刘蕡所云："谋不足以剪除奸凶，而诈足以抑扬威福；勇不足以镇卫社稷，而暴足以侵害闾里。"呜呼，吾有以见徒法之无用矣。②

圣王施行法治的目的在于正人心、厚风俗，天下之法的结果便是天下万民在圣王的治理下能够安居乐业。一家之法诞生于君主一人之私，此一家之法的目的在于收天下之利以奉君王之私，如此上行下效，天下之人亦唯恐所占之利少，彼此争夺之心日益滋长，侵犯他人之利的事情也随时发生。顾炎武认为，天下之法的价值便在于保证仁道在君主辅助下的呈现，君主积极主动为民谋福利，民众能够受教化而不自私机变。

（三）多途取士和胥吏整顿

在天下之法的实行过程中，君主一己之力毕竟有限，所以需要君臣共治。如果大臣不能履行自己的职责，君主与民众均会陷入混乱之中：

至于佞谄日炽，刚克消亡，朝多沓沓之流，士保容容之福。苟由其道，无变其俗，必将使一国之人，皆化为巧言令色孔壬而后已。然则丧乱之所从生，岂不阶于夸毗之辈乎？③

顾炎武认为，明廷之中多为自保奸佞之臣，他们没有一以贯之的仁道，尸位素餐、巧言令色，致使家国大乱。顾炎武重申儒家"内圣外王"的理想状态，主张为臣要有所坚守，不能随波逐流、助纣为虐，这将不仅使自己内心难安，亦会被后世所嘲笑。对于取士方式、人才培养及胥吏职责，顾炎武有自己的看法。

① 顾炎武著，陈垣校注：《日知录校注》，安徽大学出版社，2007年，第472页。
② 顾炎武著，陈垣校注：《日知录校注》，安徽大学出版社，2007年，第502页。
③ 顾炎武著，陈垣校注：《日知录校注》，安徽大学出版社，2007年，第144页。

1. 取士

对于如何选取人才，顾炎武认为科举一途过于僵化，很多人才并不能被发现，即便通过科举考试的人，也未必能够治理国家。因此，顾炎武提出“举荐”取士之法，以补充科举取士的不足：

> 取士之方，不恃诸生之一途而已。夫取士以佐人主理国家，而仅出于一途，未有不蔽者也。①
>
> 取士之制，其荐之也，略用古人乡举里选之意；其试之也，略用唐人身言书判之法。县举贤能之士，间岁一人试于部。上者为郎，无定员，郎之高第得出而补令；次者为丞，于其近郡用之；又次者归其本县，署为簿尉之属。②

在传统科举取士之法外增加举荐取士之法，拓宽了取士的途径。不但传统意义上的人才可以入选，一域之贤能者亦不至于被埋没。

2. 学校

学校具有培养人才的功能。顾炎武将学校教育与师德教育相结合，认为好的老师能够培养出更多的人才。并且，学子在学校中除了学习先圣之德性，亦要学习国家治理的方法：

> 三代之世，凡民之俊秀，皆入大学，而教之以治国平天下之事。孔子之于弟子也，四代之礼乐以告颜渊，五至三无以告子夏。而又曰：“雍也，可使南面。”然则内而圣，外而王，无异道矣，其系《易》也。曰：“《九二》曰：‘见龙在田，利见大人。’何谓也？”子曰：“龙德而正中者也。”庸言之信，庸行之谨，闲邪存其诚，善世而不伐，宽以居之，仁以行之。《易》曰：“见龙在田，利见大人。”君德也。故曰，师也者，所以学为君也。③

顾炎武还建议，在选拔老师时，应将老师之德行作为最重要的考核标准，并且应将老师与官吏等职区别开来，恢复老师传道授业的本来职能。顾炎武引用陆世仪的话来表达尊师的重要性：

---

① 顾炎武著，华忱之点校：《顾亭林诗文集》，中华书局，1983年，第24页。

② 顾炎武著，华忱之点校：《顾亭林诗文集》，中华书局，1983年，第17页。

③ 顾炎武著，陈垣校注：《日知录校注》，安徽大学出版社，2007年，第347页。

师在天下则尊于天下，在一国则尊于一国，在一乡则尊于一乡，无常职，亦无定品，惟德是视。若使之有品级，则仆仆亟拜，非尊师之礼也。至其官服，亦不可同于职官，当别制为古冠服……庶师道日尊，儒风日振，而圣人之徒出矣。①

对于学校老师的聘用，可以允许自荐。凡有才学、德性者，不拘一格，均可录用：

而学校之设，听令与其邑之士自聘之，谓之师不谓之官，不隶名于吏部。②

3. 胥吏

胥吏是国家行政的基层人员，即县官等官吏。顾炎武提出了考察县官是否称职的几个评价标准：

土地辟，田野治，树木蕃，沟洫修，城郭固，仓廪实，学校兴，盗贼屏，戎器完，而其大者则人民乐业而已。③

若所辖地区人民能够安居乐业，顾炎武还制定了县官的考核时间和晋升渠道：

其初曰试令，三年，称职，为真；又三年，称职，封父母；又三年，称职，玺书劳问；又三年，称职，进阶益禄，任之终身。其老疾乞休者，举子若弟代；不举子若弟，举他人者听；既代去，处其县为祭酒，禄之终身。④

顾炎武建议县官世袭，但是又建议设立巡按御史来检查县官。为了避免官官相护，顾炎武还建议分权于民，也即令宗族自治，使“一家之中父兄治之，一族之中宗子治之”⑤，发挥群众自治的效用。

（四）与民生息和与民争利

天下之法中的君民关系和谐反映在物质权益的分配上，表现为与民生息、地方分权；一家之法中的君民关系紧张而混乱反映在物质权益上，表现为与民争利、中央集权。顾炎武认

① 顾炎武著，陈垣校注：《日知录校注》，安徽大学出版社，2007 年，第 981 页。
② 顾炎武著，华忱之点校：《顾亭林诗文集》，中华书局，1983 年，第 17 页。
③ 顾炎武著，华忱之点校：《顾亭林诗文集》，中华书局，1983 年，第 13 页。
④ 顾炎武著，华忱之点校：《顾亭林诗文集》，中华书局，1983 年，第 13 页。
⑤ 顾炎武著，陈垣校注：《日知录校注》，安徽大学出版社，2007 年，第 343 页。

为，对于民众而言，日用饮食乃是最基本的生活条件，有德之君应将生民之本放在首位：

> 天保之诗，皆祝其君以受福之辞，而要其旨归，不过曰："民之质矣，日用饮食，群黎百姓，遍为尔德。"然则人君为国志存亡计者，其可不致审于民俗哉？①

对于如何令天下富足，顾炎武结合宋元明的政治现状，直指贫困的根本原因在于中央过分集权，而地方失去自治能力。因此，他提出著名的"寓封建于郡县之中"的建议，令民众发挥自己的主动性。顾炎武在《郡县论》中道：

> 封建之失，其专在下；郡县之失，其专在上。古之圣人，以公心待天下之人，胙之士而分之国。今之君人者，尽以四海之内为我郡县犹不足也，人人而疑之，事事而制之，科条文薄，日多于一日，而又设之监司，设之督抚，以为如此，守令不得以残害其民矣，不知有司之官凛凛焉救过之不给，以得代为幸，而无肯为其民兴一日之利者，民乌得而不穷，国乌得而不弱……然则尊令长之秩，而予之以生财治人之权，罢监司之任，设世官之奖，行辟属之法，所谓寓封建之意于郡县之中，而二千年以来之弊可以复振。后之君苟欲厚民生，强国势，则必用吾言矣。②

"寓封建于郡县之中"的目的在于将天下还给天下人，在维护国家稳定的基础上，使民众均能得利，而不是取万民之利来满足少数人的私欲。从"成物"的角度来看，权益的分配在表面上是物质财富的分配，但其背后是对上位者能否将政道与治道合理运行的考验。天道在人与人之间顺利运行，以达到"厚民生，强国势"的效果。

四、结语

从政道与治道来看顾炎武的政治观，其政治理想是呈现儒家传统的"内圣外王"的理想状态。但天下为主君为客，政治不是为了实现圣王自身，而是为了天下之人均能成己、成人、成物，君主并不具有独特性与神圣性，所以要从根本上杜绝一家之法的流弊。当然，无论君臣，均是为呈现天道而设的辅助，对民众地位的提举才是天下之法运行的关键。

---

① 顾炎武著，陈垣校注：《日知录校注》，安徽大学出版社，2007年，第358页。

② 顾炎武著，华忱之点校：《顾亭林诗文集》，中华书局，1983年，第12页。

The Political and Administrative Philosophy of Gu Yanwu in Historical Perspective—An Interpretation Centered on Self-Cultivation, Cultivating Others, and Transforming Things

Yin Tingting

Abstract: The late Ming dynasty was a period of significant social change, during which Gu Yanwu focused on practical affairs and emphasized the importance of governance in his scholarship. His writings critiqued social issues, aspiring to restore the principles of the "sageliness within and kingliness without" ideal. To adequately understand Gu Yanwu's political thought, one must examine his ideas on governance and polity through a historical lens. His theories can be categorized into three main aspects: Firstly, Gu Yanwu discusses the legitimacy of the "Way of Heaven", which serves as the foundation for his political rationale. The manifestation of the "Way of Heaven" in political practice takes the form of the polity, which is realized in the relationship between the subject and the essential doctrines. This leads to Gu Yanwu's reflection on the Confucian ideal of "sageliness within and kingliness without", ultimately presented in two dimensions: self-cultivation and governance for others. The ultimate basis for self-cultivation lies in the sincere adherence to the essential doctrines, while governance for others is achieved through the effective implementation of the polity. Lastly, Gu Yanwu addresses the particularly pressing issues of the realm of the world, namely the relationships between individuals and objects, or "adults and entities". This multifaceted relationship encompasses rulers and subjects, the populace, and their interactions. The tension between these elements facilitates the realization of the ideal states of both adult development and the cultivation of entities within the reality of society.

Key words: political philosophy adminsitrative philosophy self-cultivation cultivating others transforming things

现代生命哲学

基因编辑用于医疗领域的伦理风险及其应对*

吴　皓**

摘　要：基因编辑作为前沿科学技术，已经在医疗领域开展了系统性研究与探索性应用，对医学进步有重要助益。但技术本身不是尽善尽美、毫无争议的，在基因编辑的研发应用过程中，也存在着不可忽视的伦理风险，这具体表现为对"不伤害原则"的违背和对社会公益的损害。基因编辑技术如果追求在医疗行业拓展提升、取得长足进步，相关科研人员就需要明确技术用于医疗领域可能面临的伦理困境，并积极寻找化解问题的良好对策。

关键词：基因编辑技术　医学伦理　基因治疗　伦理风险

基因编辑技术在医疗领域开展研究和应用的同时，也面临着诸多伦理问题和来自社会的质疑，典型案例为我国曾出现过的一例人类胚胎基因编辑案——贺建奎案。根据法院通告可知，贺建奎与人共谋，以"通过编辑人类胚胎 CCR5 基因可生育免疫艾滋病的婴儿"为名，伪造伦理审查材料，招募男方为艾滋病病毒感染者的多对夫妇，实施安全性、有效性均未经过证实的基因编辑及辅助生殖，致使 2 人怀孕，先后生下 3 名基因编辑婴儿。最终，贺建奎与另外两名共谋者被判处有期徒刑并处高额罚款。

* 本文系国家社会科学基金一般项目"责任伦理视角下基因编辑问题研究"（项目号：22BZX092）的阶段性研究成果。

** 吴皓，华中科技大学哲学学院硕士研究生，华中科技大学生命伦理研究中心成员，主要从事应用伦理学研究。

这一案件既展示了基因编辑技术的较高发展水平和较强可用性，也加剧了社会对基因编辑技术用于医疗行业的担忧。根据基因编辑在医学领域的积极价值和消极争议，我们既不能为避免风险、消解担忧而直接摒弃助推医疗水平提升的技术研究，也不能忽视技术本身附带的伦理问题。为促进基因编辑与医学界的长久互利、共同发展，我们应当重视并努力解决其存在的两大伦理风险：一是技术局限性导致的对“不伤害原则”的违背；二是基于个体差异产生的对社会公益的损害。

一、基因编辑与医疗价值体现

基因编辑(Genome Editing)作为遗传工程的一种，是在活体基因组中进行DNA插入、删除、修改或替换的一项高精尖科学技术。其应用范围可以辐射到生物科学、医疗技术、农牧业、工业、生态环境保护等多个领域，呈现出广泛化、深入化、立体化的特点。[①] 在医学研究领域，基因编辑技术自研发初始，就在人类好奇心的驱使下，承担着探索生命基因密码、发展医疗技术治愈顽疾的两大核心任务，具有重要的存在和研究价值。

首先，基因编辑技术有助于疾病诊断的精细化。基因编辑能够开发新型的、快速的、更准确的疾病诊断方法。中国科学院动物研究所研究员李伟表示，基因编辑技术可以结合等温扩增技术或者理性设计的级联反应进行信号放大实现检测，能够不依赖复杂仪器设备开展即时场景化的高效便捷的病原体检测，[②]对疾病诊断的精准化、细化、及时化具有重要意义。

其次，基因编辑技术有助于治愈重大疑难疾病。当前，基因编辑技术已经被应用于多种疾病的治疗研究中，包括遗传性疾病、癌症、传染性疾病等。比如，解放军总医院第五医学中心与北京大学邓宏魁教授就通过CRISPR/Cas9基因编辑技术，将改造后的造血干细胞移植用于治疗HIV感染的急性淋巴细胞白血病患者，患者在接受经编辑的造血干细胞后能够维持存在生命体征19个月以上，且白血病病症得到缓解，未见明显治疗相关并发症。[③]

最后，基因编辑技术有助于生物制药。基因工程制药不仅能够推动药物创新，还

① Hsu P. D., Lander E. S., “Development and Applications of Crispr-cas9 For-Genome Engineering”, *Cell*, No. 6(2014), pp. 1262－1278.

② 王鑫阁、毛邦炜、李伟:《基因编辑技术在疾病诊断中的应用》,《生命科学》2022年第10期。

③ Xu L., Wang J., “CRISPR-Edited Stem Cells in a Patient with HIV and Acute Lymphocytic Leukemia”, *New England Journal of Medicine*, No. 13(2019), pp. 1240－1247.

可提升生物制剂类药品产量，已成为制药业的新亮点，发展潜力巨大。[①] 比如，来源于人体血浆的“救命药”——人白蛋白就是临床供应不足的生物制剂类药品。北京蛋白质组研究中心张普民教授及其研究团队利用 CRISPR/Cas9 技术对猪受精卵的基因组进行了基因编辑，在猪白蛋白的基因区域插入了人白蛋白的编码 DNA，使猪只产生人白蛋白而不产生猪白蛋白，这有助于提高药品产量与质量。[②]

自此，基因编辑技术的医学价值已得到确证，作为助推医疗进步的工具之一，基因编辑具有存在和发展的必要性。但同时，前沿技术带来的伦理风险也不容忽视。

二、技术风险与“不伤害原则”

基因编辑技术在医疗领域有着良好的发展前景和研究价值，它的贡献和成效在基因探秘、疾病诊断和生物制药领域得到了充分展现，有着推动医学进步的巨大优势。然而在疾病治愈层面，基因编辑因技术水平不稳定、难完美，似乎无法保证万无一失。那么面对医疗行业必须遵循的“不伤害原则”，它需要直面并解决其中存在的伦理风险。

（一）生命医学的“不伤害原则”

不伤害原则最早可追溯到公元前 5 世纪的希波克拉底誓言。希波克拉底誓言“primum non nocere”由拉丁文翻译而来，意为“首先，不要伤害”。希波克拉底誓言秉持对人类生命最大的尊重，强调医护人员不能做任何有害患者健康的事情，是生命伦理学不伤害原则的最初版本。[③]

1979 年，比彻姆和丘卓斯合著的《生物医学伦理学原理》（*Principle of Biomedical Ethics*）出版，明确提出并阐释了影响全世界医学与现代生命伦理学发展的四个基本原则：自主原则、不伤害原则、行善原则、公正原则。[④] 自此，不伤害原则正式成为医学与生物医学伦理学的关键基本原则之一，被广泛关注、接受与应用。而后，生命伦理学领域不伤害原则便以比彻姆等人给出的定义为基础拓展开来。戴

① 董妍玲、方中明主编：《基因工程》，华中师范大学出版社，2022 年，第 173—175 页。

② Peng Jin, Wang Yong, “Production of Human Albumin in Pigs Through CRISPR/Cas9-Mediated Knockin of Human cDNA into Swine Albumin Locus in the Zygotes”, *Scientific Rep*, No. 5(2015), p. 16705.

③ 杜丽燕：《希波克拉底精神与西方人文医学理念》，《自然辩证法通讯》2006 年第 6 期。

④ Tom L. Beauchamp, James F. Childress, *Principle of Biomedical Ethics*, Oxford: Oxford University Press, 1998.

维·德格拉齐亚和约瑟夫·米勒姆在讨论伤害问题时直接将伤害分为两类。一是经历性伤害，包括疼痛、悲痛、伤痛和其他不愉快的经历。二是死亡伤害，这种伤害无疑是最为严重且不可逆的。因此他们认定医学最重要目标就是减轻病痛和保护生命。[①] 国内也有对于不伤害原则的研究，尽管历史较短，但在当今备受重视。最早谈到不伤害原则的学者甘绍平指出，复杂的道德理论与规范体系都具有一个不可动摇的核心原则——不伤害原则。[②] 曾健在《生命科学哲学概论》中将不伤害的解释为："在生物医学中，不伤害的义务包括避免有意的伤害和伤害的风险。伦理学原则不仅要求我们不伤害人，而且要求我们促进他们的健康和福利。"[③]直到现在，生命医学中的不伤害原则仍然是医疗技术发展、应用必须遵守的。

不伤害原则对用于医疗领域的基因编辑技术同样有效，换言之，基因编辑技术在治疗患者疾病的过程中具有遵守不伤害原则的责任与义务。但遗憾的是，基因治疗是存在违反"不伤害原则"的风险的。

（二）可能带来的伤害

纵观基因治疗的整个应用历史，即便不纳入对还不成熟的基因编辑技术的考量，失败案例也不胜枚举，甚至直接影响了整个基因治疗研究领域的发展势头。比如1999年9月17日，18岁的亚利桑那男孩杰西·基辛格(Jesse Gelsinger)在美国宾夕法尼亚大学参加一项基因治疗临床试验时不幸去世。2003年一份来自伦敦和巴黎的联合报告声称，有5名正在接受基因治疗的儿童患上了白血病，患病原因与基因治疗密切关联。总体看来，从基因疗法首次被应用于人体的1990年算起，全世界通过基因治疗重获健康的患者不超过千人，但反复发生的临床事故、失败案例和后续手术修复在新闻媒体的报道中屡见不鲜。[④] 传统基因治疗的成功率尚且如此，更不必说前沿的、还未经历足够临床试验的基因编辑技术了。

与之相应，反对基因编辑者给出的理由之一正是技术在人体疾病治疗领域无法保证绝对安全、万无一失，极有可能违背不伤害原则。[⑤] 也就是说，对于伤害风险的忧虑，实际上是对基因编辑技术完善性与安全性的质疑。反对者强调，利用号称目前

① David DeGrazia, Joseph Millum, *A Theory of Bioethics*, Cambridge: Cambridge University Press, 2021, pp. 66-68.

② 甘绍平：《应用伦理学前沿问题研究》，江西人民出版社，2002年，第19—20页。

③ 曾健编著：《生命科学哲学概论》，科学出版社，2007年，第255页。

④ 王立铭：《上帝的手术刀：基因编辑简史》，浙江人民出版社，2017年，第72—96页。

⑤ 周斌、王灵芝：《从传统伦理到境遇伦理：人类基因干预技术伦理的思维转向》，《科学技术哲学研究》2022年第5期。

最有前途的生殖系基因编辑技术 CRISPR 来进行生殖细胞编辑的实验结果并不尽如人意，该技术的使用存在脱靶效应和遗传嵌合体的重大危险、而且大量实验表明，尽管通过 CRISPR 相关核酸酶对靶向延伸的 DNA 进行编辑是可能的，但脱靶效应的发生率较高，这会在极大程度上造成对个体生命健康的伤害，甚至导致包括自身免疫反应、增加癌症风险和基因缺失在内的副作用。① 此外，学者杨焕明强调，人体的所有基因都没有绝对的好坏之分。那些看似对我们有害的基因，也会在生命活动的其他领域发挥其独特作用。例如，一种造成人类镰状细胞病的致病基因，也能在一定程度上帮助人类更好地抵抗恶性疟疾。② 换言之，如果我们为预防或治愈某种疾病，采取基因编辑手段进行调整干预，反而有可能使个体丧失依靠自身免疫抵御其他疾病的能力。

反对者还审视了作用于胚胎的可遗传基因编辑技术，在治疗遗传病基因的问题上，除社会层面的伦理考量之外，是否无害于生命健康也存在争议。基因治疗最大的潜在风险就是“脱靶”现象的发生，如果转入基因在非靶细胞中表达，将会增加无关基因遭到破坏的风险。而这种破坏在胚胎阶段就会形成遗传嵌合体，给胚胎与胚胎成人的后代造成患上其他遗传疾病的风险，其结果不可逆，且现有技术对此也难以控制。③

根据以上分析，基因编辑技术似乎已经无法逃脱违反不伤害原则的责难了，甚至基于不伤害原则，基因编辑技术应主动暂缓临床治疗应用，保证生命健康不受伤害。那么，基因编辑技术为避免医疗风险只能如此“不作为”吗？我们不能仅从以上角度做单一分析，还要关注支持基因编辑技术者对伤害问题的回应。

（三）相关回应与应对策略

支持基因编辑技术的部分回应者直接从不伤害原则入手，强调基因编辑技术仍在迅速发展中，还有极大的进步、完善空间。并且他们坚信，随着后续研究推进与科学技术、医疗技术水平本身的迅猛发展，基因编辑将会更加安全、有效。

罗纳德·德沃金(Ronald Dworkin)作为有信心者的代表，认为同其他医疗技术手段相比，基因工程技术必定会进步和精致化。通过对技术的合理应用，基因编辑技术不仅能够治愈癌症等顽疾，还能在未来大幅减少带有缺陷和畸形或必然会在生长

---

① 陈明益、黄若云：《运气平等主义视角下可遗传基因编辑技术的伦理审视》，《山东科技大学学报（社会科学版）》2023 年第 6 期。

② 丁敏、虞法：《基因治疗的双重考察》，《中国医学伦理学》2024 年第 2 期。

③ 周莳文、赵利文：《基因编辑技术的风险及法律分析》，《中国医学伦理学》2017 年第 8 期。

过程中出现缺陷和畸形的婴儿数量。[①] 技术完善是肉眼可见的，2019年中美研究人员合作开发出一种在肝脏中利用生物可降解的合成脂质纳米颗粒递送 CRISPR/Cas9 基因编辑工具的方法，能以90%的效率精确地改变细胞的遗传密码。2024年，以霍桑达姆为代表的多名学者联合发文对基因编辑治疗癌症的前沿成果进行了阐述与评论，提出 CRISPR/Cas9 已经创造出了一种适应性、准确性更强的癌症治疗方式，即对 CAR－T 细胞进行特定的基因修饰，使其成为有强可重复性和安全性的癌症治疗工具。[②]

还有支持者指出，没有任何一项医疗技术手段能保证万无一失，因此，成功率的不完美不能视为违反不伤害原则，也不能成为我们拒斥基因编辑技术的充分理由。如果我们在明知个体可能患有严重遗传疾病的情况下，由于手术的部分不确定性拒斥基因治疗，任由疾病自然发展，放弃使人的生活变得更好、更健康的可能，反而是在默许伤害的发生，是对医疗责任的逃避。

基因编辑用于医疗究竟是否会违背不伤害原则，我们还可以根据乔尔·范伯格对伤害的阐述来确定。范伯格认为，"伤害性"行为需关注恶化条件和反事实条件。[③] 恶化条件表现为，如果B的福祉情况在经历A行为之后变得比之前更糟糕，那么A行为就对B构成伤害。也就是说，行为必须侵犯某人的福祉，才能达成伤害的恶化条件。另一种情况是，就算没有A行为，B的情况也会变得更糟糕，这是伤害行为的反事实成分。结合恶化条件与反事实条件，伤害是使一个人的处境比伤害行为以前更糟糕的状态。如果某个行为选择并没有使受影响个体的情况恶化，那么这个行为也就没有伤害到任何人。具体到基因治疗问题上，即便患者没有接受基因治疗，其难以治愈的疾病，如白血病、癌症等，也会使其健康状况恶化，反而采取基因治疗可能带来恢复健康的机会。由此可见回应者的态度——基因治疗抑或基因编辑技术都不构成对不伤害原则的违背。

总体而言，回应者的基本思路有两条：一是基因编辑技术本身还在发展中，会越来越好，且其他医疗技术也无法保证百分之百的治愈率，不能因治愈率无法达到完美就认为基因编辑违背不伤害原则；二是对于患者而言，不使用基因编辑技术受到的生命健康损害大于使用基因编辑受到的损害，无论手术是否成功。

---

① 罗纳德·德沃金：《至上的美德：平等的理论与实践》，冯克利译，中国人民大学出版社，2023年，第440页。

② Mohadeseh Khoshandam, Hossein Soltaninejad, and Saman Hosseinkhani, "CRISPR, CAR-T, and NK: Current applications and future perspectives", *Genes & Diseases*, No. 11(2024), p. 4.

③ Joel Feinberg, "Wrongful Life and the Counterfactual Element in Harming", *Social Philosophy and Policy*, No. 1(1986), pp. 145－178.

我们认为两种回应都是不充分的。首先，没有明确的数据显示基因编辑用于医学治疗的成功率数值究竟如何，会有多大概率带来严重后遗症。尽管其他医疗技术同样有失败风险，但它们能保证成功率的明确可见和患者充分的知情同意，且当下被普遍认同和广泛应用的医疗技术成功率都维持在较高水平，比如 2019 年国际健康网站就已认定肝脏移植手术成功率已达到 75%。① 其次，基因编辑手术失败后造成的伤害是否确实小于不进行基因编辑受到的伤害，这是需要根据科学统计数据分情况进行具体而周全的讨论的，不能以偏概全。

那么，为避免出现违背不伤害原则的伦理风险，基因编辑技术就只能"远离"临床应用吗？"远离"或许太过决绝，我们还是可以根据以上两条回应路径做应用调整，即基因治疗有临床应用的实践机会，但需要同时满足以下三点：一是受试者（包括胎儿在内）随时面临死亡威胁，处于重症阶段；二是所患疾病无法以常规治疗方式获得好转或常规治疗方法格外低效，属于"绝症"；三是基因治疗环节都须经过严格的伦理审查和专家许可。② 在三点同时被满足的情况下，我们才能保证基因编辑技术可大胆应用，且不存在违反不伤害原则的可能性。但就目前基因技术的发展和实际临床情况来看，能够满足基因治疗顺利开展的条件还不够充分。因此，分有治疗疾病任务、占据医疗手段角色的基因编辑，为化解伦理风险，应当继续主动提升技术水平，谨慎确定技术应用对象，认真接受伦理审查，积极修复手术失败后果。

三、主体差异与社会公益

社会层面，基因编辑在疾病治疗领域同样伴随着伦理风险，人们的担忧往往集中在"公平正义"和民众福祉之上。反对者认为，以基因编辑技术为手段的基因治疗，因难以普及反而会加剧社会不公、激化社会矛盾，主要表现在主体差异导致的社会阶层分化、产生"优生学"与基因歧视问题等。基因编辑技术如果想要在医疗领域保证自身的正向发展，那么就需要理清以上伦理问题是否的确存在、避无可避，并主动探索能够解决问题、避免社会矛盾、维护社会公益的有效措施。

（一）社会阶层分化问题

基因编辑导致社会阶层分化是很容易理解的，尤其是在法规还不够完善的应用

---

① 数据来源：https://www.healthline.com/health/liver-transplant-survival（2024 年 8 月 5 日浏览）。

② 雷瑞鹏、翟晓梅、朱伟、邱仁宗主编：《人类基因组编辑：科学、伦理学与治理》，中国协和医科大学出版社，2019 年，第 62—63 页。

前期。首先,基因编辑技术因其自身“高精尖”的特点,其费用在技术本身得到高度发展与大量普及之前必定是昂贵的,那么显然只有能够负担费用的高收入人群才能成为技术利好的享有者。患有无法治愈的基因疾病或真正需要进行基因编辑手术的人反而无法享受技术利好,这更加凸显了贫富差距。其次,权力也是重要的影响因素。掌握更多医疗资源和社会权力的人有机会基于权力的滥用或误用获得更多好处,基因编辑技术带来的利好有可能成为贿赂的工具和强权的体现。这将在极大程度上导致社会阶层分化,引发阶层对立、激化社会矛盾。在金钱和权力的双重加持之下,我们必须正视基因编辑技术造成的社会阶层分化问题。

尼采(Friedrich Nietzsche)的权力意志哲学为我们理解这一问题提供了视角。他认为,权力意志是生命的基本动力,而人的一切行为都是为了权力的增长。在基因编辑技术的语境下,如果特定群体利用这一技术以获得更多的权力和控制力,那么不仅会加深社会的不平等,还可能导致整个社会结构的动荡不安。约翰·罗尔斯(John B. Rawls)在其《正义论》(*A Theory of Justice*)中提出了著名的“差异原则”,主张社会和经济不平等是可接受的,但必须满足“最不利者的最大利益”[①]。若基因编辑成为优越阶层的专属,则显然违背了罗尔斯的差别原则,因为这一行为有可能剥夺其他社会成员的机会,增加他们的竞争劣势,而不是为了提升社会整体的福祉。

面对基因工程问题,罗纳德·德沃金的态度是“我们不想降低平均水平来追求普遍平等,甚至对特殊治疗的极少需求也会激励研究工作”[②]。也就是说,罗纳德·德沃金注重资源的充分利用,遵循帕累托改进原则,即在没有使其他人的情况变坏的情况下,应当使至少一个人的状况变得更好。基因编辑技术在应用前期,虽然可能会使人与人甚至国与国之间已经存在的不公正加剧,但是这并不代表我们应当用逃避有利技术应用的方式来促进公平。罗纳德·德沃金承认平等的内在价值,但反对在任何时候都追求普遍的平等,且认为这种平等本身是违背直觉的。对于资源分配不公正的问题,罗纳德·德沃金认为可以用再分配的方法来矫正这种不公正,而不应在不能使他人受益的前提下剥夺另一些人的好处。[③] 尽管在德沃金所处的时代基因编辑技术还未出现,但我们可以凭借他对基因工程的正向态度为基因编辑技术辩护。

德沃金的论述建立在帕累托定律之上,他的支持态度有内在合理性。原因一,允许一部分有能力支付者先使用基因编辑技术,能够促进技术本身的发展完善,有金钱

---

① 约翰·罗尔斯:《正义论》,何怀宏、何包钢、廖申白译,中国社会科学出版社,2001年,第302页。

② 罗纳德·德沃金:《至上的美德:平等的理论与实践》,冯克利译,中国人民大学出版社,2022年,第437—438页。

③ 罗纳德·德沃金:《至上的美德:平等的理论与实践》,冯克利译,中国人民大学出版社,2022年,第441页。

和权力者往往能够为基因编辑手术带来充裕的资金，同时作为优先手术者，也能推动基因编辑在技术层面的发展；原因二，“再分配”的解决方法是可想、可操作的，这种方案类似于“先富带后富、共奔富裕路”的社会模式。

首先，既然德沃金理论的运行基础是“没有使其他人的情况变坏”，那么我们必须分析有钱有权者优先享受是否会损伤无钱无权者的既有利好。以简单的例子来说明，假如有一位先天基因缺陷者，只有进行基因编辑手术才能恢复到正常人的健康水平，否则他一生都将饱受病痛折磨。但基因编辑手术在采用初期价格高昂，有缺陷者很可能无法支付手术费用。同时，另外一位基因正常无病痛者为爱美之心选择利用基因编辑手术美容，因资金充足，手术顺利进行且十分成功。尽管会显得冷漠无情，但不得不说，先天基因缺陷者面临长期痛苦本身并非“情况变坏”，而是未能“向好发展”，即不进行手术只是维持“原有”的坏情况。对于基因正常者，进行手术不仅为他本人带来了更多利好，还在一定程度上证明了基因编辑技术本身的可行可靠。此外，进行基因编辑手术者还能作为案例范本甚至是“实验体”，推进基因编辑技术的发展完善。那么有钱有权者在此意义上优先享受是无可厚非的，化解矛盾的关键转移到了“再分配”问题上。

德沃金的再分配将“保险”和“征税”手段作为未享受到利好者的保障。然而，仅凭借“再分配”能够平复社会矛盾吗？如果“再分配”本身无法承担维护社会和平、消解社会阶层分化的任务，那么罗纳德·德沃金的系列辩护依旧是不够成功的。存在的问题一是“再分配”本身建立在有钱有权者优先获利的基础上，已经彰显了这一人群的财力、权力和控制力，甚至可以说权力滥用已经发生，那么后续的“再分配”就如同亡羊补牢，无法从根本上化解阶层分化的问题；二是基因编辑技术给接受者带来的利好很难量化，并且也不是全部高收入、高权力者都会接受基因编辑技术，因此谁来为“再分配”做贡献、做多少贡献都是难以明确的。以上问题不仅体现了罗纳德·德沃金解决思路的缺陷，也宣告了这条辩护进路的失败。社会阶层分化就此无可逃避地成为基因编辑技术可能影响社会稳定的关键原因之一。

（二）“优生学”与基因歧视

下面我们将纳入对后代的考量，进一步讨论将可遗传的基因编辑技术用于医疗领域是否会带来妨碍社会公益的“优生学”与基因歧视问题。

“优生学”(eugenics)一词是弗朗西斯·高尔顿(Francis Galton)于1883年创造的，旨在表达我们应该利用遗传科学的见解来改善人类种群。当时的优生学既包括对遗传的研究，也包括父母利用这些知识来塑造他们的生育选择。1905年，随着遗传学一词被创造,“优生学”的积极内涵被剥离并注入了“遗传学”概念之中,而由于纳粹在第二次世界大战期间的种族屠杀等暴行,“优生学”本身变成了笼罩负面色彩的消极概念。[①] 如今,学者麦凯勒和贝赫特尔重新审视了优生学的意涵,在《新优生学的伦理学》一书中将“优生学”定义为“旨在以被认为是积极的方式影响儿童、社区或整个人类的遗传遗产的策略或决定”[②],这也是我们相对认可的定义。新产生的基因编辑技术被认为是导向优生学的新手段,这种新型基因优生学是指通过人为的方法,把人类中不良的遗传基因去除。通常有两种去除类型,一是积极制造更好的基因,二是对有缺陷的基因作出修正、消除。前者属于积极优生学概念,后者属于消极优生学概念。[③] 我们认为,目前基因编辑技术在伦理道德面临较大争议的问题优生学就包含积极优生学——使用基因增强技术制造更好的基因,以及极端的消极优生学——强制排除罹患基因疾病的生命出生。根据本文的主题,我们只对消极优生学做讨论。

支持可遗传基因编辑技术应用的学者认为,技术实际上并不必然造成伦理风险、导致社会矛盾。毕竟在可遗传基因编辑技术出现以前,人们便已经懂得选择条件好的、非近亲的伴侣生育后代,以尽最大可能使后代身体状况优良。基因编辑只是更有针对性地“提供了按照详细蓝图创造人类,或通过胚胎创造出具有选定的遗传属性的人类以改变人类的可能性”。[④]

但不可否认的是,通过可遗传基因编辑技术避免具有患病可能性基因的生命出生,可能带来污名化和边缘化的社会危害,这体现在“优秀”基因的选取和“不良”基因的排除过程中,属于消极优生学问题,也在极大程度上隐含着基因歧视的风险。社会共识决定选取的性状必是优秀的、无病的。正如纽芬兰纪念大学的生命伦理学家,家中有患唐氏综合征孩子的卡波西(Chris Kaposy)所言,广泛而常规化的产前检查是选择性流产的原因之一。尽管胚胎除有患唐氏综合征可能之外一切正常,且有证据表明患有唐氏综合征的儿童及其家庭仍能幸福生活,但不少获得唐氏综合征预测结果的准父母都会选择终止妊娠,这是一种对某些认知障碍者的歧视。这种歧视态度对唐氏综合征患者造成了伤害,减少了他们生存与生活的机会,如缔结友谊、参加就业和建立亲密关系等;还会作用于社会意识,加剧耻辱感和偏见,增加对可感知的缺

① Walter Veit, “Can ‘Eugenics’ Be Defended?”, *Monash Bioethics Review*, No. 1(2021), pp. 60 - 67.

② Calum MacKellar, Christopher Bechtel(eds.), *The Ethics of the New Eugenics*, Oxford: Berghahn Books, 2016, p. 3.

③ 李瑞全、蔡笃坚:《基因治疗与伦理、法律、社会意涵论文选集》,唐山出版社,2003年,第50—51页。

④ 罗纳德·德沃金:《至上的美德:平等的理论与实践》,冯克利译,中国人民大学出版社,2022年,第438页。

陷的不宽容,导致患者更加被边缘化。[①]

回到基因编辑问题上来,正如产前检测和筛查的使用已经影响了个人和社群关于哪些基因和性状可取、哪些基因和性状不可取的态度及想法,可遗传人类基因组编辑的应用也可能改变人们对哪些生命应该延续、哪些生命应该通过基因组编辑去除的态度和想法。一方面,未接受特定基因编辑者可能会在交往、活动、保险、信贷、工作等环节遇到阻碍;另一方面,在基因筛选、取用的过程中,社会群体共识首先会对基因的优劣分级,再进行有偏好的选择。这种选择会导致不良基因和不良性状的孩子减少,而拥有这些基因和性状的孩子及其家庭的社会生活就会变得更艰难。同时,随着不良基因人群基数减少,他们需要的特殊医疗卫生和社会服务的资源也会减少,导致恶性循环,这是对社会公益的重创,更是一种会逐渐渗透、愈演愈烈的基因歧视。

(三) 社会风险的应对方式

根据以上分析,基因编辑在维护社会公益、避免社会矛盾这一面向上,的确承担着防止社会阶层分化加剧、防止“优生学”和基因歧视问题的责任。那么,基因编辑技术应当如何应对以上伦理问题呢?

笔者认为,有效的解决方式是制定明确的规制规则。伦理规范和法律法规并非金科玉律,而是可改、应改的。在面对社会问题时,法律法规进行评判的重大依据是“公序良俗”,但公序良俗本身是相对模糊的,没有清晰、完整、全面的标准。法学类学者普遍承认公序良俗原则的司法适用呈现出比较混乱的局面,裁判者自身也无法对公序良俗给出一个清晰的界定。[②] 既然我们探索的核心是基因编辑技术,那么完全可以从“基因编辑技术需要怎样的伦理规范和法律规范作为约束”这一问题入手,根据基因编辑的本质和特征来调整、修订出一套适用于当下情况的伦理规范、法律法规甚至政策制度。

而规则的制定和确立又要以康德义务论而非功利主义为伦理核心。也就是说,我们应当关注的不是规则能否带给最大多数人以最大幸福,而是规则能否将人作为目的,同时得到一切有理性者的普遍承认。这样一来,规则所要求的一方面是技术不能将人作为工具,以牺牲任意社会群体的既有利益和合法权利为代价谋求自身发展;另一方面是要争取使基因编辑技术的应用对象和应用方式能够得到有理性者的普遍认同。具体而言,首先,要设置伦理规范和法律法规,防止基因编辑技术用于疾病治

---

① 弗朗索瓦丝·贝利斯:《改变遗传:CRISPR与人类基因组编辑的伦理》,陈如译,上海科技教育出版社,2024年,第1页。

② 郑玉双:《道德的法律强制:原则与界限》,商务印书馆,2023年,第128—130页。

疗以外的人体增强、禁止基因间未得到知情同意的信息对比、避免可遗传基因编辑技术未经伦理审查的应用。其次，根据现实情况试将合法合规的人体基因治疗手段根据技术发展水平和手术成本有层次、有选择地纳入医保，同时加强基因治疗的伦理审查和政府监管，并保证在规则制定过程中，一切程序和内容对外公开。最后，对于基因编辑研究人员而言，其责任一方面是协助规范制定，另一方面是配合规范实施。

四、总结

在确证基因编辑技术于医疗领域存在的重要性和必要性之后，为推动基因编辑和医学界的互助共进，我们还需要明确并努力解决技术面临的伦理争议。首先，基因编辑技术治愈疾病的水平有限，尽管该技术正在加速发展完善的过程中，但依旧存在违背不伤害原则的风险。其次，因人与人之间存在诸多差异，基因治疗的开展又会面临加剧社会阶层分化、导致“优生学”与基因歧视的风险。我们为以上两类问题分别找到了可行的应对策略：其一是主动提升技术水平，将应用对象确定为知情同意的、患有绝症的、随时面临死亡威胁的患者，并保证手术经由伦理审查；其二是以义务论为思想核心调整伦理规范和法律法规，严格规制基因编辑技术在治疗领域的应用范围和具体程序，并试将合法合规的人体基因治疗手段有层次、有选择地纳入医保。最后，反思人体基因编辑的相关案件，基因编辑技术用于医疗领域的责任主体确认与责任归属问题同样重要，值得研究者以此为主题继续深耕。

Ethical Risks and Countermeasures of Gene Editing in Medical Field

Wu Hao

Abstract: As a cutting-edge science and technology, gene editing has carried out systematic research and exploratory application in the medical field, which is of great help to medical progress. However, the technology itself is not perfect. Due to the limited technical level and the differences of social subjects, there are also ethical risks that cannot be ignored in the process of research and application of gene editing. Risks are manifested in the violation of the “no harm principle” and the damage to social welfare. In order to promote the long-term mutual benefit between gene editing technology and medical development, relevant researchers need to sort out the ethical dilemma faced by technology used in medical field, explore and implement good countermeasures to solve the problem.

Key words: gene editing technology medical ethics gene therapy ethical risk

《人的境况》中的生命哲学与生活实践

宋小芳*

摘　要:随着现代社会的快速发展和科技的迅猛进步,人们面临着前所未有的生活挑战。本文通过概述《人的境况》中阿伦特对"积极生活"的界定,特别是劳动、工作与行动三种基本人类活动在塑造个体生活中所扮演的角色,深入探讨了行动作为自我彰显与自我实现的核心,进而讨论了公共领域在现代生活中的重要性,以及如何在公共与私人领域之间找到平衡。此外,通过反思现代性危机的根源提出生活哲学的现代转向,强调从物质追求转向精神追求,提出实践生活哲学的具体路径。最后结合阿伦特对爱和生命的理解,进一步辨析了她所包含的生命哲学理念。通过对阿伦特理论的深入分析和现代生活的实践应用,本文旨在为追求更优质生活的个体和社会提供启示。

关键词:《人的境况》　汉娜·阿伦特　生命哲学　积极生活

在21世纪的今天,我们生活在一个充满变革的时代,科技的飞速发展和社会结构的快速变迁,为人类带来了前所未有的机遇与挑战。在这样的背景下,个体如何在现代社会中找到自己的位置,实现自我价值,成为一个亟待解答的问题。20世纪杰出的政治哲学家汉娜·阿伦特(Hannah Arendt),通过其著作《人的境况》(*The Human Condition*),为我们提供了一种深刻的思考路径,她的理论不仅关注政治哲

* 宋小芳,四川大学哲学系博士研究生,主要从事生命哲学研究。

学,更深入探讨了人类生活的本质和个体在社会中的存在方式。

本文旨在分析阿伦特《人的境况》中所体现的生命哲学和生活哲学,探讨如何通过她的视角来提升现代人的生活质量。阿伦特"用积极生活(*vita activa*)这个词,来表示三种根本性的人类活动:劳动(Labor)、工作(Work)和行动(Action)。它们之所以是根本性的,是因为它们每一个都相应于人在地球上被给定的生活的一种基本境况(the basic condition)"①。这里人类活动被分为劳动、工作和行动三种基本形式,每种活动都对应着人类存在的不同境况。在这些活动中,行动(Action)被视为个体自我实现和社会参与的关键。阿伦特强调行动不仅仅是个体行为的简单表现,而且是在公共领域中与他人共同构建意义的过程,这种行动的自由性和不可预测性,为人类生活带来了无限的可能性和创造性。

然而,阿伦特也指出,"现代化"一直是近几个世纪以来对人类世界最主要的威胁,并以"自然的非自然增长"或"生命过程的释放"等形式证明了它极其擅于提高生产、消费和增殖,使得具有"高度人为"属性的经济过程成为公共关注的焦点。世界的撕裂毁灭和人类愈来愈强烈地根据他们的消费欲求来理解自身的倾向,成为必须付出的代价,以此引出"世界异化"(world alienation)②这一核心概念。阿伦特将世界异化与现代性危机紧密相连,指出人只有通过"行动"创建和维护政治体、拯救失落的公共领域,才能真正地消解世界异化,为人的生存创造新的条件。在这种背景下,个体如何保持与世界的联系,在公共领域中找到自己的声音,是一个待解决的问题。③ 本文将探讨阿伦特如何通过行动、公共领域和公民身份的概念,为现代人提供一种生活哲学,帮助人们在现代社会中找到方向,实现更有意义的生活。

一、阿伦特对"积极生活"的界定

汉娜·阿伦特在其著作《人的境况》中提出了"积极生活"的概念,这一概念涵盖了人类活动的三种基本形式:劳动、工作和行动。积极生活是人类存在的核心,它不仅关乎生存,更是人类实现自我、参与世界的方式。在阿伦特的哲学体系中,劳动、工作和行动构成了人类生活的三个基本维度,她是这样来介绍这三个基本维度的:

---

① 汉娜·阿伦特:《人的境况》,王寅丽译,上海人民出版社,2009年,第1页。

② 劳动者所遭受的"世界异化"与科学家当中发生的"地球异化"呈现出明显的对应关系。《人的境况》译者注,"世界异化"和"地球异化"意味着现代人脱离了人类自身的生存条件:世界和地球。参见汉娜·阿伦特:《人的境况》,王寅丽译,上海人民出版社,2009年,第7、203页。

③ 包佳涵:《黑暗时代的权利曙光:阿伦特人权现象学研究》,中国人民公安大学硕士学位论文,2021年。

> 劳动是与人身体的生物过程相应的活动，身体自发的生长、新陈代谢和最终的衰亡，都要依靠劳动产出和输入生命过程的生存必需品。劳动的人之境况是生命本身。工作是与人存在的非自然性相应的活动，即人的存在既不包含在物种周而复始的生命循环内，它的有死性也不能由物种的生命循环来补偿。工作提供了一个完全不同于自然环境的"人造"事物世界。每一个人都居住在这个世界之内，但这个世界本身却注定要超越他们所有的人而长久地存在。工作的人之境况是世界性。行动，是唯一不需要以物或事为中介的，直接在人们之间进行的活动，相应于复数性人之境况。①

劳动是人类为了生存而进行的生物性活动，它与生命的必然性紧密相连，确保了人类种群的延续。工作则是人类对自然材料的加工和改造，它创造出持久的人造世界，体现了人类的创造力和对持久性的渴望。行动则是人类在公共领域中的互动，是个体之间自由、平等的交流和共同决策的过程。这三种活动相互关联，共同塑造了人类的存在方式。阿伦特强调，行动是积极生活中最为高级的活动，因为它直接关联到个体的自我实现和政治参与。通过行动，人们在公共领域中展现自我、追求卓越，实现个体与社会的和谐共存。

二、行动与公共领域

阿伦特的生命哲学核心在于行动和公共领域(public realm)。行动是人类特有的能力，它体现了人类的本质特征，即自由和复数性。在行动中，个体不仅彰显自己的独特性，而且与他人建立联系，共同构建社会和历史。公共领域是行动发生的场所，是个体展示自我、实现政治自由的空间，公共领域的重要性在于它提供了一个平台，使得个体能够在平等的基础上进行交流和辩论，共同决定公共事务。这种公共生活的经验对于个体的自我认同和政治参与至关重要。在现代社会中，公共领域的衰落和行动的边缘化导致了个体与社会的疏离以及共同感的丧失。因此，恢复公共领域和行动，对于重建个体与社会的联系，实现更有意义的生活至关重要。

行动不仅仅是一种外在的活动，更是一种内在的自我表达。通过行动，个体能够在公共领域中展示其独特性，通过与他人的互动和共同参与，个体得以在社会中确立自己的身份和地位。这种自我彰显的过程，使得个体能够在与他人的比较和竞争中，

---

① 汉娜・阿伦特：《人的境况》，王寅丽译，上海人民出版社，2009年，第1页。

实现自我价值的提升和个性的完善。行动的这种自我实现功能，是个体在社会中寻求认同和尊重的基础，也是推动社会进步和文化发展的重要动力。

同时，行动是自由的，因为它不受必然性的束缚，不受既定规则的限制。在行动中，个体可以根据自己的意愿和判断来决定自己的行为，这种自由使得行动充满了创造性和不可预测性。行动的自由性也体现了个体之间的差异性，即每个个体都有其独特的行动方式和选择，这种差异性是社会多样性和丰富性的源泉，正是这种差异性使得人类社会充满活力，促进了文化的交流和创新。

尽管行动赋予了个体自由和自我实现的可能，但它也带来了不确定性和风险。为了克服这种不确定性，个体在行动中需要承诺和宽恕。承诺是行动者对未来行为的保证，它为行动提供了方向和目标，使得个体能够在复杂多变的社会环境中找到行动的依据。宽恕则是对过去行动的接纳和释放，它允许个体从失败和错误中恢复，继续前进。通过承诺和宽恕，个体能够在行动中找到平衡，既能够勇敢地追求自我实现，又能够灵活地应对行动带来的挑战。这种平衡是个体在现代社会中实现自我的关键。

汉娜·阿伦特在《人的境况》中对公共领域的定义，强调了其作为人类共同生活和行动的空间的重要性。在现代生活中，公共领域尤为关键，它不仅是民主政治的基础，也是社会凝聚力和文化多样性的体现。随着信息技术的发展，公共领域的形态和功能发生了变化，网络空间成为新的公共领域，人们在这里分享信息、表达观点、参与社会运动。然而，这种虚拟的公共领域也面临着信息泡沫、网络暴力等问题，需要重新审视和构建，以确保其能够促进真正的公共讨论和集体行动。

公共领域包围着私人领域，这是相互依存的两个空间，它们共同构成了人类生活的完整图景。私人领域是个体生活的基础，是个体情感、隐私和休息的场所。而公共领域则是个体展示自我、实现社会参与的空间。在现代社会中，这两个领域之间的界限变得模糊，私人生活被过度公开化，公共领域则面临着被私人利益侵蚀的风险。为了维护健康的社会生活，我们需要在公共领域和私人领域之间找到恰当的平衡。这意味着要保护个体的私人空间，同时鼓励公民积极参与公共事务，通过行动在公共领域中实现自我。

公共领域理论中的核心概念是公民身份。每个个体都应被视为一个公民，拥有参与公共事务的权利和责任。在现代社会，公民身份的实现需要通过公共参与来体现，包括投票、参与社区服务、参与公共讨论等。通过这些活动，个体不仅能够影响社会政策，还能够在公共领域中实现自我。公民身份的实践有助于构建一个更加和谐的社会，因为它促进了个体之间的相互理解和合作，增强了社会的凝聚力。然而，公民身份的实现并非易事，它需要社会制度的支持，包括教育、法律和媒体等。这些制度应当鼓励和保障公民的参与，同时保护公民免受不公正的待遇。通过这些努力，我们可以期待一个更加公正、包容和充满活力的社会。

阿丽斯贝塔·爱丁格曾说：

> 阿伦特所阐述的“政治”实质上缺少根本不能调和的对立性契机。她所阐述的公共领域理论给人们所形成的这种印象很难抹去。因为任何形式的政治斗争都蕴含着经济对立层面的差异、文化传统层面的差异、宗教范畴的差异等，可是阿伦特在其公共领域的阐述进程中却将这些传统性质的因素完全排除在政治体系之外，这样一来就让阿伦特所阐述的公共领域理论根本无法真实地反映出应该怎样决定与谁最后能够决定那些根本就不可能调节的斗争焦点这种真正与主权有关的问题上。①

阿伦特始终认为政治是人类存在的根本，她甚至认为公共领域的衰落与政治范畴的相关没落部分起源于经济的持续入侵与现代社会领域的日益兴起。因此，阿伦特在文中多次表示了对将政治范畴和经济范畴等放在一起讨论的不满。正如阿丽斯贝塔·爱丁格所说，这样的理论根本无法真实地反映出真实的生活。因为阿伦特所构建的政治体系中的任何形式的政治斗争都无法脱离出客观层面的经济范畴、文化范畴、宗教范畴等传统性质的因素。公共领域作为一个能体现人的本性与价值，并且实现人之永恒性的公共生活空间，在古希腊时因为当时的条件得到了较好的发展，并且以不朽的理念受到推崇。但在当今社会，时过境迁，随着社会领域的兴起，公共领域呈现出了十分明显的衰落趋势。公共领域的衰落本身就表明了这一纯粹的较为理想化的理论很难为人的生活提供全面的理论支撑。

人们需要结合当今生活的环境，对公共领域理论取其精华，去其糟粕。既要学会利用公共领域所提供给行动的平台，通过行动来追求个体自由的自我实现，还要结合其他范畴的实践以及私人领域的相关理论来补充公共领域。在现代社会中，私人领域和公共领域之间的界限变得模糊，我们需要在公共领域和私人领域之间找到恰当的平衡。同样，我们需要在公共领域里适当结合当下生活中的经济因素和文化因素，这将是实现建立一个更好的公正、包容、充满活力的社会的重要途径。

① 阿丽斯贝塔·爱丁格：《阿伦特与海德格尔》，戴晴译，春风文艺出版社，2000年。

三、现代性危机与生活哲学的反思

汉娜·阿伦特在其著作中深刻地指出，现代性危机的根源在于世界异化和共同感的丧失。随着科技的发展和工业化的进程，人类逐渐从自然世界中抽离，对地球的探索和征服导致了人类与自然环境的疏离。这种疏离不仅体现在物理距离上，还体现在人类对自然环境的感知和理解上。人类开始以一种工具性的态度对待自然，将其视为资源的储备，而非生命的共同体。这种态度的转变导致了共同感的丧失，人们失去了对共同世界的感知和认同，个体之间的相互理解和信任被削弱，社会凝聚力下降。

在阿伦特看来，共同感是维系社会和谐与稳定的关键。它是个体在公共领域中相互交流、共同行动的基础。然而，在现代社会中，这种共同感被个体主义和消费主义所侵蚀。人们越来越关注个人利益，忽视了公共利益和社会责任。这种趋势导致了社会关系的碎片化，个体在追求个人目标的过程中，忽视了与他人的关系和对共同世界的关怀。阿伦特认为，这种趋势如果不加以遏制，将会导致社会的解体和个体的孤立。

（一）对现代科技与消费主义的反思

现代科技和消费主义在提高生活便利性和物质享受的同时，也对人类的生活质量产生了深远的影响。科技的进步使得信息传播和人际交流变得前所未有的便捷，但同时也带来了信息过载和隐私侵犯的问题。人们在享受科技带来的便利时，往往忽视了面对面交流的重要性，导致了人际关系的冷漠和疏离。消费主义则通过不断创造新的需求和欲望，推动了物质消费的无限扩张，使得人们在追求物质满足的过程中，忽视了精神层面的需求和个人成长。这种对科技和消费的过度依赖，削弱了个体的行动能力和公共参与意识。人们在追求即时满足和短期利益的过程中，失去了对长远目标的追求和对公共事务的关注。这种趋势不仅影响了个体的自我实现，也对社会的健康发展构成了威胁。阿伦特呼吁人们反思现代生活方式，重新审视科技和消费在个人生活和社会进步中的作用，寻求一种更加平衡和谐的生活方式。

科技和消费给人们带来的更多是物质上的积累和享受，人们在达到一定的物质基础后，就很难从更多的物质中获得进一步的精神满足。对物质的不断索取大多数是为了弥补和麻痹愈加空虚的物质获得感，就好像很多先人一步满足了基础物欲的人，总是会倾向于寻求更原始的刺激或者更高级的乐趣，这其实都是消费主义在精神追求方面后续疲软的表现。如果人们越来越关注自己的个人利益,他们就会逐渐与公共领域脱节,进而使得这个社会逐渐解体,个人逐渐被孤立,这种生活方式从长期来看必然是不可持续的,这也是资本主义不可抹除的弊端之一。

(二)现代性危机下的转向

面对这样的现代性危机,阿伦特提倡一种生活哲学的现代转向,即从物质追求转向精神追求。她认为,真正的幸福和满足来源于个体在公共领域中的行动和参与,而非物质财富的积累。在这种转向中,个体应当更加关注自我实现、道德修养和社会责任,而非单纯的物质享受。阿伦特强调,通过行动和公共参与,个体能够在与他人的互动中找到生活的意义,实现自我价值。这种生活哲学的转向要求个体在现代社会中重新定位自己的角色,从被动的消费者转变为积极的行动者。这意味着个体需要在日常生活中寻找行动的机会,参与公共事务,为社会的改善贡献自己的力量。同时,这种转向也要求社会为个体提供更多的公共空间和平台,鼓励公民参与公共讨论,以重建共同感和社区精神。而这可以依托于社会教育和社会文化的发展来实现。

教育和文化对于培养个体的行动能力和公民意识至关重要。教育不仅仅是知识的传授,更是行动能力和批判性思维的培养。通过教育,个体能够学会如何在公共领域表达自己的观点、如何与他人进行有效的沟通和协商。文化则为个体提供了共同的价值观和行为准则,帮助他们在公共生活中找到归属感。为了实践生活哲学,人们要重新审视教育体系,确保它能够培养学生的公共参与意识和行动能力。同时,文化活动如艺术、文学和哲学讨论应当被鼓励,以促进公民之间的对话和理解。通过这些途径,人们可以培养出更加活跃和负责任的公民,他们能够在公共领域中积极行动,共同塑造社会的未来。

(三)生活艺术:在日常生活中实践阿伦特的生活哲学

阿伦特的生活哲学不仅适用于公共领域,也渗透于个体的日常生活。生活艺术(*vita contemplativa*)在阿伦特看来,是个体在私人领域中实现自我和享受生活的方式。在日常生活中,人们可以通过艺术、文学、哲学等活动来丰富自己的精神世界,提升生活的品质。这些活动有助于个体在面对现代生活的快节奏和压力时,保持内心的平静和独立思考的能力。通过在日常生活中实践生活艺术,个体能够在私人领域找到满足和幸福,同时也为公共领域的参与积累能量和灵感。生活艺术的实践,使得阿伦特的生活哲学在个体层面得到了具体的体现,成为连接私人与公共、个体与社会的桥梁。

人们需要一个渠道去排解他们在生活中的压力，私人领域和公共领域边界的逐渐模糊会让人们更加难以在两个领域中找到自己的存在和价值，而除了像阿伦特所提倡的去修补这一边界之外，我们其实可以在两个领域之间假设一座桥梁，这一桥梁横架于两个领域之间，或许两个领域之间的边界模糊了，但如果把生活艺术这一归属于私人领域的事物放在两领域矛盾之间，它自然会作为一个缓冲，来为人们平衡公共领域和私人领域提供一个支点，这样一来就有了缓和平衡的可能。

四、"生命与爱"，阿伦特思想的重要牵引

汉娜·阿伦特在其哲学探索中，始终将生命置于核心地位，她认为生命不仅是个体存在的前提，也是社会和政治活动的基础。朱莉亚·克里斯蒂瓦(Julia Kristeva)曾在《汉娜·阿伦特》这本书里指出：在阿伦特的所有作品中，生命主题始终牵引着她的思想，有效地帮助她探讨政治学历史与形而上学历史，并且得到了全面的升华与完善。[①] 在《人的境况》中，阿伦特深入探讨了生命的意义，以及如何在现代社会中实现个体生命的尊严和价值。

生命是最高的善，是所有政治和社会活动的根本。阿伦特指出，生命不仅关乎个体的生存，更关乎个体如何在世界中找到自己的位置，如何与他人建立联系。在她的视角中，生命不仅仅是生物学上的存在，更是个体在社会中实现自我、参与公共事务的能力。生命因此成为个体行动的源泉，是个体在公共领域展现自我、追求卓越的动力。

阿伦特在导师卡尔·雅思贝尔斯(Karl Jaspers)的指导下，完成了博士学位论文《论奥古斯丁的爱的概念》。在文中，她认为奥古斯丁将"爱"理解为一种无止息的、无冲突的意志，"对某人或某事最大的肯定就是爱它，也就是说：我愿你存在"。[②] 爱弥合了意志中既肯定又否定的力量，是最高的意志。同时，根据奥古斯丁的阐述，爱是一种趋向对象的运动，根据对象的不同，他将爱分为"纯爱"和"贪爱"。贪爱的对象短暂易逝，而纯爱的对象是永恒不变的。当人爱上帝时，他就向上升腾获得真正的幸福；当人爱世界时，他就陷入了低级的被造界。

阿伦特通过对奥古斯丁爱的观念的研究提出了自己的见解，在"纯爱"和"贪爱"，即远离世界之爱和对世界的爱之间，阿伦特赞成的是后者，而非基督教对永恒的上帝

---

① 朱莉亚·克里斯蒂瓦：《汉娜·阿伦特》，刘成富等译，江苏教育出版社，2006年，第7页。

② 王寅丽：《行动与自由意志：阿伦特的奥古斯丁论题》，《世界哲学》2014年第2期。

的爱。[1] 她认为,爱永恒之物意味着人们生活的世界永远不可能成为人类真正的家园,它只是人类暂时的居所,但是"贪爱"所代表的爱此世之物则象征着一种使自己"留在家中"的决定。阿伦特承认人作为世界的陌生人诞生,而人的"有死性"决定了人是这个世界的过客,但人可以通过努力由世界的过客变成这个世界的成员,世界不是人类一时的寓所,世界是人类唯一可能的家园,给世界以爱,人才能获得一种在家的感觉。虽然这个世界上有很多人陷入了悲惨的境地,陷入了一种深深的无力感,沉溺挣扎于自我价值和社会价值的虚无感中,但这个世界并不是类似于海德格尔所说的沉沦之所,相反,这个世界是人类追求本真自我的唯一场所,也是人类真正的家园。每个人都在世界这个大舞台上展示自己,在人与人之间不断地分享着这个世界,用爱来治愈着自己、感受着世界,虽然"贪爱"的对象是短暂易逝的,爱着这个世界的人们自己也有着有死性的必然,但人们依然可以给世界、给自己以爱,让自己平安喜乐地生活在这个"家"中,真正地留下来。

在现代社会,个体面临着诸多挑战,如消费主义、个体主义的盛行以及公共领域的衰落。这些现象可能导致人们忽视了对他人的关爱和对公共利益的承担。阿伦特认为,为了克服这些挑战,人们需要重新审视和实践爱与善。她提倡通过教育和文化活动培养个体的道德感和责任感,鼓励个体在日常生活中实践爱与善,通过具体的行动来构建一个更加团结和有责任感的社会。

个体应当在日常生活中实践爱与善,这不仅有助于个体的自我实现,也是社会和谐与进步的基石。阿伦特鼓励人们在公共领域中积极行动,通过爱与善的实践来克服现代性危机,共同创造一个更加公正和有爱的世界。在这一过程中,个体不仅能够实现自我价值,也能够为社会的改善贡献自己的力量,实现更有意义的生活。汉娜·阿伦特的生命哲学和生活哲学为人们提供了一种深刻的思考路径,她强调生命的重要性,以及爱与善在个体生活和社会进步中的核心作用。在面对现代社会的挑战时,阿伦特的思想激励人们以行动者的身份参与到公共事务中,共同创造一个更加美好的未来。通过实践爱与善,人们不仅能够提升个体的生活质量,而且能够促进社会的和谐与进步,实现一个更加公正、包容和充满活力的世界。

五、结语

在深入探索汉娜·阿伦特的《人的境况》后,我们得以洞察到一个关于人类存在

① 许婷:《现代性反思:解读阿伦特〈人的境况〉思想》,安徽大学硕士学位论文,2016年。

与行动的复杂图景。阿伦特的思想不仅是对现代生活的批判，更是对个体如何在纷繁复杂的世界中找到自我定位的深刻指导。她对生命哲学和生活实践的探讨，为我们提供了一种反思现代性的框架，引导人类在物质追求与精神追求之间寻找平衡。在现代社会的喧嚣中，人们往往被消费主义的浪潮所裹挟，忽视了个体行动的真正意义，即行动不仅仅是为了生存，更是为了在公共领域中实现个体的独特性和自我价值。这种行动，不是孤立的个人行为，而是与他人共同构建社会意义的互动过程。在这个过程中，人们不仅能够展现自我，还能够在与他人的交流中发现生活的丰富性和多样性。面对现代性带来的挑战，阿伦特提倡人们回归生活的本质，即在公共领域中的积极参与。教育和文化的培养是个体行动能力的关键，而政治参与则是实现社会变革的重要途径。在这个框架下，个体不再是被动的接受者，而是能够通过自己的行动影响社会进程的积极参与者。

在阿伦特的视野中，爱与生命的价值被提升到了一个全新的高度。她认为，生命是政治和社会活动的基础，而爱则是连接个体与世界的桥梁。在这个意义上，爱不仅仅是一种情感表达，更是一种行动的力量，它能够激发人类对公共事务的关心，促使人类为了共同的福祉而努力。在现代社会的背景下，人类需要重新审视个体与社会的关系，以及在个人追求与公共责任之间找到平衡的方法。阿伦特的思想为人们提供了一种生活的艺术，即在日常生活中实践爱与善，通过具体的行动来实现自我价值和社会进步。这种生活艺术不仅能够丰富人们的精神世界，还能够促进社会的和谐与进步。

阿伦特的生命哲学和生活实践为人们提供了一种反思现代生活的新视角。她的思想启示我们超越物质追求，转向更深层次的精神探索。在这个过程中，人们不仅能够实现个体的自我超越，还能够共同创造一个更加公正、包容和充满活力的社会。阿伦特的哲学不仅是对过去的回顾，更是对未来的展望，她的思想将继续激励人们在追求更优质生活的道路上不断前行。

Philosophy of Life and Life Practice in *The Human Condition*

Song Xiaofang

Abstract: With the swift evolution of modern society and the rapid advancements in science and technology, individuals are confronted with unprecedented challenges in their daily lives. This article delineates Arendt's concept of *vita activa* in *The Human Condition*, which particularly emphasizes three fundamental human activities, labor, work, and action, that shape the role of individual existence. It delves deeply into action as the quintessence of self-expression and self-realization, subsequently examining the significance of the public realm in contemporary life and strategies for achieving a harmonious balance between the public and private realms. Furthermore, by introspecting on the root causes of the modern crisis, this article proposes a shift in the philosophy of life towards a more contemporary perspective. It underscores the transition from material pursuits to spiritual aspirations and elucidates a tangible pathway for a practical philosophy of life. Ultimately, incorporating Arendt's insights on love and life, it undertakes a comprehensive analysis of the life philosophy she espouses. Through a meticulous examination of Arendt's theories and their practical application in modern life, this paper endeavors to provide individuals and societies with inspiration as they strive for a more fulfilling existence.

Key words: *The Human Condition*　Hannah Arendt　life philosophy　*vita activa*

“看见”不可见的生命

——论米歇尔·亨利的不可见的生命现象学

崔媛迪*

摘　要:尽管经典现象学内部存在个体与个体的差异,但有一个共同的目的,即分析显化的可能性条件。亨利认为按照意向性和超越性的模式,将世界看作是事物显现的唯一方式并不彻底。因此,亨利将现象学的问题从“对象如何显现”转化为一种更根本的现象学的“如何”,提出“显现二元论”的观点,并将自我显现作为其生命现象学的核心,即生命在自身中通过自身感发自感成为超越一切的最原初的、最根本的。从一定层面上来说,亨利颠覆了现象学对显现的定义,从本体论上重新定义了现象学。

关键词:生命现象学　显现　内在性　感发性

米歇尔·亨利(Michel Henry)是当代法国学界的重要人物,其思想在《显现的本质》一书中得以完整呈现。他的思想被称为一种生命现象学和物质现象学,试图通过对显现的探讨寻找生命的显现方式。生命是一种纯粹的内在经验,不能从经典现象学的视角对其进行探讨,而是要从生命的感受性出发,这是一种揭示生命本质的更原初的方式,即自行感发,这是其生命现象学的核心概念。在亨利看来,笛卡尔之前曾经触碰到这一点,但只有法国哲学家麦纳·德·碧朗(Maine de Biran)提出了此观

* 崔媛迪,安徽大学哲学学院硕士研究生,主要从事现代西方哲学研究。

点，阐明了一种纯粹内在性的哲学。[①] 在《第六沉思》中，笛卡尔的“我思”是我怀疑，我发现我在思考，即一种“我看到、我意识到”，这是自我存在更加原初的显现。对此，亨利以一种区别于胡塞尔和海德格尔的、非反思的现象学维度重新解读笛卡尔的“我思”，用内在的、感触自身的方式对其进行阐释，即内在性。[②] 它作为比超越性更原初的东西，并不在世界中显现自身，而是在自身的感发中启示自身。亨利的生命现象学正是在其内在性层面上阐述显现的概念，即生命的内在性的显现是更为原初的，因为内在的生命与自身没有距离，正是基于这种内在的、光明的存在，外在于“我”的世界的显现才是可能的。

一、本体论的一元论

“本体论的一元论(ontological monism)”[③]最早可以追溯到希腊。从词源学上来说，现象学(phénomène)的词根 pheno 的原意是“显现”，即现象学的任务——试图揭示现象。但现象学总是将显现作为一切情况下起决定性作用的最终基础，这意味着它只在存在的层面上被理解为是合适的，这正是继承了希腊时期形而上学的遗产，认为某物展现其自身并因此被人们发现。现象学作为现象本质的科学，将存在(being)理解为现象的本质，因此海德格尔说现象学是关于存在的科学，即是本体论的。在海德格尔看来，当存在(being)作为一个存在物向我们提供它自身时，总是存在一种原初性，即认为被给予性是理所当然的。他将存在理解为“隐藏它自身才是其存在性(being-ness)的本质”。基于这层意义，米歇尔・亨利认为，在没有完全到达本质的内部结构之前，现象学和本体论的关系是没有被澄清的，现象学似乎混淆了本体论和实体论(existentiel)，即在整体上陷入了一种“本体论的一元论”。这导致了本体和本体论的分离，即存在的概念离开了它本体论的基础。

与此同时，意向性也没能逃脱“本体论的一元论”的批判。亨利认为，胡塞尔从意向性的现象性出发的方式是一种偏离，他脱离了印象性的本质，将主体对象化为世界的对象。世界上所出现的事物都是外在于我的，“它既在我们面前，也在我们之外，作为一个‘物体’或‘面对我们’”。这种原始的、自身之外的外在性的思考方式，在生命和理性的领域中，也无法找到其显现的根据。基于这种情况，亨利完全否认了从意向

① 米歇尔・亨利：《走向生命的现象学：米歇尔・亨利访谈录》，邓刚译，东方出版中心，2023 年，第 5 页。

② 刘宏：《“我思”之再思——亨利生命现象学的开启》，《现代外国哲学》2021 年第 2 期。

③ 乔治・范・如一：《一种新的本体论现象学：米歇尔・亨利的哲学》，崔伟锋译，载莫伟民主编：《法国哲学研究》第一辑，上海人民出版社，2017 年，第 157—174 页。

性出发这一途径,也否认了将意向性作为最原初的现象性,"意向性只在黄昏升起……意向性总是迟到"①。他同时认为,胡塞尔将现象学解释为意识哲学的这种做法使得现象学转化为一种意向性的教条主义。他只是想通过意向性的视角把质料变成可见物,但是质料也因此缺乏自身给予物,只是一种由意向活动所激活的显现(appearance)和现象(phenomena)。② 这样虽然获得了存在本身,但是每个显现都伴随着阴影(shadow)。在此意义上,现象学变成一种以消除阴影为前提条件并使事物显现的现象学。例如,在莫里斯·梅洛-庞蒂(Maurice Merleau-Ponty)那里,不可见者则作为可见者的内在框架,作为可见者的秘密对接物,只出现在可见者的内部,并且是如此这般地呈现于世界。由此可见,梅洛庞蒂并没有在真正意义上实现使不可见者显现,只是将不可见者看作可见者的潜在模式。对此,让-吕克·马里翁(Jean-Luc Marion)认为,梅洛庞蒂的这种做法不仅没有使不可见者显现,而且将不可见者的地位降至只有在可见者存在的前提下才能呈现。

在亨利看来,不应该把意识放在这样的位置上进行考察,"基于本体论的一元论的揭示,意识总是在自身的分裂和自身和存在的分离的过程中出现,并且在这个过程中与之相关的行为进行对抗"③。正是意识的概念帮助现代哲学思考事物自我显现的可能性,它是最先进入思想的本体论设想中的,这种思想是质疑它自身,并将存在作为现象学条件的力量,即意识是存在本身,是显现的本质。在此意义上,亨利摆脱了传统胡塞尔式的"意向性"现象学模式,他认为现象学的基础应该被理解为一种纯粹的显现,以显现给我们的其他一切事物为前提,通过现象自身的方式去接近现象。这种纯粹的显现必须先显现出来,才能使别的东西显现出来,并向我们显示出来。④

与此同时,他在没有对显现概念真正了解的情况下预设了一个前提,即不可见者和可见者可以实现从一个到另一个的过渡过程,并且都属于世界本身。这在亨利看来是不可能实现的,因为只有可见之物才能在世界中敞开自身,不可见之物既不向世界敞开,又与可见者不同质。他在《显现的本质》这本书中正面分析了这个问题,试图打破"本体论的一元论"的预设,解决只有一种现象性的单一性问题。在此,亨利将现象学的研究重点从外在性转到内在性上来,即从显现本身出发,并将超验性的问题归

---

① Michel Henry, *Material Phenomenology*, trans. Scott Davidson, New York: Fordham University Press, 2008, p. 122.

② 魏琴:《质料现象学的偏离与逆转——米歇尔·亨利对胡塞尔现象学的根本推进》,《四川师范大学学报(社会科学版)》2023 年第 2 期。

③ Michel Henry, *The Essence of Manifestation*, trans. Girard Etzkorn, The Hague: Martinus Nijhoff, 1973, p. 77.

④ 参见 Michel Henry, "Incarnation and the Problem of Touch", in Richard Kearney, Brian Treanor(eds), *Carnal Hermeneutics*, New York: Fordham University Press, 2015。

到内在性自身的自我实现上来。通过对胡塞尔所提出的“在心灵领域里，存在和显现之间没有区别”这一观点进行思考，思考是否在本质中存在一个绝对的不可见的，亨利进一步对胡塞尔的意向性观点提出质疑。

总而言之，亨利认为，经典现象学(classical phenomenology)[①]无法消除其本身带来的阴影问题，因为他们本身存在一个问题，即没有一个表象是独立的，总是指向一些与自身不同的东西。亨利为了彻底解决这一问题，区分了两种不同的显现，即对象显现(object-manifestation)和自我显现(self-manifestation)，并且他认为，对象显现只有在自我显现的基础上才能完成，甚至可以说，自我显现是任何关于显现的哲学的先决条件。[②] 他以一个崭新的视角看待显现问题，实现了从“现象本身”回到“显现本身”，将现象学的主要任务转为对“显现是如此这般呈现”的追问。

二、“看见”不可见者

亨利从其内在性出发，找到了绝对不可见的存在的根据，即不可见者(the invisible)。在对其进行澄清之前必须对“不显现”(unappearance)和“不可见”(invisible)两者的含义进行区分。“不显现”最本质的特征是一种延迟的可见性，换句话说，它总是包含着一种不可见向可见的过渡，因此可以说，不显现者和可见者是同质的。而不可见者并不是潜在的可见者，它自身的不可见性由本质所决定，强调不可见者本身的现象就是如此。“如果认为不可见者最初定义了现象性，那么它就不能作为一种延迟的可见性，因为出于同样的特权，不可见者不仅决定了其现象性，而且决定了其本质。”[③]尽管不显现和不可见两者的含义并不相同，但都是对可见者特权的挑战。由此可见，现象性并不仅仅归结于可见者，现象本质上是不可见的，而“本体论的一元论”造成的问题在于它忽略了在现象学中隐藏自身的才是其本质这一点。“不可见者的现象性本身就是这样，它是彻底的现象，是启示，甚至是启示的本质。”[④]

不可见者和可见者无法实现过渡，也无法被更普遍的概念所包含。在此，亨利并不否定可见者和不可见者之间对立和联系的关系是同质的，相反，这构成了两者联合

---

① 这是亨利在《显现的本质》中对“本体论的一元论”进行批判时使用的概念，虽然没有明确说明，但其指向的是胡塞尔和海德格尔的现象学。

② Dan Zahavi, “Michel Henry and the Phenomenology of the Invisible”, *Continental Philosophy Review*, No. 3(1999), pp. 223－240.

③ Marion J. L., “The invisible and the Phenomenon”, in Michael R. Kelly, J. Hanson (eds.), *Michel Henry: The Affects of Thought*, 2012, pp. 19－39.

④ Michel Henry, *The Essence of Manifestation*, trans. Girard Etzkorn, The Hague: Martinus Nijhoff, 1973, p. 439.

起来的基础，也使得一方可以过渡到另一方。这种对立建立在两者之间具有某种联系的前提下，同时，这种联系又是对两者对立关系的一种规定，这种联系的可能性又寓于本质的同质性中，并以本质为前提。但是亨利强调，经典现象学忽略了来自对立面的拒绝的力量，它之所以是其所是并不是因为想要实现向对立面的过渡，而正是这种力量才使得两者保持对立的关系。与此同时，亨利否定了可见者和不可见者作为两种不同质的东西，同时被一个更普遍的概念所包含的可能。因为在本质的内部是无法实现转换的，这是对意义的单纯的压抑，并且两者之间在现象性上并没有任何相似性，"它们的本质在它们之间没有任何相似之处，因为它们的结构具有不可约的多样性，不可见者和可见者之间既没有通道，也没有时间把它们捆绑在一起，因此不能相互转化，但它们彼此分开存在，每一个都在其自身效力的积极性中"①。

对此，亨利强调必须从本质结构的异质性上来理解可见者和不可见者之间的关系，即应把它们理解为没有联系的事物之间的对立。亨利称这是一种"冷漠的对立"，不可见者正是在这种差异的冷漠中与可见者对立，它不会把自己转向可见者，而是留在自己的内部，完全被自我占据，它忽略了可见的，也无法了解它。② 这种对立关系的规定也是以本体论为基础的，因为在不可见的形式下，现象学和本体论的统一性显现出来的东西就是实在性。可见者和不可见者之间的对立就像实在性和非实在性之间的对立，因此，正是这样一种对立赋予了本体论的意义。

相较于可见者，不可见者的内在性特征是更原初的现象性。"原初性"是不可见者最根本的特征。首先，现象学的任务是对显现"如何"成为现象的揭示，不可见者构成了显现的本质对于"如何"的揭示，并在现象学上定义这种"如何"。由此可见，不可见者是更原初的现象性，因为这个现象性不仅仅归结于可见者，而是以一种更原始的方式指向不可见者，是对"如何"的追问。这从源头上将现象学的"如何"与本质建立了联系，从而与基本的"如何"建立联系。因此，不可见者构成了本质对自身及其实在性的原初启示，是现象性最初的、根本的规定，它确定了它本身的实在性和可能性，实在性想要成为现象来实现自己的过程也取决于"如何"的本质。其次，在现象学的意义上，超越性是以内在性为基础的，所以不可见者作为本质的隐藏状态，最终呈现的是它自身的现象性。作为不可见的现象性的提出，论证了著名的胡塞尔式论题：现象学并不应只适合于对可见者的现象的解释，还应该适用于解释那些不可见的现象是

① Michel Henry, *The Essence of Manifestation*, trans. Girard Etzkorn, The Hague: Martinus Nijhoff, 1973, p. 439.

② 参见 Michel Henry, *The Essence of Manifestation*, trans. Girard Etzkorn, The Hague: Martinus Nijhoff, 1973, 第 51 节。

“如何”发生的，马里翁认为亨利在此意义上将其发展得更为极端。在此意义上，不可见者并不是可见者的超越，而是生命的原始本质，因为它发生在根本内在的领域，它永远不会在超越中出现，而且也不能在超越中显示自己。最后，亨利在对“本体论的一元论”的批判中指出，意向性和超越性这种作为“对象-显现”的方式是与显现者保持距离的，而不可见者作为更原初的现象性，可以消除这种主语的“我”(I)和宾语的“我”(me)之间的距离，即“我”与“我自身”是同一的、没有间隙的。

不可见者的绝对的内在性表现为一种否定性。这并不是一种完全的否定，而是一种看不见(unseen)的否定，这种可见性是一种原始的、积极的方式，而不是基于世界的可见性或以一种纯粹的剥夺的方式。它是完全陌生的可见性，不欠它任何东西。由此看出，不可见者的否定性是指它不会在世间的光中显现自己，但是不能将它看成一种无意识，不能在现象性的意义上否定它，相反，是不可见者决定了现象性原初使自身现象化的方式。

不可见者虽然是绝对不可见的，但它有独特的使自身显现的方式，黑夜是不可见者的存在场所。黑夜不仅仅是白昼的缺失或匮乏，它是一种独特的存在状态，与光明存在着本体论上的对立，它比任何事物都更深入地理解纯粹世界的运作和辉煌。它是一种积极的、原始的可见性，而非纯粹的剥夺。“不可见者作为现象的本质宁愿留在黑夜”①，将不可见者的显现活动称为“夜间的工作”。不可见者与可见者不仅“工作环境”不同，“工作方式”也不相同。亨利强调，夜晚和白天的规则并不一样，它并不将自己限制在时间和空间的条框下，其显现方式并不像可见者一样，它依靠自身显现，并有自己独特的显现方式。黑夜并没有中止显现，而正是在黑夜的无限敞开中，事物显现它自身，成为它自身，也因为如此，黑夜在这种现象性中定义自己。“事实上，通过对可见性的延缓和对世间的绽出，黑夜和它可爱的太阳已经打开了我们无限的眼睛。”②诺瓦利斯(Novalis)认为，世界的打开在白天的光的照耀下已经近乎完美。而黑夜的存在看起来似乎完全避开了在自然光下的可以使自身显现的机会，但实际上它却是这些事物的显现得以可能的原因，即这种显现的本质。

因此，可以说不可见者的革命性和真理性存在于黑夜之中。在经典现象学的概念中，世界的显现总是被理解为一种与现象保持距离的方式，而光作为其先验条件，使得显现被触发，这是由可见者的本质所决定的。而不可见者却从其内在决定并构

① Marion J. L., “The Invisible and the Phenomenon”, in Michael R. Kelly, J. Hanson (eds.), *Michel Henry: The Affects of Thought*, 2012, pp. 19–39.

② Marion J. L., “The Invisible and the Phenomenon”, in Michael R. Kelly, J. Hanson (eds.), *Michel Henry: The Affects of Thought*, 2012, pp. 19–39.

成了它的本质,在黑夜中使本质活跃了起来,亨利指出这是不可见者特有的力量,是一种革命的力量、黑夜的力量。换句话说,正是不可见者在活动的过程中触动了本质,也正是不可见者的触动才使得可见者在光下得以显现。此外,不可见者的原初性也是在其革命性中被肯定的。诺瓦利斯将黑夜称为"真理之夜",黑夜揭示了世间的光在他们身上扰乱和消除的东西,也就是说,正是黑夜的存在才使在世之物成为奇妙的辉煌变得可能,"因为黑夜不仅仅是不可见之物的光,也不仅仅是使我们看到不可见之物本身的光,它是产生光的力量,它不仅仅是现象的原始发光的有效性,而是它的本质"①。由此可见,亨利正是在诺瓦利斯的意义上理解它,认为夜晚才是本质的实在性。并且,不可见者并没有调整那些在"光"②下的东西使其显现,而是作为更原初的现象性使得所有现象成为可能。根据现象学的原则,任何在这个世界上出现的东西都不能包含它的本质,也不能使它显现出来,因此,不可见者的本质在于使不可见的现象的本质得以显现。

为了使不可见者避免成为现象中的一种类型,从而保持它的纯粹性,亨利不在存在论的意义上去理解它,也不将它看作一个对象,而是使用了一个和它的本质一样隐秘的术语,即"生命"(life)。他认为,现实和生命的本质存在于看不见的东西中,我们无法在这个世界上找到它。与传统的抽象主体性相区别的一点就在于,它不仅是一种朝向自身的揭示方式,而且是一种彻底的、直接的,以感受的方式指向本体的主体性,也是他所称的"肉身"。也正是这种"如何"向我们表明了必须由它确定的对待方式。因此,在亨利看来,现象学必须讨论的无非是这种"如何",即我是以怎样的方式使自身显现的。而这种"如何"可以向我们揭示主体是如何意识到自己、体验自己、给予自己,即作为主体的自我经验。

三、"不可见者"的自行感发

不可见的生命必须通过肉身的触发才能显现,因为生命作为绝对内在的存在,无法直接在"自身之外"的世界显现,而肉身既是生命得以存在的场所,又身处于外在世界之中。亨利将肉身(La chair)放在第一位,并强调肉身所具有的感受性,这是在肉身作为一种自身印象(self-impressive)的物质的基础上来谈的。这种印象使自身可以产生痛苦和快乐等情感,且不需要外在的世界就可自给自足。亨利反对胡塞尔对

① Marion J. L., "The Invisible and the Phenomenon", in Michael R. Kelly, J. Hanson (eds.), *Michel Henry: The Affects of Thought*, 2012, pp. 19 - 39.

② 亨利称这个"光"是保留可见者的一切特权、维度和活动,它是显现的先验条件。

印象概念的阐释，在胡塞尔那里，印象不是意识的产物，是在时间之中自行发生的，在过去和未来两个极点中运行，并不存在一个活生生的现在。这在亨利看来是毁灭性的，他认为只有当下才是活生生地体验到的。同时，胡塞尔身体层面的意向性是一种不可避免的螺旋式的无限倒退，拉开距离等于取消了生命。在此意义上，亨利将印象性看作更原初的现象性，从印象的自身给予出发，即自行印象(auto-impression)，生命的实在性都存在于其中。正是基于生命的这样一种特性，活生生(living)的肉身将对外部世界呈现一种"无视"的状态。因为相对于外部世界，肉身的被触发首先是一种感受性的活动，一种感受性的自我感发。当然，这样一种活动我们自然也是可以从外部看到的，但是当我们采取从外部观看的形式时，我们的身体也因此被我们客体化，而作为客体的身体是不能采取这种感受性的方式的。

在《论灵魂的激情》中，笛卡尔谈到，这些激情只是通过与身体有关的善或恶被激发起来的，是我们身体的一种遭受。由此看来，笛卡尔只是在被动性的意义上将所有的感发统一定义为激情，他并没有从本体论的层面上定义它。换句话说，笛卡尔只是将被动性看作一种实在作用于另一种实在的状态，因此存在本身与现象学意义上的感发毫无关系。在笛卡尔的基础上，亨利将感发性看作一切实在性的基础，把感发性的存在理解为激情(passion)，即一种绝对激情的自我感受，它与生命直接相关。自行感发(auto-affectivity)作为生命显现学的核心概念，强调主体性自我显现的非对象化和被动性特征，将自我的本质等同于感发性的本质，通过将感发性解释为遭受，在遭受中找到其本质。

只有从感发性出发才能使事物以原本的方式显现自身，因为感发性在绝对被动的同一性中进行体验活动，它只能在与其内容的同一性中认识自身、超越自身。"从某种程度上来说，'自行感发'作为情感得以可能的基础，同时也构成了一切显现得以可能的基础。显现的根本的本质和感发性的本质一样，是启示的原初本质。"①由此可见，感发性作为现象性本身，是人的本质，也是显现的本质，所以和启示相等同的感发性，并不是作为现象性的对立面，而是现象性本身。"情感的实质是现象性本身，现象性的出现，它的原始出现，从一开始就拒绝虚无的东西，以这样一种方式展示自己的东西，那就是这个启示的东西，说它展示自己的东西，就是启示本身，它的有效性，它的闪耀是作为有效的存在的存在。"②正是作为显现的基础的感发性，才使得我们

① Michel Henry, *The Essence of Manifestation*, trans. Girard Etzkorn, The Hague, Netherlands: Martinus Nijhoff, 1973, p. 533.

② Michel Henry, *The Essence of Manifestation*, trans. Girard Etzkorn, The Hague, Netherlands: Martinus Nijhoff, 1973, p. 533.

和自身的显现成为可能。

亨利认为自我感发(self-affection)是纯粹内在的、自给自足的,并且与自己没有距离。在扎哈维看来,亨利跳脱出了胡塞尔和海德格尔的时间性概念,成为一个严格意义上的非横向和非"绽出"东西,即一种非时间性和宇宙内在性。亨利揭示出生命的本质,即自行感发。这一概念要与自我显现(self-appearance)相区别开,自我显现是从现象性的角度去谈生命自我显现的方式,自行感发是从生命现象学的角度去揭示生命的启示方式。[①] 正是在自行感发中,我们才能是其所是,成为与对象相对立的东西,体验自己,成为自己。感发在它的总体性中揭示其自身的绝对性,因为它是存在于其根本内在的绝对统一中的自我情感,任何生命都是可以感发的,它是一种内在体验,例如情感(feeling)、欲望(desire),都是作为一种自我体验存在于自身之中。

亨利将感发(affective)理解为纯粹的悲情,并且是一种和自我之间没有中介的纯粹的自我体验。自我感发作为体验的本质,在生活中使得生命通过对自己的体验产生自己并揭示自己,在其过程中必须有一个绝对的自身性(ipseity)的原则参与到体验活动中。因为在亨利看来,自身性作为体验活动中必不可少的因素,使得"绝对生命"可以体验自己、揭示自己,但个体的有限生命无法通过自身给予的方式使自己显现。因此一定有一个先验的生命存在,并且可以在自我启示过程中产生自己的能力。亨利称这种包含先验可能性的生命为"绝对生命"(Life),它作为一种绝对性存在,使得生命可以存在于世界各处,并使得个体的自行感发成为可能。绝对生命在自身之中提供自身,让各种根本性的情感得以显现,特别是痛苦和快乐的情感。在这两种情感都是作为自身性情感的前提下,痛苦是更原初的,因为痛苦作为进入自我的形式,承受自我的最原初的状态,这也是一种自我愉悦。由此可以看出,亨利在此预设了一个前提,即有一个绝对的先验存在,使得个体的自行感发能够实现。

亨利强调感发性的被动性。相对于绝对生命而言,个体有限生命的体验活动是被动的,因为它没有任何创造性的行为,所以是没有自由的,它受制于"绝对生命",也正因如此,我们才对生命具有敬畏之心,才能有持续的自身体验。需要强调的是,个体的自行感发虽然在此意义上具有一种被动性意味,但并不是指作为宾格的我(me),不是作为意识的对象的被动性,而是感发与感发者的同一。可以说,感发性是生命体验自身的特征之一,被动性就是感发性的思想本身,因为"每一种感觉本质上对自身来说都是被动的,在这种绝对被动中,对自身和其存在被交付给它自己,它被无可救药地交付给它自己,成为它所是。被无可救药地交付于自身,成为它所是,意

① 江海全:《自我·他者与上帝——亨利生命现象学研究》,武汉大学博士学位论文,2016年。

味着(它只能意味着)体验自身,服从于自己的存在"①。就感发性的概念而言,在动词意义上,其本身就是被动的,它总是包含一个"已经",即总是"已经给予它自己",这种"已经"使其相对于其本质来说,在其自行感发和被动性的统一体中成为更原初的存在。作为一种意识的目光,它指向过去、现在、未来,它在被动性中充实自身,并且它的感觉和内容是统一的。一方面,它作为一个自为存在,存在着体验超越实在的层面;另一方面,感受和它的内容也具有其无法摆脱的东西,即两者无法脱离其任何一方而独立存在。

感发性在感受的力量的作用下才能到达自我,感发性才是生命的本质。"感受(feeling)具有原始的力量,正是在这种力量的作用下,才能与自我结合并到达自我,它具有存在的能力。"②同时感觉由于服务于自身,也成为行动主体的意义。而感发性作为一种最纯粹的情感,它也可以像其揭示自身一样揭示存在本身。生命是一个不断发生、永不被解除的过程背后的终极可能性——在这个永恒的过程中,生命在它的话语中永远体验和爱它自己。生命正是在与原初无助的被动中与自身结合并体验自身,从而启示自身、到达自身。

遭受构成了感发性的本质。"感受与自我的同一性以这样一种方式将它与它的内容捆绑在一起,即它服从它,支持它,在任何联系都不在场的情况下,和它自身相联系的只有内在'遭受'(suffering),而这种'遭受'最终决定了它,构成了它的感发性的本质。"③这种"自我遭受"本身就存在于其感受本体论的被动性中。在亨利看来,遭受中感受的同一性,既是现象学效力的一个必要条件,也是实现超越的条件。正是在感受的内在性中,同一性的超越发生了,它是感受自身的体验对自身的超越。实现自身超越的力量来源于一种纯粹的情感因素,即"痛苦",它以自己的方式使自身得以显现,它绝对是它自身。我们通过痛苦本身了解到它的存在,并且这个过程并没有"自身之外"的世界的参与。"痛苦与痛苦本身之间不存在鸿沟。痛苦被自己牢牢钉住,被自己的重量压得粉碎,它不允许一个人与它建立任何距离。没有一条路可以让一个人从自己和对自己存在的压迫中解脱出来。没有能力把痛苦撇在一边,就不可能

① Michel Henry, *The Essence of Manifestation*, trans. Girard Etzkorn, The Hague, Netherlands: Martinus Nijhoff, 1973, p. 472.

② Michel Henry, *The Essence of Manifestation*, trans. Girard Etzkorn, The Hague, Netherlands: Martinus Nijhoff, 1973, p. 472.

③ Michel Henry, *The Essence of Manifestation*, trans. Girard Etzkorn, The Hague, Netherlands: Martinus Nijhoff, 1973, p. 472.

把目光投向痛苦。"[①]作为痛苦的承载者的生命才是最原初的现象性。痛苦作为生命的一种触发方式与自身之间并不存在间隙,它就是它自身,并在自身中体验自身。

痛苦是在其被动性中交付自己的。痛苦(pain)作为自我所感受到的痛苦是十分明晰的,但是痛苦作为"外在世界"对主体所造成的影响,由于它打破了与自我之间内容同一性的链条,本身表现出一种对于自我的无助(helpless),其作为情感的本质并构成其更基础的东西。这种否定性不能只被简单地理解为明晰性的对立面,或者说只是作为本质的外在的一种压抑。其之所以表现为压抑,是因为本质作为自我存在的根据,要想摆脱构成自己的原本的样子实现超越,必定会产生本体的反抗,这种反抗构成了自我的无助,它消解了感受的存在,剥夺了存在的本质,这一点给予它最初的自我被动。"它恰恰是一种把它的存在保持在一定距离之外的力量,至少是通过注视它来逃避它的力量,这种力量本身就是所有距离的力量。"[②]这种有距离的力量正是感觉存在的特征,它在存在之中躲避自己,逃离它所存在的压抑。与此同时,感觉和自我的关系也是在这样一种意义上被揭示,即"它是在所有的无助中,在遭受的被动中交给它的"。另外,无助在与自我联系中是对于同一性的打破,即作为实现超越的一个必要条件。痛苦相对于客观世界存在,作为一种内在状态和客观世界联系起来,并成为其秩序的一部分。正是这种由痛苦参与其中的秩序,包含了一种必然的超越性,因此定义了客观性。

痛苦就是感发性。在痛苦的内容显现之前,它是客观世界的对立面,但对痛苦的感受不能只从显现的层面理解,它不是作为隐藏的可见者,而是作为原初的存在的前提使内容得以在世界中显现。"痛苦的实在性就是它的显现。"痛苦作为先于存在的东西,是它的实在性使它成为有生命的东西,存在于生活的内部结构中。"它是这样一个事实:痛苦本身立即感觉到它自己,体验它自己,是它在痛苦的最初的被动中给予自己的,以及在它里面的情感的本质。痛苦的存在,它的现实,正是它发现它的本质的启示,不是在痛苦本身,而是在允许它成为它自己并实际构成它的现实的东西中。"[③]痛苦是最原初的,因为它是它自身,它定义自身,它与自身毫无距离,在启示中它只需要接受它自身。因此,基于感发性的启示,痛苦作为显现的内容,依靠自身的现象性使自身以及其他显现。也就是说,痛苦是通过自身的感觉(sense)使得自身

① Michel Henry, *The Essence of Manifestation*, trans. Girard Etzkorn, The Hague, Netherlands: Martinus Nijhoff, 1973, p. 472.

② Michel Henry, *The Essence of Manifestation*, trans. Girard Etzkorn, The Hague, Netherlands: Martinus Nijhoff, 1973, p. 474.

③ Michel Henry, *The Essence of Manifestation*, trans. Girard Etzkorn, The Hague, Netherlands: Martinus Nijhoff, 1973, p. 541.

显现。

作为不可见的生命，在感发性中完成启示。生命和感受的内在性正是感发性，生命通过内在性的感发在夜晚中体验自己，在晦暗不清中生长，在夜晚中向自身敞开，实现了它的本体论意义。感发性在启示中，在“如何”的本体论意义上找到自己的本质。亨利为了保持不可见者的纯粹现象的这种“如何”的模式，并不将其看作一种存在，而是充分展现了其内在性的特质，将其理解为“生命”。启示的现象学的在场决定了在场本身作为本质的感发，这表明，在其本质中发现的启示的内容就是感发性本身。因此，感发性作为最原初的启示，它决定自身的显现，它是它自己的内容，它作为自我启示完成和实现自己。在此意义上，这是一种“自我启示”，它限制并决定了自身所完成的启示。也正因如此，感发性意味着生命在其自动启示的内在性中，以一种无休止的自动作用留在自我之中。

四、结论

亨利通过对经典现象学的质疑，指出经典现象学所犯的错误，即陷入本体论的一元论，认为显现只在内在时间意识的绽开中出现，同时预设不可见者一定会向可见者过渡的前提。在此意义上，亨利试图恢复内在的生命这一要素，实现一个活生生的、不可见的生命现象学。外在的世界并不能通达人的自身，因此必须从内在的生命显现的角度出发，探讨“显现如何显现”的问题。由于亨利坚持认为，显现的本质并不能从外在世界的可见性中被揭示，因此是不可见的，绝对主体性必须定性为不可见的启示（invisible revelation）。也正因为这一点，他的激进性尤为明显。相对于超越性和意向性，亨利认为感发性是最原初的，因为生命的感发作为自我显现的特征，是对象显现得以实现的基础。亨利坚持保持显现的二元论，将“生命”看作第一现象，是更根本的存在，即在纯粹的内在性中定义自身。

亨利的显现二元论在现象学界备受争议，作为对胡塞尔思想的继承发展，有人怀疑亨利是否“与胡塞尔的现象学背道而驰”。丹·扎哈维（Dan Zahavi）认为，亨利站在了胡塞尔和海德格尔的对立面，即站在“被看见”的对立面思考显现问题，并不认为内在时间意识是主体性最原初的自我显现方式，因此，他指出，经典现象学忽视了真正的自我显现的层面。但是，扎哈维指出：首先，亨利通过纯粹的内在性的方式对身体的本质进行反思，这可能是一种错误；其次，我们所掌握的概念都源于我们与世间内和时间内客体的相互作用，所以，如果不从对象显现的视角出发，是否还能够对其进行描述；最后，他认为亨利的做法是不充分的，“因为抽象了自我意识，没有考虑自我超越的时间、意图、反思、心灵以及主体间经验的自我意识,这对于亨利厘清主体性的自我在场和自我超越之间的关系和相互依存关系造成了阻碍"①。也有学者认为,亨利的做法并没有打破"一元论",而是走向了另一种"一元论",即"唯我论"。并且,情感只是一个空乏的概念,因为失去自身它什么都不呈现。

在笔者看来,即便亨利认为内在性是更为原初的东西,他也并没有对意向性和超越性进行否定,他质疑的只是胡塞尔意向性的特权,即生命作为意向性成为可能的必要条件。他也并没有忽视他者和主体间性的问题,只是将内在性的地位提高,认为自我显现是对象显现的基础。同时,根据他"内在性为超越性奠基"的观点,他想要强调的是,想要对象显现必须先给出自身,因为如若不先给予自身,那么其他东西又如何显现呢?既然现象学的目的是使不可见显现,那么生命作为更原初的不可见者,又何尝不是一种更原初的现象性?此外,对于是否无法描述的问题,笔者认为,主体间经验确实来自对象显现的层面,但是只从对象的视角出发,其显现得足够彻底吗?若是引入到他者问题,即当每个人感受(feeling)都不同时是否存在"经验共相",这个问题可能需要借助解释学的帮助。至于亨利是否打破了"一元论"的问题,笔者认为,他解决了意识和存在的分裂问题,即认为意识是存在的异化,意识是存在本身,这打破了不可见者向可见者过渡的绝对性,提供了一种不同的显现方式。他所强调的这种内在性有主动性的一面也有被动性的一面,也就是说,这种内在的感发性既要以绝对生命的纯粹被动性为前提,同时它也是个体生命主动实现自身的必要条件。在此需要强调的是,亨利的感发性即便有主动的因部分,但其主动的部分也是在被动的前提下进行的。另外,他在打破经典现象学的假设的同时,也预设了一个前提:有一个先验的存在,即绝对生命。

"Seeing"Invisible Life—On Michel Henry's Invisible Life Phenomenology

Cui Yuandi

Abstract: Although there are individual differences within classical phenomenology, there is a common purpose, namely to analyze the conditions of possibility for manifestation. Michel Henry believes that viewing the world as the sole way for things to appear, based on the mode of intentionality and transcendence, is

① Dan Zahavi, "Michel Henry and the Phenomenology of the Invisible", *Continental Philosophy Review*, No. 3(1999), pp. 223 - 240.

not thorough. Therefore, Henry transforms the phenomenological question from "how do objects appear" to a more fundamental phenomenological "how", proposing the view of "manifestation dualism" and making self-manifestation the core of his life phenomenology. In other words, life becomes the most original and fundamental that transcends everything through self-perception within itself. To a certain extent, Henry overturned the concept of manifestation in phenomenology and redefined it ontologically.

Key words: phenomenology of life appearance immanence affectiveness

生境共同体概念探析

方秋明　闫　伟*

摘　要：为了应对日益严重的生态危机和生存风险，文章考察梳理了生境、环境和共同体等相关概念及其发展变化，提出生境共同体的概念，并指出它何以比其他相关概念更优越。生境共同体是生存、生活于其中的人与一切其他生命体及其环境的统一体，包括生态共同体和生活共同体，但后两个概念都不能独自囊括生境共同体的内涵。环境共同体容易给人造成只关注生态保护的误解，生命共同体反映了生境共同体的目标和原则，但只是突出共同体中主体的一面而忽视了空间地域的一面。生境共同体概念超越人与自然分离的二元论，本身就包含了生命关怀的原则，而且在语义上优于其他概念，因此生境共同体在应对生态和生存危机方面具有更大的概念优势。

关键词：生境共同体　生态共同体　生活共同体　环境共同体　生命共同体

乌尔里希·贝克(Ulrich Beck)等人提出今天的时代已经进入风险社会，“处于中心的是现代化的风险和后果，这反映在动植物和人类生命所遭受的那些不可逆转的威胁上”[①]。加拿大宇宙学哲学家约翰·莱斯利(John Leslie)把人类生存面临的危险分为已经公认的危险、通常未被认可的危险和来自哲学的危险。[②] 面对挥之不去的

* 方秋明，苏州科技大学哲学研究生教研部教授，主要从事西方哲学和伦理学研究。闫伟，保山学院教学质量监控与评估中心副教授，主要从事西方哲学研究。

① 乌尔里希·贝克：《风险社会：新的现代性之路》，张文杰、何博闻译，译林出版社，2018 年，第 7 页。

② 参见约翰·莱斯利：《世界的尽头》，刘魁译，江苏人民出版社，2001 年，第 15—25 页。

环境污染、全球变暖、信仰与文化撕裂、精神家园失落等各方面的危机，以及全球化浪潮、人工智能、基因工程等新事物或高科技的潜在风险，简言之，针对日益严重的生态危机和生存风险，我们提出生境共同体的主张，对其概念的来源和内涵进行探讨，并探索下列问题：为什么我们不沿用已有的环境共同体等概念，却提出"生境共同体"这一新概念？它何以优越于环境共同体、生命共同体、生态共同体等相关概念？本文试图对这些方面做一个初步的探讨，抛砖引玉，以期推进对生态危机、人类生存等风险问题的思考和研究。

一、生境与环境

生境共同体由生境和共同体组合而成，因此我们首先要了解这些相关概念。

罗尔斯顿（Holmes Rolston Ⅲ）认为生境（habitat）是具备一些特定的条件，从而适合于某一生命物种的自然环境。① 唐代兴指出，生境是生命与生命、生命与自然以其共生与互生方式而汇聚所形成的既有利于自己生存又有利于其他生命生存的自然生命环境。②《牛津词典》《柯林斯英汉双解大词典》等词典也把生境界定为动植物生存与生长的地方或者自然环境，《新牛津英汉双解大词典》还把生境的主体扩展到有机体。由此可知，人们一般把生境理解为一切生命体生存生活的自然环境。不过，《韦氏大学英语词典》还提供了另外两种含义：一是指一个人或一群人惯常的居住地；二是指用于人们在恶劣条件下其自然环境得以控制的住处。可见该词典也表明生境不仅是一个生物学概念，还是一个社会概念，因为居住地一般指社会环境。

埃哈德把道德风俗（ethos）与生境结合起来，提出道德生境（moral habitat）的观念，认为人类道德不仅产生于其所处的人类共同体的风俗习惯，也与其非人类生境有关，生境是人类与非人类生物甚至整个自然共有的环境。"对人类来说，生境必须是自然-文化的。"他强调，文化并非高居于或者分离于生物共同体，而是创生并持存于其中，这种生境包括价值观、意义、目的、期望、义务和合法性的精细网络（subtle web）。③ 可见埃哈德认为生境既适用于自然性的非人类生命体乃至整个大自然，也适用于社会性的人类，而人类的生境显然也具有文化和社会的成分。

综上所述，我们把生境界定为人与动植物乃至所有有机体共同生活的环境，它包

① 霍尔姆斯·罗尔斯顿：《哲学走向荒野》，刘耳等译，吉林人民出版社，2000年，第23页。

② 唐代兴：《发展与协调：平等视域中的生境伦理构建（上）》，《湖南科技学院学报》2009年第1期。

③ Nancie Erhard, *Moral Habitat: Ethos and Agency for the Sake of Earth*, Albany: State University of New York Press, 2007, p. 2.

括生态的自然环境和生活的社会环境两个层面。可见生境就是有生命存在于其中的环境，因此有必要简单地了解一下环境的概念。综观国内外有关环境的著作，[①]我们发现环境与生境的含义基本上是等同的，是指主体生活于其中的空间以及具有关联的周围事物。这里的主体一般是人，但也可以是任何有机体；可以是个别的主体，也可以是作为整体的主体。周围事物可以是人或其他任何有机体，也可以是无机物，还可以是事件。人们通常把环境分为自然环境、人造环境（built environment，也译为建筑环境）和社会环境。自然环境是指气候、地理、资源等自然方面的环境，又分纯粹自然环境和人化自然环境，比如热带雨林和城市行道树。社会环境是指人类所创造的物质与文化环境，包括人类生活于其中的城乡社区、治理体系、设备设施、文化习俗等社会方面的环境，比如城市街区、村庄等，还包括人类所拥有的共同生活留下的记忆和精神感受的心理环境。我们把人工环境也纳入社会环境，因为这是人类社会活动的场所。自然环境与生态密切相连，社会环境与生活更加息息相关，因此，我们把生境分为生态的自然环境和生活的社会环境。

二、共同体与生境共同体

（一）共同体概述

根据陈美萍的研究，对共同体可以有社会学和政治哲学的研究视角：前者经历了滕尼斯的古典定义、芝加哥学派的社区研究，以及当代美国的社会网络与社会资本的变迁；后者是在社群主义与自由主义的论争中产生的。[②] 对此我们不再赘述，不过我们认为，除此之外，研究共同体还可以有伦理学特别是生态伦理学的视角，一些生态伦理学家把共同体扩展到人类之外的其他生物甚至整个大自然，我们把这种共同体称为生态共同体，并将在后文阐述。

综合一直发展变化的共同体概念，我们认为，共同体一般是指人的共同体，是为了善和权利的目的形成的具有共同成员感、归属感的人群的集合体以及他们赖以生

---

① 参见 P. H. Collin, *Dictionary of Environment and Ecology*, London: Bloomsbury Publishing Plc, 2004. Riley E. Dunlap, William Michelson, *Handbook of Environmental Sociology*, London: Greenwood Press, 2002. Lyla Hernandez, Dan Blazer (eds.), *Genes, Behavior, and the Social Environment*, Washington, D. C.: The National Academies Press, 2006. Charles Zastrow, Karen Kirst-Ashman, *Understanding Human Behavior and the Social Environment*, Boston: Cengage Learning, 2016. Katherine Wormer, Fred Besthorn, *Human Behavior and the Social Environment*, New York: Oxford University Press, 2017. 方如康主编：《环境学词典》，科学出版社，2003 年。

② 陈美萍：《共同体（Community）：一个社会学话语的演变》，《南通大学学报（社会科学版）》2009 年第 1 期。

存、互动的地域空间。当代社会，网络日益普及和发达，地球成为地球村，全球各地的人们可以快捷地通过网络聚集在一起，形成一个个虚拟的网上社区。他们出于各种目的相互交流、交换资源，因此共同体还指集聚在网络的人群及其网络空间。但在一个生境中，相互依赖和关联的不仅仅是人，还有不计其数的其他生物，它们也都是地球生物圈的成员，我们将看到，利奥波德（Aldo Leopold）和阿恩·纳斯（Arne Naess）等人笔下的共同体也包括动植物甚至整个大自然。因此，我们把一个生境中的一切生命体都视为共同体中的成员，最终把共同体界定为具有共同成员感和归属感的人群集合体、达成共生平衡的一切其他生命体，以及他们赖以生存、互动的地域或网络空间。

（二）生境共同体概述

1. 生境共同体概念的产生

传统的共同体是较小的空间地域和小规模的人群集合体，后来共同体的空间和人群越来越大，大到国家和国际社会。当代生态哲学家进一步扩展了共同体的内涵和外延，把一切生命体与其环境的统一体都视为共同体，最高级别的共同体就是大地共同体或者地球共同体，也就是他们眼里的生态共同体。我们知道，生境像空间一样，既是整体概念，也是特殊概念。因此，我们在整体上把地球视为一个大生境，在局部上把任何一个地域都视为次一级的生境，当我们把生境这个客体和其中的生命主体视为一个统一体时，它们就构成了一个生境共同体。在此，我们把传统的人类共同体和生态哲学中的共同体的内涵融合在一起，选取共同体最广义的内涵，即既有人类生活共同体的意蕴，又超越这个狭隘的视野，把人类生命置于地球生物圈之中，使之和非人类生命乃至整个大自然一起构成生态共同体，把这两种共同体一起纳入生境共同体，使后者作为生活共同体与生态共同体的统一体和母系统。正是基于生境本身的性质和共同体概念的变迁，基于对生境、环境、共同体及其关系的理解，我们提出了这种具有宏观和微观等各种规模的“生境共同体”概念。

因此，我们把生境共同体界定为生存生活于其中的人与一切其他生命体及其环境的统一体。这个定义不仅强调了人与一切生命体的有机共融、生命体与其环境的有机统一，还强调共同体既是人与其他生命体的组合，又是一种区域及其一切存在物，是主客观意义的统一体。生境共同体的内涵就在于“生”和“境”：生，是人类和非人类的一切生命体；境，是一切生命体赖以生存和生活的自然与社会环境。虽然生境共同体是生命与环境的统一体，但其重点还是在于生命，而生命的重点又在于人类生命。所以当我们谈及生境共同体时，我们总是指以人为主的，兼含其他生命体的生命与环境的整体、统一体。

2. 生境共同体的概念特征和理论基础[①]

我们说生境共同体是主客观意义的统一体，因为根据我们的界定，首先，它是客观存在的。无论人类还是其他生命体，都必然处于特定的生境之中，那么无论是全世界的全部生命还是各个区域的群体生命，他们都必然以各种方式彼此之间结成统一体，同时也和生境结成统一体，而这样的统一体就是生境共同体，因此它是一种客观实在。其次，生境共同体的主体是各种生命体，这意味着其内部又充满了各种主观意识或者主体性，因此这样的共同体又是主观的。同时，人类面对各种生境共同体的时候，还可以发挥自己的主观能动性，把它建设得或好或糟。当然，从共同体的目的来说，它应该朝着善和权利进发；从主观营造的角度来说，人类首先应该遵循尊重生命的原则。我们可以借鉴汉斯·约纳斯的生命哲学，将其作为这个原则的基础。

约纳斯论证了一切生命体都追求生命，都以自身生命为目的，这种目的是一种自身目的，生命这个目的对象对于生命体来说就具有了客观的、不可剥夺的价值。这种价值是一种绝对的内在价值，就是说它在任何时候都存在，不会随着外物而转移。[②] 在约纳斯看来，这种客观的内在价值不独为人类所有，也为其他生命体所具有，它们借此向人类无声地发出了"应该"的呼唤，要求人类保护它们，当人类意识到它们也具有客观内在的价值时，就认识到或者承认它们也拥有生命的权利。约纳斯还指出，由于人类使整个大自然的存在面临危险，也由于只有人类才具有责任能力，因此人类必须担负起维持子孙后代和大自然的存在的责任。[③] 这个存在，在一切生命体这里就是生存，就是生命。当然，约纳斯认为生命价值是有差等的，人是自然目的性的最高体现，因此在所有生命中具有最高价值，这就消除了倾向认为所有生命一律平等的非人类中心主义的困境。

基于上述理由，生境共同体可以由事实性概念转向规范性概念。它突出强调人类和一切其他生命体乃至整个大自然是一个有机整体，当人类承认这样一种共同体时，他首先就要承认全人类所有的生命都是无价的，是一体同悲的，是平等的，那么他就会把热爱和保护生命放在第一位。他还要认识到，其他动植物的生命也有其自身的价值，它们的求生本能和行为值得尊重和保护。人类跟动植物是相依相靠的，对动植物生命的严重戕害，不仅违背了生命哲学中生命因具有无价的内在价值而应受到

---

① 由于本文主要探讨生境共同体概念的来源和内涵，继而分析它何以比其他相关概念更优越，因此有关原则、理论基础等问题不做详述，它们还关涉生境共同体的本体论和价值论等问题，需另文论述。

② Hans Jonas, *The Phenomenon of Life*, Evanston: Northwestern University Press, 2001, Essay 3,4,6.

③ Hans Jonas, *The Imperative of Responsibility: In Search of an Ethics for the Technological Age*, Chicago: University of Chicago Press, 1985, Chapter4.

尊重和保护的原则，也破坏了自然界的生态平衡，最终会招致对人类自身的惩罚。[①] 人类甚至要把整个大自然都看作一个有机的生命整体，因为根据约纳斯的哲学，自然本身就是一个有目的、有内在价值的存在，从而它自身就有无上的尊严，人类不过是它在世界的最高结晶，它通过人来表达自己的目的，人类都是自然母亲怀抱里的孩子。因此，从最宏观的角度来看，生境共同体就是人类、一切其他生命体和大自然的有机统一体。由此可见，生境共同体的规范性概念本身就蕴含着生命关怀的原则要求，因而有利于保护生态环境和生命存在，这是它优越于其他相关概念的最根本原因。在下文中，我们将从语义角度分析这个概念在应对生态与生存危机方面的优势。

（三）生境共同体的内容

1. 概述

国内学者倾向于把侧重于保护自然环境的共同体称为生态共同体，把侧重于改善社会环境、提高生活质量的共同体称为生活共同体。这是一种很自然的划分，因为生境包括自然环境和社会环境，前者总是指向包括人类在内的所有生命体的生态领域，后者总是指向人类的生活世界，因此建构这两种共同体有助于分别改善生态环境和生活质量，但这也造成了一种理论和实践困境。因为人与自然不是截然对立的，人类本就来自并且依赖自然，自然环境和社会环境、生态和生活共同体本来就是融合在一起的，孤立地建设一种共同体往往难以起到更好的效果。因此，生境共同体在共同体的功能上包括生态共同体和生活共同体两个方面，但在整体上，地球被视为一个大生境，即一个整全的生境共同体；在局部上，任何一个区域中生命体与环境的统一体都被视为局部性的生境共同体。生境共同体是一个母系统，生态共同体和生活共同体则是其子系统。这样的界定有利于人们自觉地克服人与自然、生态共同体与生活共同体之间的二元对立。

尽管我们希望生境共同体超越生态共同体和生活共同体的两分，但仍认为后两者是前者的功能性的内容，这一观点源于我们对生境和共同体含义的考察。生境包括自然环境和社会环境，共同体是人类和非人类生命体及其赖以生存、互动的地域或网络空间，其主体是一切生命体，客体的地域或网络空间其实就是自然环境和社会环

① 也许有人会批评该观点具有虚伪性，因为人类每天都会“戕害”动植物，如果不戕害，人类自身也会无法生存。其实我们并不反对为了生存而不得不利用动植物。拜尔茨也对此做出过尖锐的批评，有关回应，参见方秋明：《“为天地立心，为万世开太平”：汉斯·约纳斯责任伦理学研究》，光明日报出版社，2009年，第152—154页。

境。从下文可知，当主体和自然环境结合在一起时，就形成了生态共同体；当主体和社会环境结合在一起时，就形成了人类生活共同体。按理说，如果把地球及其部分作为整体或部分的生态系统，而人类也处于这个生物圈，因此生活共同体也应该被包含在生态共同体之中。但如前所述，人类是生境共同体中最为重要、最为独特的成员，有着与其他生命体截然不同的社会环境。因此，我们将人类的生活共同体单独列出，和生态共同体构成生境共同体的两大子系统。

2. 生态共同体

生态共同体的英文是 ecological communities，community 还有一个意思是“群落”，因此在这里是指生态群落，类似的概念还有生物群落（biotic community, biological communities）。厄比尔（Lawrence Abele）等学者指出，生态群落是生活得足够近以至于有可能相互作用的种群。[①] 可见国外的生态共同体是一个生物学和生态学概念，主要指人之外的各种生物的群集。[②] 但如前所述，一些伦理学家的观点超越了这个界限。

利奥波德指出，他的大地伦理旨在扩展共同体，使之包括土壤、水、动植物或者总体地说就是大地。[③] 纳斯的深生态学提出，人类作为自然进化出的最高级生物，具有理性意识，理当促成自身和整个生态系统的自我实现，要由小我实现（self-realisation）走向大我实现（Self-realisation），也就是要把个体的自我变成整个生态圈的自我。[④] 纳斯把自然视为大我，把每个个体的人视为小我，显然他把整个大自然作为一个统一体。这个统一体其实就是一个生态共同体，作为人类的个体像其他生物一样，是这个共同体中的一员。罗尔斯顿在考察利奥波德的大地共同体和生物共同体时，比较了有机体和他们的自然环境，指出有机体的生存过程是适应环境的过程，他们一起构成了一个生态系统。他说：“我们之所以把共同体当作一个与有机体不同的系统层面来理解，就是为了要把这些较松散但并非无价值或无繁殖功能的联系纳入共同体中。”[⑤]罗尔斯顿在其经典著作《环境伦理学》中三次使用了生态共同体概念，虽然没有给出明确的定义，但从这里可以看出，它其实就是他在此所阐释的利奥

① Donald Strong et al. (eds.), *Ecological Communities: Conceptual Issues and the Evidence*, Princeton: Princeton University Press, 1984, vii.

② Mark Vellend, *The Theory of Ecological Communities*, Princeton: Princeton University Press, 2016, p. 10.

③ Aldo Leopold, *A Sand County Almanac*, New York and Oxford: Oxford University Press, 1987, p. 204.

④ Arne Naess, *Ecology, Community and Lifestyle: Outline of an Ecosophy*, Cambridge: Cambridge University Press, 1989, p. 24.

⑤ 霍尔姆斯·罗尔斯顿：《环境伦理学：大自然的价值以及人对大自然的义务》，杨通进译，中国社会科学出版社，2000 年，第 223 页。

波德的生物共同体,或者说就是生态系统。

国内学者也提及了生态共同体概念,但是大多数未对其内涵进行界定。剔除一些类比用法后,我们发现,他们在这个概念中引入了人的因素,将其视为人与其他生物以及环境的统一体。[①] 还有的学者认为,生态共同体是指一定地域或区划内的主体(多为政府主体)为了保护该地域的生态环境而共同行动并结成的生态保护联合体。[②] 考察他们的论著可以发现,他们主要站在人类中心主义的立场上。

综观国内外的观点,我们可以把人也视为所有物种中的一个成员,那么就可以把生态共同体理解为包括人在内的一切生命体与自然环境的统一体。

3. 生活共同体

国外学界很少讨论生活共同体,他们所用的 living communities 往往指的是生活社区、居住区、居民区,有的学者使用 community of life,它有时候是指生命共同体,有时候又指生活共同体。马丁·路德(Martin Luther)说教堂会众不仅是信仰共同体,而且是完美的生活共同体。[③] 克里斯托斯认为团契或群聚(society)产生了个人关系,个人关系形成了生活共同体。[④] 国内则有不少学者使用生活共同体这个概念,他们的共同点是强调共同体成员长期生活在同一个地域,具有较强的凝聚力和共同成员感。可见,生活和凝聚力是两个关键词。[⑤]

综上可知,国内外对生活共同体的界定还局限于传统小规模共同体的内涵,但根据前述对共同体概念变迁的介绍和生境共同体的定义及其特征,笔者认为,生活共同体就是人类与社会环境的统一体。由于人类的一切活动从根本上说几乎都是相互联系的,离不开共同体,因此这里的生活是广义的,包括人类一切生存实践和娱乐活动。在宏观和中观层面的国家与地方等生境中,生活共同体涉及政治、经济、文化、社会等方方面面的活动,微观的村镇、小区和家庭等共同体则是人们直接获得归属感的处所。从功能上看,生活共同体又可分为政治共同体、经济共同体、文化共同体等。

一旦生态与生活共同体遵循生命至上的原则,在制度设计、生态保护、文化传承

---

① 参见李莎、刘方荣:《生态共同体的生成逻辑与构建路径研究》,《河南理工大学学报(社会科学版)》2020年第4期;张钰:《生态共同体视域下河西走廊生态治理研究》,陕西师范大学博士学位论文,2018年;彭文英:《区域生态共同体及跨区域生态共建共享探析》,《贵州省党校学报》2019年第5期。

② 参见周冯琦、尚勇敏:《上海对接推进长江经济带生态共同体建设研究》,《社会科学》2018年第9期。

③ William Nelson, "Pauline Anthropology: Its Relation to Christ and His Church", https://journals.sagepub.com/doi/abs/10.1177/002096436001400102.

④ Yannaras Christos, "The Historical and Social Dimensions of the Church's Ethos", in *The Freedom of Morality*, trans. Elizabeth Briere, Crestwood, NY: St. Vladimir's Seminary Press, 1984, p. 203.

⑤ 参见黄剑:《共享:一种关于生活共同体形成机制的分析路径》,《江西师范大学学报(哲学社会科学版)》2018年第2期;牟宏峰:《论日常生活共同体及其界域划分》,《浙江社会科学》2010年第6期;胥永强:《论作为"生活共同体"的村庄》,《贵州民族大学学报(哲学社会科学版)》2015年第3期。

和创新、应急管理等方面就能未雨绸缪、有效预警，在灾害降临时也容易将其影响降到最低。

三、为什么是生境共同体？

既然生境就是环境，那么我们为什么不沿用已有的环境共同体等概念，而造出“生境共同体”这一新概念呢？其实前文已经暗示了一些答案，简言之，我们是从语义学和实质内容等方面考虑选择生境共同体概念的，使用这个概念可以更直接地表达缓解生态和生存危机的目的。在此，我们选取几个相关概念进一步予以比较说明。

（一）环境共同体

对于环境共同体概念，国外基本上没有这个说法，国内有一些学者有专文论述，不过阐释其内涵的也很少，我们仅发现两篇论文对此做了深入探讨。

李静和毛仲荣指出，环境共同体是一个客观存在的与环境有关的当代人的共同体，它是自然形成的，具有客观性、群体性、共同性、稳定性、封闭性和脱域性等特点，是一种责任共同体而非利益共同体。人类的各项政治、经济、文化活动必须服从这个共同体。这个定义的目的是环境保护，其内涵实际上相当于生态共同体。正如作者所说：“在环境保护和环境立法中，我们必须考虑到环境共同体的存在。”[①]

唐代兴的定义相当深刻，然而不够严谨，这体现在内涵与特性之间的矛盾，也就是说其特性描述超出了内涵界定的内容。他认为环境共同体是指为生活化的社区和生存论的社会提供必须的“生”的土壤和“生生不息”的整体条件的存在世界。[②] 这说明，他把环境共同体视为一种为社区和社会提供生长条件的空间性的世界[③]，但在接下来的特性方面，他又说环境共同体是生命与自然、人与自然、人与生命、人与人的共同体，这样他就又强调了环境共同体的主体性，也就是说它的主体是自然、生命和人。另外，他一开始指出环境共同体是为人类提供条件的共同体，之后又指出它是人向环境负责的共同体，那么这个内涵界定又与李静等人的界定是一致的。也即他的阐释同时包含了生态共同体和生活共同体的意蕴，也含有主体和环境相统一的意味。

唐代兴相对模糊的定义与我们的界定接近，生境共同体要表达的正是这样的双重意蕴。我们认为唐先生未能清楚表述的原因可能与“环境共同体”这个名称有关，

---

① 李静、毛仲荣：《共同体与环境共同体》，《郑州大学学报（哲学社会科学版）》2012 年第 1 期。

② 唐代兴：《从认知到重构的环境共同体之思》，《广东社会科学》2019 年第 6 期。

③ 世界当然包括各种主体，但就这个概念本身来说，它是一个空间性的概念。

因为环境也可以指无机物的周边事物。在汉语中，从字面意思看，它不能直接显示出与生命的关系，主要表达的也只是保护自然环境这一个意思，正如李静等人的表述。而如果用“生境共同体”，就能从字面上看出它是生命与环境的统一体，它既关注生态的自然环境，也关注人类生活的社会环境。因此，我们为避免环境共同体给人造成只关注生态保护的误解，而选择生境共同体一词，目的是既关注人类立场的环境保护，也关注非人类的生命体乃至整个大自然的生命关怀，还关注人类的生活世界，最终应对生态与生存危机[①]。

（二）生态共同体与生活共同体

如前所述，生境共同体概念需要囊括生态共同体和生活共同体两个方面，也就是既关注生态领域，也关注人类的生活世界，而后两者中的任一概念都不能完整地达成这个目的。现在我们要进一步解释两者之间的关系以及它们与生境共同体的关系。

我们本来可以单独使用生态共同体和生活共同体，现在为什么把它们纳入生境共同体之中呢？这首先是因为生态危机和生存风险以及生活质量之间是密切联系在一起的，两者相互影响。改善其中一个方面，必然有利于另一方面；反之，会造成恶性循环。因此，这是一个系统工程。我们知道，生态与生活这两个共同体也是相互影响的，只有处于生境共同体这一大的系统之中，以生境共同体的视野予以营造、协同共进，才能使彼此都有良性的健康发展。一方面，只有营造美丽平衡的生态共同体，我们的生活共同体才会有安身之所，人类才能“诗意地栖居着”。可以说，生态共同体是人类终极的精神家园，没有整个地球及其中的大大小小的良好的生态共同体，就没有人类具有优良品质的生活共同体。另一方面，生态共同体的建设又需要生活共同体参与其中。要改善生态共同体，根本的要求是人的参与，而人们的生活质量、认知水平、心灵境界都会影响生态共同体建设，而这些都是生活共同体的目标，也就是说，生活共同体负有提升人类各方面素养的使命或目标，或者说这是生活共同体本来就有的内容。当人类处于战争、对资源的残酷掠夺、宗教冲突等各种难以解决的困境之中时，安全、经济增长是人们的第一要务，眼前利益是人们的直接追求，人类怎么可能去建设看似可有可无的生态共同体？更遑论关照其他生命体、遥远的子孙后代和整个大自然！

纵观已有的研究，关注环境保护的共同体理论多为生态共同体思想，但国外的生态共同体主要是生物学和生态学概念，伦理学概念则主要是非人类中心主义的，容易

---

① 注意，这个危机已经不再只是人类立场的，也是非人类立场的。

走向极端的环保主义，难以为人接受；国内的生态共同体观点更多站在人类中心主义的立场，立论还不够深刻，因此对生态保护实践的指导还不够彻底，对人类生活质量的提高也有限。同样，关注人类生活质量或生存风险的共同体理论，由于总是关注生活世界和社会环境，因而较少考虑到它与生态共同体也是密不可分的。人类生活只有在生态共同体的大背景下，在整个生态环境得到持续保护的前提下，在与其他生命体和谐共融的前提下，才能得到更好的改善。

我们认为，这种矛盾的根源在于人与自然分离的二元论。为此，我们提出生境共同体的理念，试图超越人类与非人类中心主义的立场，兼顾人类的生活处境和全部生命的生存环境，打通人与自然、生态共同体与生活共同体的两分，使之成为一个统一的整体。只有拥有生境共同体的系统视野，才能从整体上理顺生态共同体与生活共同体之间的关系，使两者相辅相成、和谐共进，实现生境共同体的终极目标。

（三）生命共同体

有人可能会问，既然生境共同体以尊重生命为基本原则，为什么不直接以生命共同体命名？

这是因为笔者考察诸多学者的观点之后，发现他们所说的生命共同体概念要么相当于生态共同体，要么只注意到生命而忽视了环境。国内在哲学领域最早对此进行探讨的可能是佘正荣，他在2006年就指出："生命共同体＝人类共同体＋生物共同体，地球上所有的人类成员和非人类生命组成了整个地球生命的大家庭。"[①]而保罗·泰勒在1980年代就提出了这个概念，他把地球视为一个生命共同体，人类和所有其他生物都是其中的平等成员。[②] 休斯认为，人类和其他生命共同体参与地球生物圈共同进化的过程，人类社会存在于并且依赖于生物共同体是不争的事实，因此他把人类和所有其他生物都视为一个宏观的生命共同体。[③] 我们发现，就这个概念本身来说，佘正荣和休斯等国内外学者突出了生命，却没有凸显环境，泰勒等人的概念其实与生态共同体概念是一致的。

通过以上介绍，我们可以看出，生命共同体与生态共同体和生活共同体一样，也不能囊括生境共同体的概念，这个概念强调的主要是各种生命体。有的学者虽然提到了生命和环境的融合，但是用生命共同体去同时指称非生命的自然环境，从字面上

① 佘正荣：《生命共同体：生态伦理学的基础范畴》，《南京林业大学学报（人文社会科学版）》2006年第1期。

② Paul W. Taylor, *Respect for Nature: A Theory of Environmental Ethics*, Princeton: Princeton University Press, 2011, pp. 101–102.

③ Donald Hughes, *An Environmental History of the World Humankinds Changing Role in the Community of Life*, London and New York: Routledge, 2001, pp. 5–6.

不能看出共同体中的环境要素,显得有些牵强附会,而生境共同体就兼顾了这两种内涵。不过生命共同体有一个突出优点,就是这个概念本身就蕴含了生命原则,或者说对生命的尊重与关怀。无论生境共同体还是其中的生态共同体和生活共同体,其核心都是生命共同体,共同体的存在首先是为了生命,因而,生命共同体鲜明地反映了生境共同体的目标和原则。因为它仅仅突出共同体中主体的一面而忽视了空间地域的一面,因此,我们仍然选择生境共同体这个概念。

事实上,生境共同体及其中的生态共同体和生活共同体都有一个"生",这个生就是生命,这意味着我们所提出的共同体弘扬生命原则,要求共同体的建设以生命关怀为旨归。虽然在大灾难降临时,我们最能切实地感受到我们是休戚与共的生命共同体,但平时我们也应把生态和生活的共同体视为生命共同体,因为这两种共同体背后的深沉背景就是生命,它们的存在一刻也离不开生命,它们良好有序的运行就是热爱和保护生命,而它们的某一个或若干环节如果崩坏,就会导致生命受损甚至消逝。由此看来,生境共同体这个概念本身就内蕴着生命原则,又超越了生命共同体的局限性。

四、结语

通过以上的探析和比较,我们大致能理解生境共同体相较于其他概念的优越性。生境共同体是生存生活于其中的人与一切其他生命体及其环境的统一体,包括生态共同体和生活共同体,但后两个概念都不能囊括生境共同体的内涵。环境共同体容易给人造成只关注生态保护的误解,生命共同体反映了生境共同体的目标和原则,但只突出了共同体中主体的一面而忽视了空间地域的一面。更重要的是,生境共同体的构想能够消弭人与自然、人与其他生命体、人类中心主义与非人类中心主义、生活共同体与生态共同体相分离的二元论,更好地实现人类幸福和地球生态圈的美丽与完整。因为生境共同体是人与一切其他生命体的有机共融,是生命体与其环境的有机统一,有了生境共同体的理念,我们就能把分离的双方融合起来,从而更有效地避免各种危机和风险,提高人类乃至其他生命体的生活质量。因此,生境共同体概念具有更大的优势。

总之,生境共同体概念强调人类要有这样的意识:大到全世界,小到家庭,都是一个个休戚与共的整体。在这些整体中,人与人、人与其他生命体、人与周围环境都是共生的,当人不合理地毁坏其中一个方面时,人本身的生命也将不再完整。因此,人不仅应该爱自己，还要爱他人、爱其他生命体[①]，爱自己所生存生活的周围环境。生境共同体遵循生命关怀的原则，决不允许无故伤害任何一个生命，反之要千方百计地保护和拯救共同体中的所有生命。对于其中成员的困难乃至苦难，其他成员要予以充分的同情和帮助。整个共同体应该成为一个和谐有序、共生共荣的共同体，在生命至上、人道主义、和谐共生的前提下，成员之间可以本着平等互惠的原则进行互动。当人类以此观点看世界，建设这样的共同体，就可望更有效地避免生态灾难、生存风险，提高生活质量。

Exploration of the Concept of Habitat Community

Fang Qiuming　Yan Wei

Abstract: In order to cope with the increasingly serious ecological crisis and living risks, this paper reviews the related concepts of habitat, environment and community and their development and changes, puts forward the concept of habitat community, points out why it's better than some other relevant concepts. Habitat community is the unity of people, all other living bodies living in it and their environment, including ecological community and living community. However, the latter two concepts cannot include the all-sided connotation of habitat community. It is easy for people to misunderstand that the environmental community only focuses on ecological protection. The life community reflects the goals and principles of the habitat community, but only highlights the subject in a community while ignoring the spatial and geographical aspect. The concept of the habitat community transcends the dualism of the separation of man and nature, contains in itself the principle of caring for life and is semantically superior to other concepts, so the habitat community has greater conceptual advantages in the face of the ecological crisis and survival risks.

Key words: habitat community　ecological community　living community　environmental community　life community

① 如前所述，人类与非人类的价值是有差等的，因此爱也有差等。当某个生命体危及人类生命时，根据价值差异原则，显然首先应该保护人类。

《生命哲学研究》稿约

《生命哲学研究》是由四川大学生命哲学研究中心主办的综合性学术辑刊(每半年一辑),本刊坚持马克思主义指导原则,以兼容并蓄世界各哲学传统的生命哲学专题研究、发掘中国传统相关思想资源为特色,推动当代生命哲学发展,促进多元学科交叉。以传承优秀文化、激发前沿论战、启迪创新思维、提高健康水平、服务现代生活为宗旨,注重学术性、科学性、知识性与社会关怀相统一,力求治学的严谨性与求真的超越性的结合。

本刊主要内容包括但不限于特稿、专题研究、前沿新论、传统文化研究、文献刊布及书讯、探索争鸣、研究生论坛、学术动态等。

本刊海内外公开发行,凡是有关生命哲学及相关学科交叉的研究成果,均欢迎赐稿。本刊所刊发之文稿均为作者之研究成果,文责自负,不代表编辑部观点;同时,凡有剽窃或抄袭他人作品之情形,由该文稿作者承担相应的一切法律责任。

凡所投本刊的文稿,恕不退还。本刊对来稿拥有修改、删节等相应权利,如果投稿者不同意,请在投稿时予以说明告知。基于传播和推广学术思想之考虑,本刊对所刊发的文稿,拥有择优转发、推送等权利,如果著作权人不同意,请在投稿时予以说明告知,如未说明,视为同意。

为适应我国信息化建设,扩大本刊及作者知识信息交流渠道,本刊已被《中国学术期刊网络出版总库》及CNKI系列数据库收录,其作者文章著作权使用费与本刊稿酬一次性给付。免费提供作者文章引用统计分析资料。如作者不同意文章被收录,请在来稿时向本刊声明，本刊将做适当处理。

来稿请以 Word 电子文档形式发送至我刊电子邮箱，并附上作者的联系地址、邮编、电话、电子信箱等信息。同时告知否允许进行修改、推送等，以方便编辑部与您联系相关事宜。

格式体例：

一、来稿应包括论文题目（中英文）、内容提要（中英文，200 字左右）、关键词（中英文，3—5 个）、作者简介（中英文）、正文等内容，字数一般控制在 7 000—12 000 字。

二、引文出处或者说明性的注释，请采用脚注，置于每页下，具体格式为：

1. 引用专著，须注明：作者、书名、出版社、出版年、页码。例如：

詹石窗：《新编中国哲学史》，中国书店，2002 年，第 25 页。

2. 引用《道藏》《四库全书》等大型丛书，必须首先注明所引的书名或者篇名，然后注明丛书的册数与页码。例如：

《玄肤论・金液玉液论》，《藏外道书》第 5 册，第 363 页。

3. 引用杂志论文或论文集论文，须注明：作者、篇名、期刊（论文集）名，期刊序号（出版社、出版年）、页码。例如：

詹石窗：《关于道教思想史的若干思考》，《哲学动态》2009 年第 2 期，第 9 页。

圆顿子：《论〈四库提要〉不识道家学术之全体》，载张广保：《超越心性：20 世纪中国道教文化学术论集》，中国广播电视出版社，1999 年，第 342 页。

4. 引用译著，须注明：作者、书名、译者、出版社、出版年、页码。例如：

马克斯・韦伯：《儒教与道教》，王容芬译，商务印书馆，2004 年，第 133 页。

5. 引用期刊文章，须注明：作者、篇名、报纸名、出版日期（版次）。例如：

吴文俊：《东方数学的使命》，《光明日报》2003 年 12 月 12 日（B1 版）。

6. 引用外文文献，须注明：作者、书名、出版社、出版年、页码。例如：

Milton M. Chiu, *The Tao of Chinese Religion*, Lanham: University Press of America, 1984, p. 17.